MARCO POLO

China

Reisen mit **Insider Tipps**

Diesen Führer schrieben Kai Nieper (Südchina) und Hans-Wilm Schütte (Nordchina). Beide sind Sinologen und mit dem Land durch wiederholte lange Aufenthalte vertraut.

marcopolo.de

Die aktuellsten Insider-Tipps finden Sie unter www.marcopolo.de, siehe auch Seite 144

MAIRS GEOGRAPHISCHER VERLAG

SYMBOLE

Insider Tipp **MARCO POLO INSIDER-TIPPS:**
Von unseren Autoren für Sie entdeckt

★ **MARCO POLO HIGHLIGHTS:**
Alles, was Sie in China kennen sollten

HIER HABEN SIE EINE SCHÖNE AUSSICHT

WO SIE JUNGE LEUTE TREFFEN

PREISKATEGORIEN

Hotels		Restaurants	
€€€	über 120 Euro	€€€	über 15 Euro
€€	60–120 Euro	€€	8–15 Euro
€	unter 60 Euro	€	unter 8 Euro

Die Preise gelten für ein Doppelzimmer ohne Frühstück.

Die Preise gelten für eine Mahlzeit, ohne Getränke.

KARTEN

[156 A1] Seitenzahlen und Koordinaten für den Reiseatlas China

[U A1] Koordinaten für die Karte Peking im hinteren Umschlag

[O] Objekte außerhalb des Kartenausschnitts

Karten zu Kanton, Shanghai und Xi'an finden Sie auf den Seiten 174 und 175.

Zu Ihrer Orientierung sind auch die Orte mit Koordinaten versehen, die nicht im Reiseatlas eingetragen sind.

GUT ZU WISSEN

Einwohnerzahlen täuschen **11** · Chinesische Spezialitäten **28**
Das kleine Finger-Einmaleins **55** · Schattenboxen **124**

INHALT

DIE BESTEN MARCO POLO INSIDER-TIPPS ... vorderer Umschlag
DIE WICHTIGSTEN MARCO POLO HIGHLIGHTS ... 4
AUFTAKT ... 7
Entdecken Sie China!
Geschichtstabelle ... 8
STICHWORTE ... 15
Von Konfuzius bis Pekingoper
ESSEN & TRINKEN ... 27
Keine Angst vor Schwalbennestern
EINKAUFEN ... 31
Seide, Tee und Porzellan
FESTE, EVENTS UND MEHR ... 34

KURZBESUCH IN PEKING ... 36

NORDCHINA ... 41
Gelber Fluss und Große Mauer
SHAANXI UND DIE SEIDENSTRASSE ... 63
Karawane nach Chang'an
SHANGHAI UND DER OSTEN ... 73
Tradition und Business
DER MITTLERE SÜDEN ... 87
Beiderseits des Yangzi Jiang
DER SÜDWESTEN ... 97
Zwischen Dschungel und Himalaya
DIE SÜDKÜSTE ... 113
Chinas Tor zur Welt
TIBET ... 127
Gebetsfahnen und Yakbutterlämpchen

AUSFLÜGE & TOUREN ... 131
Gewaltige Natur – raffinierte Kultur
SPORT & AKTIVITÄTEN ... 137
Fahrradtouren und Kung-Fu-Kurse
MIT KINDERN REISEN ... 139
Wenn der Panda zweimal brummelt
ANGESAGT! ... 140
PRAKTISCHE HINWEISE ... 141
Von Anreise bis Zoll
SPRACHFÜHRER ... 149

REISEATLAS CHINA ... 153
KARTENLEGENDE REISEATLAS ... 155
MARCO POLO PROGRAMM ... 177
REGISTER ... 178
IMPRESSUM ... 179
BLOSS NICHT! ... 180

Die wichtigsten MARCO POLO Highlights

Sehenswürdigkeiten, Orte und Erlebnisse, die Sie nicht verpassen sollten

1. **Große Mauer**
Chinas berühmtestes Bauwerk (Seite 36)

2. **Kaiserliche Bauten in Peking**
Kaiserpalast, Sommerpalast, Himmelstempel: die Höhepunkte klassisch-chinesischer Baukunst (Seite 36, 37, 38)

3. **Chengde**
Sommersitz der Qing-Kaiser und prächtige Buddhaklöster (Seite 41)

4. **Qufu**
Die Heimat des Konfuzius: Tempel, Residenz und Friedhofswald zeugen vom Kult um den großen Meister (Seite 53)

5. **Tai Shan**
Der populärste der heiligen Berge ist schön und geschichtsträchtig (Seite 56)

6. **Mogao-Grotten**
Fromme Bilderwelten in der Finsternis (Seite 64)

7. **Tonarmee des »Ersten Kaisers«**
Aus Trümmern neu erstanden: das Grabwächterheer aus dem 3. Jh. v. Chr. (Seite 70)

Die Große Mauer bei Badaling

Pekinger Himmelstempel

Buddhastatue in Leshan

8 Sun-Yat-sen-Mausoleum
Zahllose Treppenstufen führen zum Gründer der Republik – ein moderner Wallfahrtsort (Seite 78)

9 Shanghai Museum
3000 Jahre Kultur an einem Nachmittag – von zartesten Kalligrafien bis zu uralten Ritualgefäßen aus Bronze (Seite 82)

10 Suzhou
Stadt der Gärten, Venedig des Ostens: Am Kaiserkanal erreichte die chinesische Landschaftsarchitektur ihren Höhepunkt (Seite 84)

11 Huang Shan
Die 72 bizarren Gipfel des Gelben Bergs schwimmen im legendären Wolkenmeer (Seite 89)

12 Yangzi-Fahrt
Bald wird das Naturwunder von einem Stausee verschluckt, doch noch locken die Schluchten (Seite 103)

13 Leshan Dafo
Über tausend Jahre alt, mehr als 70 m hoch: Der höchste Buddha des Altertums wurde in Sichuan aus dem Fels gehauen (Seite 111)

14 Li-Jiang-Flussfahrt
Jadegrün und weltberühmt: die wunderlichen Bergkegel zwischen Guilin und Yangshuo (Seite 116)

15 Potala-Palast
Tibets größtes Bauwerk ist Palast, Kloster und Mausoleum zugleich (Seite 128)

★ *Die Highlights sind in der Karte auf dem hinteren Umschlag eingetragen*

Entdecken Sie China!

Jenseits der Großen Mauer öffnet sich ein unbekanntes Riesenreich

»Il Milione« nannten die Venezianer ihren Landsmann, der so viel von einem reichen und prächtigen Land im Osten zu berichten hatte – einen Aufschneider also. Dabei war jener Marco Polo kein Phantast, sondern ein nüchterner Berichterstatter. 17 Jahre lang, von 1275 bis 1292, lebte er als Kaufmann und, nach eigener Auskunft, auch als Beamter in China. Sein Name steht bis heute für ein Fernweh besonderer Art: für die Sehnsucht nach dem Reich der Mitte.

Wer von China spricht, der redet von einem Kontinent. Seine nördlichste Stadt, Mohe in der Provinz Heilongjiang, liegt auf der Höhe von Berlin, die tropische Insel Hainan auf dem Breitengrad der Südsahara. Dazwischen erstreckt sich eine Fläche von 9,6 Millionen km². Der Fernzug Shanghai–Urumqi braucht von der Mündung des Yangzi bis in den äußersten Westen dreieinhalb Tage und legt 4077 km zurück. Selbst mit dem Flugzeug benötigt man fünf Stunden, um China von der östlichen zur westlichen Grenze zu durchqueren.

In China sagt man:
»Wer nie an der Großen Mauer war, ist kein guter Chinese.«

Tibetische Mönche in Lhasa

Dazwischen liegt ein Land, dessen Kultur und Landschaft dem Wunschzettel eines verwöhnten Touristen zu entstammen scheinen. Die Tonsoldaten des »Ersten Erhabenen Kaisers«, die Große Mauer (das größte Bauwerk der Menschheit!) und der Pekinger Kaiserpalast sind nur einige Kulturdenkmäler von Weltrang. In den Grotten von Dunhuang, Dazu und Longmen finden sich buddhistische Steinskulpturen von unschätzbarem Wert. Die Gärten von Chengde und Suzhou begeistern durch fein durchdachte Architektur. Die Karstkegel Guilins und die schroffen Felsnadeln des Huang Shan sind nur zwei von zahllosen landschaftlichen Attraktionen. Überall im Land zeigen Tempelklöster mit uralter Tradition neue Aktivität, traditionelle Feste wie das Drachenboot- und das La-

Geschichtstabelle

5.–3. Jahrtausend v. Chr. Neolithische Kulturen

Um 2000–17. Jh. Prähistorische Xia-Dynastie

17. Jh.–11. Jh. Shang-Dynastie

Um 1025–249 Zhou-Dynastie

221 v. Chr. Reichseinigung unter Qin Shi Huangdi

206 v.Chr.–9 n. Chr. Westliche Han-Dynastie

25–220 Östliche Han-Dynastie

221–263 Drei Reiche

304–589 Nord-Süd-Teilung

439–535 Nördliche Wei-Dynastie

581–618 Reichseinigung; Sui-Dynastie

618–907 Tang-Dynastie

629–1252 Nanzhao-Reich in Yunnan

907–979 Reichsteilung: Fünf Dynastien (Nordchina) und Zehn Reiche (Südchina)

947–1125 Liao-Reich der Kitan

960–1126 Song-Dynastie

1126–1234 Jin-Reich der Dschurdschen (Nordchina)

1127–1279 Südliche Song-Dynastie

1271–1367 Yuan-Dynastie der Mongolen

1368–1644 Ming-Dynastie

1644–1912 Qing-Dynastie der Mandschuren

1839–1842, 1858–1860 Opiumkriege

1911/12 Revolution und Gründung der Republik China

1919 Bewegung des 4. Mai: Intellektuelle fordern eine Hinwendung zu Wissenschaft und Demokratie

1931–1945 Besetzung großer Landesteile durch Japan

1949 Gründung der VR China

1965–1969 »Große Proletarische Kulturrevolution«

1976 Tod Mao Zedongs

Ab 1978 Einführung privatwirtschaftlicher Elemente

1989 Niederschlagung der Demokratiebewegung; die wirtschaftliche Liberalisierung setzt sich nach kurzer Atempause fort

1997 Hongkong wird wieder chinesisch; Tod Deng Xiaopings

ternenfest werden wieder in überlieferter Manier gefeiert.

Es ist nicht schwer, von China auf den ersten Blick begeistert zu sein. Wer sich einer Reisegruppe anvertraut und drei bis vier Wochen lang von einer Sehenswürdigkeit zur nächsten führen lässt, bringt sicher ein Bündel von Erlebnissen und einen prall gefüllten Fotokoffer mit. Daran ist, von den Strapazen abgesehen, nichts auszusetzen – doch wer etwas genauer hinschaut, wird seine touristischen Glanzlichter vielleicht am Wegesrand finden.

» *Viele Glanzlichter finden sich am Wegesrand* «

Daher ein Rat: Lassen Sie ab und zu eine Pagode Pagode sein. Setzen Sie sich ins nächste Teehaus, und beobachten bei Grüntee und Knabbereien die Umgebung. Wenn Sie einen schön gelegenen Tempel finden (und davon gibt es wieder genug): Warum nicht die Stippvisite zu einer Übernachtung ausdehnen? Wenn im Morgengrauen Gebete und Klosterglocken ertönen, macht das den fehlenden Zimmerservice doppelt wett. Wer sich genügend Zeit lässt, kann sich dem Pilgerstrom auf die heiligen Berge anschließen, anstatt mit Bus und Seilbahn eine hastige Gipfeltour zu absolvieren. Er kann das Taxi mit dem Fahrrad und das Flugzeug mit dem Flussdampfer vertauschen. Er kann abends sein Tsingtau-Bier in einer Karaoke-Bar schlürfen. Und er kann im Morgengrauen durch die Parks schlendern, Alt und Jung bei der Morgengymnastik zuschauen und darüber philosophieren, warum die Chinesen zum Abschied gern *manman zou* sagen: »Gehen Sie schön langsam«.

In China sagt man auch: »Einmal sehen ist besser als hundertmal hören!« Schauen wir also genauer

Die Wuxia-Schlucht wird dem Yangzi-Staudamm zum Opfer fallen

Minus 30 Grad in Chinas Norden

hin: Da eröffnet sich ein Gebiet der landschaftlichen Extreme. Das »typisch chinesische« Bild endloser Reisfelder findet man nur in einer relativ kleinen Region im Südosten des Landes. Dafür nimmt das Hochland Tibets, mit 4000 bis 5000 m das höchste Plateau der Welt, fast ein Viertel der Gesamtfläche Chinas ein. An seinem Südrand ragt die Kette des Himalaya empor, dessen höchsten Gipfel (8848 m) die Chinesen Zhumulangma Feng nennen: den Mount Everest.

Ein weiteres Sechstel, immerhin 1,5 Millionen km^2, entfällt auf die Hochgebirgs- und Wüstengebiete Xinjiangs im Nordwesten und die mongolischen Grassteppen im mittleren Norden. Die mandschurische Ebene, die im Nordosten weit in die Sowjetunion hineinragt und an deren Südrand Korea grenzt, hat die kältesten Winter Chinas aufzuweisen. Im Januar sinkt das Thermometer hier bis auf 50 Grad unter Null, das sind 70 Grad weniger als gleichzeitig im äußersten Süden.

» *China bietet ein Bild landschaftlicher Extreme* «

Von Peking bis Shanghai erstreckt sich entlang der Ostküste die fruchtbare chinesische Tiefebene. Diese äußerst dicht besiedelte Region ist das jahrtausendealte Kernland der chinesischen Kultur. Hier lebte und lehrte Konfuzius, hier münden die beiden Riesenströme Huang He (Gelber Fluss) und Chang Jiang (Langer Fluss) ins Meer. Der Chang Jiang, auch Yangzi Jiang genannt, ist mit 6300 km Chinas längster Strom (und der drittlängste der Welt). Er durchläuft neun Provinzen und bewässert mit seinen 700 Nebenflüssen etwa ein Viertel der gesamten chinesischen Anbaufläche.

Gleichzeitig bildet er in etwa die Nordgrenze der subtropischen Klimazone, die mit warmen, regnerischen Sommern und milden Wintern den größten Teil Südchinas einnimmt. Hier dominiert hügeliges Karstland, das in den Südwestprovinzen Guizhou und Yunnan allmählich bis zu den Ausläufern des tibetischen Berglandes ansteigt. Tropische Vegetation und Temperaturen herrschen an der Südküste und auf Hainan.

China umfasst 22 Provinzen, die in Ausdehnung und Bevölkerungszahl mitteleuropäischen Staaten entsprechen. Hinzu kommen fünf Autonome Gebiete (Tibet, Xinjiang, Ningxia, Guangxi, Innere Mongolei) sowie die regierungsunmittelbaren Städte Peking, Tianjin, Chongqing und Shanghai. 1,3 Milliarden Menschen, mehr als ein Fünftel der Weltbevölkerung, leben hier – die Provinz Henan mit 90 Millionen Einwohnern ist allein bevölkerungsreicher als jeder Staat Europas.

Nicht nur die Landschaften, auch die Städte und Siedlungen Chinas sind voller Abwechslung. Von der gravitätischen Strenge der Pekinger Kaiserbauten zur geschäftigen Buntheit eines südchinesischen Straßenmarkts, von der Weite des tibetischen Hochlands zu den Stahl-und-Marmor-Palästen Shanghais – China ist nicht auf einen Nenner zu bringen. Es ist ein Land mit ausgeprägten regionalen Traditionen, Kulturen und Interessen und keinesfalls der monolithische Einheitsstaat, als der es (nicht ohne eigenes Zutun) immer wieder missverstanden wurde.

»Mal ein Hort der Vernunft, mal Gelbe Gefahr«

Wie China wirklich ist, darüber hat man im Westen jahrhundertelang gerätselt. Die ersten Fernost-Reisenden des Mittelalters waren Franziskanermönche, die in den Mongolenarmeen des Dschinghis Khan die Heere des legendären Priesters Johannes vermuteten und den aussichtslosen Versuch unternahmen, mit ihnen eine Allianz gegen den Islam zu schmieden. Später waren die Jesuiten an der Reihe: Sie brachten es im 17. Jh. bis zum Beraterstatus am chinesischen Kaiserhof und legten mit ihren Übersetzungen und Berichten die Grundlage der modernen Chinaforschung. Von den Jesuiten angeregt, priesen die europäischen Aufklärer China als Hort der praktischen Vernunft, seine Kaiser als aufgeklärte Monarchen. Doch die Zeiten wandelten sich: Als die Kolonialisten des 19. Jhs. das Land gewaltsam dem westlichen Handel öffneten, entstand ein neues China-Bild. Nun sah man ein grausames, bestenfalls exotisches Heidenvolk mit lächerlicher Zopftracht, das dem Opium verfallen war. Das Zerrbild kulminierte um die Wende zum 20. Jh. in der absurden Angst vor der »Gelben Gefahr«.

Einwohnerzahlen täuschen

Die »Volksmassen« gibt es wirklich – aber wo wohnen sie?

Chinesische Städte sind riesig, Orte mit 100 000 Einwohnern gelten als Kleinstädte. Für Peking weisen die offiziellen Statistiken 13,8 Millionen, für Shanghai 16,7 Millionen, für Chongqing gar 30,9 Millionen Einwohner aus. Unvorstellbar? Dann schauen Sie mal auf die Flächenangaben! Peking ist mit 16 800 km^2 größer als Schleswig-Holstein, Shanghai mit 6349 km^2 über siebenmal so groß wie Berlin (bei fünfmal so großer Bevölkerung). Chongqing gilt zwar als regierungsunmittelbare Stadt, hat aber 12 000 km^2 mehr als Deutschlands größtes Bundesland Bayern. Ähnliches gilt für kleinere Städte. Überall gehört so viel Umland samt weiteren Ortschaften dazu, dass die Einwohnerzahlen über die Größe der eigentlichen Stadt nichts aussagen.

Sommerlicher Flirt in Südchina

Für China selbst ist die Öffnung zur Außenwelt verbunden mit einer traumatischen Erfahrung: dem Niedergang des mächtigsten Reichs der Welt zum Entwicklungsland. Denn »Öffnung« hieß zunächst nichts anderes als Kolonialismus. Anfang des 19. Jhs. hatte die britische Ostindische Kompanie ihr Handelsbilanzdefizit gegenüber China durch die Verbreitung einer Droge ausgeglichen: des Opiums, das in der britischen Kolonie Indien angebaut wurde. Als ein Abgesandter des chinesischen Kaisers das Gift in Kanton beschlagnahmen und verbrennen ließ, setzten die Briten mit Kanonenbooten durch, was sie für ihr Recht auf freien Handel hielten. Der erste Opiumkrieg endete 1842 mit der erzwungenen Öffnung von fünf Küstenstädten und leitete Chinas mühevollen Weg in die Gegenwart ein.

»Der Weg in die Gegenwart war mühevoll«

Das alte China hatte sich in der Rolle einer politischen Hegemonialmacht und der einzigen Kulturnation überhaupt gefallen. Dieses »sinozentrische« Weltbild wurde nun Zug um Zug zerschlagen. Die technologisch und militärisch weit überlegenen Kolonialmächte erzwangen immer weiter gehende Handels- und Niederlassungsrechte. Der fremdenfeindliche »Boxeraufstand«, wie er im Westen genannt wurde, endete im Jahr 1900 mit einem gewalttätigen Rachefeldzug und astronomischen Reparationsforderungen der alliierten Westmächte.

Damit war der Kaiserhof am Ende. Die chinesische Republik (seit 1912) litt unter blutigen Unruhen, Bürgerkrieg und dem Vordringen der japanischen Besatzer, die bis 1945 weite Teile des Landes kontrollierten. Das »Jahrhundert der Demütigungen« endete mit der Machtergreifung Mao Zedongs im Jahr 1949. Die chinesischen Kommunisten stellten die Souveränität des Landes wieder her – zum Preis der erneuten Abschottung. Besonders während der »Großen Proletarischen Kulturrevolution« war das Land praktisch von der Außenwelt abgeschnitten.

Seit Ende der 1970er-Jahre öffnet sich China erneut: diesmal aus freien Stücken. Die Rücknahme von Hongkong (1997) und Macau (1999) aus der Hand der Kolonialisten war Balsam auf die Seele chinesischer Patrioten, weckte allerdings auch neue Begehrlichkeiten: Noch immer wird Taiwan, die de facto selbstständige Inselrepublik vor Chinas Südostküste, mit militärischer »Rückeroberung« bedroht.

Chinas Weg in die Moderne bleibt nicht ohne bittere Rückschläge; dies zeigt das Pekinger Massaker von 1989. Dennoch hat das Land in den letzten zwei Jahrzehnten an Wohlstand – und ganz allmählich wohl auch an Freiheit gewonnen.

Wer das Land bereist, kann die Ergebnisse besonders in den aufstrebenden Metropolen aus nächster Nähe betrachten: Baustellen und Wolkenkratzer, ein neuer, oft ungehemmt zur Schau gestellter Luxus in Hotels, feinen Restaurants und Boutiquen – aber auch neue Armut und elende Bettler an den Straßenrändern, wie eine Erinnerung an vergangen geglaubte Zeiten.

»Auf den Straßen herrscht ein direkter Umgangston«

Übrigens: Auf den Straßen und in Geschäften herrscht durchaus nicht immer die sprichwörtliche Höflichkeit der Chinesen, sondern ein recht direkter Umgangston. Viele Chinesen amüsieren sich königlich, wenn ein Ausländer unter endlosen *duibuqi* (»Verzeihung«) und *xiexie* (»Danke«) einen simplen Einkauf tätigt.

Eine Entschuldigung für postkoloniale Überheblichkeit ist das freilich nicht. Und im persönlichen Umgang sieht es ohnehin gleich ganz anders aus – hier ist die gute Form ein absolutes Muss. Wenn dann doch einmal etwas schief geht, denken Sie daran, dass es nichts nützt, aus der Haut zu fahren: »Gesichtsverlust« ist in China eine Todsünde. Sie können dem Ticketverkäufer oder Hotelportier noch so oft beweisen, dass er Unrecht hat: Er wird auf stur schalten, wenn er der Ansicht ist, Sie riskierten seinen oder den eigenen Gesichtsverlust. In diesem Fall hilft Gelassenheit: Sicher findet sich eine Lösung, die alle Beteiligten ohne Blamage aus dem Dilemma entlässt.

Die Provinz Guizhou ist arm, doch von landschaftlichem Reiz

Von Konfuzius bis Pekingoper

50 000 Schriftzeichen gibt es im Chinesischen – doch niemand kann sie auswendig. Wissenswertes zum Land im Überblick

Architektur und Städtebau

Die traditionelle chinesische Baukunst war wesentlich weniger von Mode geprägt als die des Westens. Vielmehr beruht sie, ebenso wie der Städtebau, auf gleich bleibenden Konventionen und Prinzipien, die ihrerseits Ausdruck eines Weltbilds sind.

Besonders deutlich wird dies in Nordchina: Fast alle Bauten vom Bauernhaus bis zum Palast öffnen sich nach Süden, zum »größten Yang«, der Sonne, hin. Um möglichst viel davon einzufangen, wenden sie ihm die Breitseite zu. Die kalte Nordseite bleibt bei Bauernhäusern meist gänzlich ohne Tür und Fenster. Die Südorientierung wird auch durch die Nord-Süd-Achsen realisiert, wie sie sich in nahezu jedem Tempel und vielen Stadtgrundrissen wieder finden.

Damit eng verknüpft ist das Prinzip der Symmetrie, das sich an der des Himmels orientiert, wo Mond und Sonne ostwestlich symmetrische Bahnen beschreiben. Die Orientierung nach den Himmelsrichtungen zeigt sich an den Städten im Schachbrettmuster der Straßen und in der rechtwinkligen Ummauerung, wie sie noch heute sehr gut in Xi'an zu sehen ist. Auch Berg und Wasser, das Erhabene *(yang)* und das Tiefe *(yin)*, werden in Entsprechung gesetzt. Im gebirgigen Süden bestimmen professionelle Wahrsager (Geomanten) die ideale Lage und Ausrichtung von Bauten und Gräbern gemäß der jeweiligen Topografie, sodass sich die günstigen Einflüsse sammeln und die unheilvollen, die Armut, Krankheit und Kinderlosigkeit bringen, fernbleiben. Der Kontrast von Berg und Wasser prägt in künstlerisch variierter Form auch die Gartenarchitektur. All die genannten Punkte bewirken, dass der Mensch durch seine Bauten der Harmonie des Kosmos teilhaftig wird.

Die Mitte, wo Ost und West, *yin* und *yang*, Anfang und Ende in segensreichem Einklang stehen, ist innerhalb der Gebäude ein Ort von höherer, weihevoller Qualität. Hier sitzt der Kaiser auf seinem Thron, hier erhebt sich Buddha auf seiner Lotosblüte, hier steht beim Bauern der Ahnenaltar. Daher sind die Bauten auch gleichermaßen Ausdruck einer geistigen wie einer gesellschaftlichen Hierarchie.

Zeremonialmusik für Konfuzius

Die Mauern, welche die Anwesen umgeben, dienen dagegen dem Schutz und sozialer Kontrolle. »Geistermauern« versperren den Eingang optisch und sollen böse Geister am Eindringen hindern.

Repräsentative Einzelbauten sind in China nahezu unbekannt. Zu einer großen Halle gehören stets Seitengebäude und ein Tor oder eine zweite Halle. Gemeinsam umschließen sie einen Hof. Haupt- und Nebenhallen sind in Holzskelettbauweise errichtet; die Balken, Dachsparren und andere Teile werden ohne Nägel miteinander verzapft. Die Zahl der Säulen an der Schauseite ist stets gerade, sodass ein Mittelfeld als Haupteingang entsteht. Je bedeutsamer ein Gebäude, desto höher ist der Steinsockel, auf dem es steht, desto größer ist die Zahl der Säulen und desto prächtiger ist das geschwungene Dach, das mehr als alles andere das allgemeine Bild chinesischer Baukunst bestimmt hat. Ist es mit gelb glasierten Ziegeln gedeckt, handelt es sich um ein kaiserliches oder vom Kaiser privilegiertes Gebäude. Tierfiguren auf den Dachgraten halten Unheil vom Bau fern.

So gut der Rang eines Bauwerks kenntlich wird, so wenig sagt das Äußere meist über die Funktion oder Nutzung aus. Auffälligste Ausnahme dieser Regel sind die Pagoden, ein mit dem Buddhismus aus Indien gekommener Bautyp. Aus Stein errichtet, dienen sie zur feuersicheren Verwahrung von Reliquien und heiligen Schriften; als »Kirchturm« machen sie den heiligen Bezirk weithin sichtbar.

Anders als die repräsentative Architektur sind chinesische Wohnbauten regional überaus verschieden. Das Spektrum reicht von den Lösshöhlen des Nordens über kreisrunde Wohnburgen und schmucke Natursteinhäuser in Fujian bis zu den mächtigen steinernen Tempelbauten Tibets.

Bevölkerungspolitik

China ist mit rund 1,3 Milliarden Menschen das bevölkerungsreichste Land der Erde. Allerdings sind seit Mitte der 1970er-Jahre späte Heirat und »Ein-Kind-Familie« Kernstücke der chinesischen Bevölkerungspolitik, nicht ohne Erfolg: Heute beträgt der jährliche Bevölkerungszuwachs nur rund ein Prozent. Aber auch so gibt es täglich etwa 35 600 Chinesen mehr auf der Welt. In den Großstädten hat sich die Ein-Kind-Familie weitgehend durchgesetzt (Zuwachsrate in Shanghai zum Beispiel 0,5 Prozent). Dagegen lässt die ländliche Bevölkerung nur ungern von der

In Kanton: drei von 1,3 Milliarden

Gleichsetzung »Viele Kinder bedeuten soziales und materielles Wohlergehen« ab – man »leistet« sich schon mal ein weiteres Kind, oft im Wunsch nach männlichem Nachwuchs, auch wenn das eine Geldstrafe mit sich bringt. Zwar wird China in absehbarer Zeit von Indien als bevölkerungsreichstes Land der Welt abgelöst werden, doch der alltägliche Stoßseufzer vieler Chinesen: »Es gibt zu viele Menschen!« wird wohl noch eine Weile zu hören sein.

Buddhismus
Siddharta Gautama, der »Erleuchtete« (Buddha), war ein Zeitgenosse des Konfuzius, doch seine Lehre von der Erlösung aus dem Kreislauf des Leids und der Wiedergeburten gelangte erst um Christi Geburt nach China. Zunächst durch zentralasiatische Missionare verbreitet, fand sie bald so großen Anklang, dass vom 5. bis zum 7. Jh. mehrere chinesische Mönche sich ihrerseits auf den Weg machten, um in mühevollen Expeditionen buddhistische Lehrschriften aus Indien zu holen. Der berühmteste Entdeckungsreisende im Priestergewand, Xuanzang (602–664), war insgesamt 17 Jahre lang in Indien und Mittelasien unterwegs. Gleichzeitig wurde versucht, das umfangreiche und komplizierte Schrifttum des buddhistischen Kanons aus dem Sanskrit ins Chinesische zu übertragen – eine historisch beispiellose Übersetzungsleistung. So konnte sich der Buddhismus in China neben den ursprünglich chinesischen Weltanschauungen Konfuzianismus und Daoismus behaupten. Noch die letzte Herrscherin des alten China, die machthungrige Kaiserinwitwe Cixi, ließ sich gern in der Pose einer gütigen Bodhisattva abbilden. Bis heute ist die Attraktivität der Lehre in der Bevölkerung ungebrochen.

Heilige Berge
Bis in die Wolken aufragend, verbinden Berge die Menschenwelt mit dem Himmel. Mit den Flüssen, die an ihren Hängen entspringen, nähren sie das Land. So wurden einige von ihnen schon vor über zweitausend Jahren Gegenstand der Verehrung, und selbst der Kaiser kam, ihnen zu opfern. Gemäß chinesischem Symmetriebedürfnis und der Lehre von den fünf Himmelsrichtungen unterscheidet man fünf heilige Berge: den Nordberg Heng Shan bei Datong, den Westberg Hua Shan bei Xi'an, den Mittelberg Song Shan bei Luoyang, den Südberg Heng Shan bei Changsha – er wird auf Chinesisch anders geschrieben als der Nordberg Heng Shan – sowie als heiligsten und populärsten den Ostberg Tai Shan bei Jinan. Die später hinzugekommenen vier heiligen Berge des Buddhismus sind dagegen nur insofern heilig, als sie Sitz zahlreicher und bedeutender Klöster sind. Es handelt sich um den Wutai Shan bei Taiyuan, den Jiuhua Shan bei Anqing, die Insel Putuo Shan bei Ningbo und den Emei Shan bei Chengdu.

Kalligrafie
Chinesische Kalligrafie ist weit mehr als nur Schönschreibkunst. In ihr offenbart sich der ganze Charakter des Schreibenden, bis hin zur subtilsten Gemütsregung. Tusche, Reibstein, Pinsel und Papier sind die »Vier Kostbarkeiten des Studier-

zimmers« *(wenfang sibao)*. Sie zu beherrschen erfordert jahrzehntelange Übung, denn jedes Schriftzeichen ist von Kalligrafen der vergangenen Jahrhunderte unzählige Male künstlerisch interpretiert worden, und von einem Schriftmeister wird erwartet, dass er diese Tradition beherrscht, bevor er eigene Werke produziert. So ist denn auch das handschriftliche Kopieren berühmter Schriftwerke selbst für Meisterkalligrafen eine häufig praktizierte Übung. Von einigen kostbaren Kalligrafien des Altertums besitzt man heute nur noch diese Abschriften, die ihrerseits von Meistern gefertigt wurden und oft unbezahlbar sind – das »Vorwort zum Orchideenpavillon« des Wang Xizhi (4. Jh.) ist das berühmteste Beispiel dafür.

Neben Nachahmungen der alten Knochen- und Bronzeschrift stehen dem Kalligrafen vier grundlegende Schriftarten zur Verfügung: die in der Han-Zeit vorherrschende, behäbige Kanzleischrift *(lishu)*; die Regelschrift *(kaishu)*, die der Druckschrift am nächsten steht und in den Meistern der Tang-Zeit ihren Höhepunkt fand; die für den Laien noch entzifferbare Halbkursive *(xingshu)* und schließlich die vollkursive Grasschrift *(caoshu)*, die oft mehrere stark verkürzte Zeichen mit einem expressiven Pinselzug verbindet.

Abreibungen von Steingravuren wurden bereits im 2. Jh. zur Vervielfältigung konfuzianischer Texte hergestellt. Man legt einen feuchten Bogen Papier auf den Stein und bürstet ihn fest, sodass das Papier sich der Gravur anschmiegt. Danach wird die Fläche mit einem tuschegetränkten Stoffballen vorsich-

Die Kunst der Kalligrafie erfordert ein hohes Maß an Übung

tig abgetupft. Text oder Malerei erscheinen so leuchtend weiß auf tiefschwarzem Grund.

Konfuzianismus

Die Lehre des »Ehrenwerten Meisters Kong« (Kongfuzi, 551–479 v. Chr.) steht am Anfang der Blütezeit chinesischer Philosophie zwischen dem 5. und 3. Jh. Konfuzius, wie ihn die christlichen Missionare der Neuzeit nannten, war einer der ersten Gelehrten, die als Berater von Fürstenhof zu Fürstenhof zogen und, mit wechselndem Erfolg, auf Gehör und Anstellung hofften. Seine Sozialethik versucht, Staat und Gesellschaft zu einem harmonischen Ganzen zu vereinen. Das geschieht nicht durch Gesetze und Strafen, sondern durch das moralisch vorbildliche Verhalten des konfuzianischen »Edlen« *(junzi)*. Innerhalb der Gesellschaft hat jeder Einzelne die ihm zugewiesene Position nach Kräften auszufüllen und bestehende Autoritätsverhältnisse zu akzeptieren.

Dieses Netz fest definierter »gesellschaftlicher Beziehungen« *(lunchang)* war das Rückgrat der alten chinesischen Gesellschaft und ist bis heute wirksam. Besonderes Gewicht haben dabei familiäre Beziehungen, die sinngemäß auch auf politische Verhältnisse angewendet wurden: Man bezeichnete beispielsweise den Kaiser als »Sohn des Himmels« und Lokalbeamte als »Eltern des Volkes«.

Natürlich hat »der« Konfuzianismus in seiner langen Geschichte viele Wandlungen mitgemacht. Am folgenreichsten war seine Renaissance zum Neokonfuzianismus im 12. Jh., als Elemente der daoistischen und buddhistischen Kosmologie integriert wurden. Zu Beginn des 20. Jhs. sahen junge chinesische Intellektuelle im Umsturz aller »konfuzianischen« Werte (Harmoniestreben, Passivität, Vorrang des Alten vor dem Neuen) die einzige Möglichkeit zur Reform des maroden Staatssystems. Tatsächlich schienen diese Werte in den 1970er-Jahren, nach Kulturrevolution und Anti-Konfuzius-Kampagnen, nahezu ausgelöscht. Im Zuge der politischen Öffnung ist der Konfuzianismus aber wieder gesellschaftsfähig geworden.

Malerei

Die traditionelle Form chinesischer Malerei ist, neben dem Albumblatt, die Bildrolle: Eine Tuschmalerei auf Seide oder Papier wird auf einen Brokatstreifen aufgezogen und kann zur Lagerung eingerollt werden. Die handwerklich orientierte Malkunst gipfelte in der Hofmalerei, die großes technisches Geschick bei der Dokumentation wichtiger Ereignisse und beim Porträtieren hoch gestellter Persönlichkeiten verlangte. Herausragendes Beispiel der Hofmalerei ist die monumentale Darstellung der Südreise des Kaisers Kangxi in zwölf Querrollen von insgesamt 230 m Länge, das komplizierteste Bild der Weltkunst (entstanden um 1700). Dagegen versuchte die Literatenmalerei als gelehrte Zerstreuung der künstlerisch ambitionierten Beamtenschaft, sich mit expressivem Schwung der »inneren Wahrheit« der Dinge anzunähern. Ihre Protagonisten schufen Ideallandschaften, in denen sich zwergenhafte Einsiedlergestalten verloren, aber auch feine Studien von Insekten und Blütenzweigen.

Die dekorative Malerei auf Porzellan und Kunsthandwerk hat starken Symbolcharakter. Kranich, Kiefer und Pflaumenblüte stehen für langes Leben, Bambus für aufrechten Charakter, die Fledermaus für Glück, ein Hirsch für Reichtum, Fische für Überfluss.

Im heutigen China steht, nach einem Ausflug in den »sozialistischen Realismus«, die traditionelle Malerei wieder hoch im Kurs. Auch die moderne bildende Kunst hat, nicht zuletzt durch den großen Erfolg junger Künstler im Ausland, ihre Nische im Kulturbetrieb gefunden.

Musik

Die internationale Schlager- und Popmusikkultur hat längst auch China erobert, die traditionelle Volksmusik jedoch nicht verdrängen können. Typische Instrumente der Volksmusik sind Bambusflöten, die zweisaitige Kniegeige Erhu, Trompeten und Oboen, mandolinen- und gitarrenähnliche Zupfinstrumente sowie verschiedene Klappern und Trommeln.

Kennzeichnend für chinesische Musik sind das Fehlen von Mehrstimmigkeit und die Variabilität des Einzeltons. Der andersartige Charakter wird vor allem in der heute nur selten zu hörenden Gelehrtenmusik deutlich. Ihr klassisches Instrument ist die siebensaitige Wölbbrettzither Qin, auf der schon Konfuzius gespielt haben soll. Mit ihren hingehauchten Flageolett-Tönen und zarten Glissandi gehört sie mehr in einen vom Mondlicht erhellten Gartenpavillon als in den Konzertsaal. Populärer, doch auch der gehobenen klassischen Musiktradition zuzurechnen, ist die Zheng, ein Zupfinstrument mit vierzehn bis über zwanzig Saiten und einem rauschenden, harfenartigen Klang.

Pekingoper

Sie wurde Anfang des 19. Jhs. entwickelt und ist heute die bekannteste der zahlreichen regionalen Opernformen Chinas. Mythologie und populäre Geschichtsanekdoten bilden die thematische Grundlage für ein Repertoire von rund zweitausend Stücken. Auf einer fast leeren Bühne spielen vier Kategorien von Akteuren: männliche und weibliche Rollen mit leichter Schminke *(Sheng, Dan)*, komische Rollen, die an einem weißen Fleck auf der Nase erkennbar sind *(Chou)*, und die prachtvollen Schminkmaskenrollen für Herrscher und Generäle *(Jing)*. Frauenrollen werden häufig (früher stets)

Die Marco Polo Bitte

WWF

Marco Polo war der erste Weltreisende. Er reiste in friedlicher Absicht, verband Ost und West. Er wollte die Welt entdecken, fremde Kulturen kennen lernen, nicht zerstören. Könnte er heute für uns Reisende nicht Vorbild sein? Aufgeschlossen und friedlich sollte unsere Haltung auf Reisen sein. Dazu gehören auch Respekt vor Mensch und Tier und die Bewahrung der Umwelt.

von Männern gespielt – ein Beispiel ist Mei Lanfang, der berühmteste Schauspieler des 20. Jhs. Die Gesichtsbemalung, die Kleidung, jede einzelne Geste haben hohen symbolischen Wert und geben dem Theaterkenner genauen Aufschluss über Rang, Temperament und die moralische Qualität der Figur. Wichtig sind Requisiten: Ein Kerzenhalter deutet finstere Nacht an, ein Schirm symbolisiert einen Schneesturm, und ein Akteur mit Reitpeitsche sitzt zu Pferde.

Nur nach langem Training, das eine intensive Kampfsportausbildung einschließt, beherrscht ein Schauspieler die vier Grundpfeiler der Opernkunst – Gesang, Rezitation, Gestik und Kampf – perfekt.

Besonders die spektakulären Kampfszenen, bei denen die Kontrahenten sich mit atemberaubender Präzision und Geschwindigkeit stets nur um Millimeter zu verfehlen scheinen, haben der Pekingoper auch im Ausland Liebhaber gewonnen. Die Opern des Südens betonen dagegen Musikalität und Leichtigkeit; gute Beispiele sind die Yue-Oper der Ostküste und die Sichuan-Oper.

Kampfszene aus der Pekingoper

Plastik und Skulptur

Chinas frühe Bildhauerkunst steht in enger Verbindung zum Jenseitsglauben. Schon in der Jungsteinzeit wurden den Toten stilisierte Tierfiguren mit ins Grab gegeben. Von der Zhou-Zeit an begleiten Keramikfiguren von Dienern, Wächtern, Wagenlenkern und anderem Personal hochrangige Verstorbene ins Totenreich. Die meisten dieser Figuren sind lebensecht gestaltet, jedoch kaum einen Meter hoch; als bedeutendste Ausnahme, was die Dimensionen angeht, wurde die unterirdische Streitmacht des »Ersten Kaisers« Qin Shihuang bekannt. Nur wenig jünger ist die Tradition der »Geisteralleen«, an denen überlebensgroße Steinfiguren dem Toten die letzte Ehre auf dem Weg ins Grab erweisen.

Bereits unter der ersten historisch greifbaren Dynastie im 2. Jahrtausend v. Chr. tritt die Bronzeplastik mit außerordentlich kunstreichen Ritualgefäßen hervor. Oft sind sie mit stilisierten Tierfiguren verziert und zuweilen als Ganzes in Tierform gestaltet. Die prächtigen Bronzewagen des Qin-Shihuang-Grabs dokumentieren einen späten Höhepunkt des Bronzegusses.

Eine besondere kunsthistorische Stellung nimmt die Jadeschnitzerei ein. Das Material – zunächst nur Nephrit, später auch Jadeit – übte von Beginn der chinesischen Kultur an eine große Faszination aus. Da-

Längst ein Mythos: Mao Zedong

raus gefertigt wurden anfangs vorwiegend Herrschaftsinsignien, später alle Arten von Schmuck und dekorativen Figürchen.

Die plastische Darstellung des Menschen erreichte ihre Blütezeit etwa ab dem 5. Jh. durch den Buddhismus. Er brachte über die Seidenstraße nicht nur die Monumentalskulptur und die Sitte des Grottentempelbaus, sondern auch klassisch-griechische Einflüsse nach China. Auch später blieb der Buddhismus eine wesentliche Quelle künstlerischer Inspiration, wie die in vielen Tempeln erhaltenen Bildwerke bezeugen.

Politisches System

Der zentralistische Beamtenstaat China existiert seit rund 2000 Jahren und ist damit wohl das stabilste Staatssystem aller Zeiten; seine Grundstrukturen finden sich auch im »sozialistischen« China. Ein damit verbundener Wesenszug chinesischer Politik ist die informelle Herrschaft durch persönliche Autorität, die es zum Beispiel Deng Xiaoping gestattete, bis zu seinem Tod 1997 ohne politisches Spitzenamt zur unumstrittenen Leitfigur zu werden. Äußerlich trägt China weiterhin alle Kennzeichen des sozialistischen Einheitsstaats: die mit unbegrenzter Macht regierende Kommunistische Partei *(Gongchandang)*; den jährlich zusammentretenden nationalen Volkskongress (rund 3000 Delegierte) als formal höchstes Machtorgan; die eigentlichen Machtzentren Politbüro (Partei) und Staatsrat (Staatsverwaltung). Politische Kontrolle ist Sache der Superbehörde »Amt für öffentliche Sicherheit« *(Gong'anju)*, die sowohl für Verkehrsdelikte und Touristenvisa als auch für Spitzeldienste aller Art zuständig ist.

Die Zahl der Opfer politischer Konflikte vor und nach 1949 ist erschreckend groß. Allein der Bürgerkrieg 1946 bis 1950 kostete 20 Millionen Menschenleben. In dieser grausamen Tradition steht das Massaker des Jahres 1989 mit seinen (laut internen chinesischen Statistiken) 931 Opfern, davon 523 allein in Peking: ein Ereignis, das zusammen mit den anschließenden Verfolgungen Chinas kritische Öffentlichkeit auf Jahre hinaus verstummen ließ. Der verbleibende kleine Kreis aufrechter Dissidenten wurde nach Schauprozessen mit Haftstrafen belegt. Auch wenn das westliche Konzept einer Bürgergesellschaft Schritt für Schritt vordringt, bleibt eine politische Öffnung nur langfristig denkbar.

Sprache und Schrift

Es gibt in China rund 50 000 verschiedene Schriftzeichen, von denen jedoch die allermeisten veraltet oder ungebräuchlich sind. Mit 2500 Zeichen sind heute 98 Prozent aller chinesischen Texte lesbar. Dabei steht ein Zeichen stets für eine Silbe; *Shanghai* besteht also aus zwei, *Mao Zedong* aus drei Schriftzeichen. Jede Silbe hat eine festgelegte Tonhöhe, die nicht verwechselt werden darf, wenn nicht etwa aus der »Mutter« *(ma* im 1. Ton) ein »Pferd« *(ma* im 3. Ton) werden soll. Der größte Teil der Zeichen setzt sich aus zwei grafischen Elementen zusammen, von denen das eine die ungefähre Aussprache, das andere den Sinnzusammenhang angibt.

Die ältesten Schriftfunde stammen von Orakelknochen der Shang-Zeit. Spätere Schreibmaterialien waren Bambusstreifen und Seide, hinzu kommen die eingegossenen Inschriften in alten Bronzegefäßen. China hat nach eigenen Angaben 145 Millionen Analphabeten. Seit 1964 existiert eine Liste mit 2236 vereinfachten »Kurzzeichen«, die das Auswendiglernen erleichtern sollen. Ein großes Problem ist die ungenügende Verbreitung des aus dem Peking-Dialekt abgeleiteten Hochchinesischen *(putonghua*, auch Mandarin genannt). Die Dialekte des Landes unterscheiden sich so krass, dass eine mündliche Verständigung ohne Kenntnis der Hochsprache oft ausgeschlossen ist.

Tempelklöster

Die meisten religiösen Stätten in China dienen sowohl als Tempel für die Allgemeinheit wie auch als Kloster. Dabei folgen die daoistischen Tempelklöster in ihrer Anlage – freilich nicht in ihrem Figurenschmuck – weitgehend dem Vorbild der buddhistischen. Ein typisches buddhistisches Tempelkloster besteht, abgesehen von zahlreichen Nebengebäuden, aus mindestens drei Hallen. Den Anfang im Süden machen ein Tor sowie im Rücken des Eintretenden eine Geisterwand. Im folgenden Vorhof ste-

Kerzen und Räucherwerk erfreuen die Götter – wie hier in Chongqing

hen rechts der Glockenturm und links der Trommelturm; der Klang ihrer Instrumente verkündet die liturgischen Tageszeiten. Geradeaus betritt man die Halle der Himmelskönige, die eigentliche Pforte zum Tempelinneren. In seiner Mitte sitzt verheißungsvoll der lachende Dickbauchbuddha und streckt den Besuchern seinen Nabel entgegen, in dem sich seine Lebensenergie und Weisheit so erstrebenswert verkörpern. An den Seiten aber zürnen die vier gewaltigen Himmelskönige allem Bösen, das sich meist in Gestalt von Dämonen schon unter ihren Füßen windet. Auf der Rückseite des Buddha wacht Weituo, des Glaubens General, über den inneren Tempelbezirk.

Jenseits des nächsten Hofs, in dem ein großes Weihrauchgefäß steht, erhebt sich die Haupthalle. Dort thronen auf ihren stilisierten Lotosblüten meist drei Buddhas. In ihren schlichten Mönchsgewändern verkörpern sie die höchste und reinste Form der Existenz, die ein frommer Mensch erreichen kann, ehe er ins Nirwana eingeht. Als Altarfiguren sind am häufigsten die Buddhas der drei Zeitalter: in der Mitte Shakyamuni, der historische Buddha Gautama, der für die Gegenwart steht, links Dipamkara, der Buddha der Vergangenheit, und rechts Maitreya, der Buddha der Zukunft.

Das nächste Gebäude ist entweder die Lehrhalle, in der sich die Mönche versammeln, oder, falls diese fehlt, die letzte Halle. Dort, am Ende des heiligen Bezirks, steht gewöhnlich eine Figur, die den Menschen Hoffnung spendend zurückverweist auf die Welt, die noch der Erlösung harrt. Oft übernimmt Guanyin diese Funktion (als Bodhisattva der Barmherzigkeit hilft sie den Menschen in Not), oft auch Buddha Amitabha, der alle erlöst, die nur seinen Namen anrufen.

Umweltschutz

Das chinesische Umweltbewusstsein steckt noch in den Kinderschuhen, wobei betont werden muss, dass ein Chinese nur einen Bruchteil des Hausmülls produziert, der pro Person in den westlichen Industrienationen anfällt. Weitaus kritischer sieht es schon bei der Luft- und Wasserverschmutzung aus, wie jeder bestätigen kann, der den Dauersmog einiger chinesischer Großstädte erlebt hat. 75 Prozent der chinesischen Energie werden durch die Verfeuerung von jährlich rund 1 Milliarde Tonnen schwefelhaltiger Kohle erzeugt. Das führt in Ballungsgebieten zu einer Schwefeldioxidbelastung von bis zu einem Milligramm pro Kubikmeter Luft – mehr als das Zehnfache der von der Weltgesundheitsorganisation festgelegten Obergrenze. Die rasante Wirtschaftsentwicklung fordert ihren Tribut, und dies bei knappen Ressourcen. In China müssen 22 Prozent der Weltbevölkerung mit 8 Prozent des weltweiten Trinkwassers auskommen – ähnliche Zahlen gelten für Ackerland.

Volksgruppen

China ist ein Vielvölkerstaat mit 56 Nationalitäten, von denen die der Han (92 Prozent der Gesamtbevölkerung) die mit Abstand größte ist. Die anderen Volksgruppen werden auch als »Minoritätenvölker« bezeichnet – ein etwas irreführender Name, immerhin handelt es sich um 91 Millionen Menschen.

Größtes Volk nach den Han sind die Zhuang (15,5 Millionen), ein Thai-Volk. Es folgen die Mandschuren Nordost-Chinas (9,8 Millionen) und die moslemischen Hui (8,6 Millionen), ferner Tibeter, Mongolen und die Turkvölker Xinjiangs als wichtigste Gruppen. Die Siedlungsgebiete der »Minoritäten« machen deutlich über die Hälfte des chinesischen Staatsgebiets aus. Sie enthalten reiche, großteils unerschlossene Rohstoffvorkommen und sind strategisch von großer Bedeutung.

Es existieren fünf Autonome Regionen und zahlreiche Kreise und Bezirke mit begrenzter Verwaltungs- und Bildungsautonomie. Die touristische Öffnung und eine allgemeine Liberalisierungstendenz haben in den letzten Jahren das kulturelle Selbstbewusstsein der Völker gestärkt. Übersteigt jedoch ihr Verlangen nach Souveränität das geduldete Maß, kennt der Zentralstaat kein Pardon: so in Tibet, das seit 50 Jahren mit der ganzen Härte einer militärischen Besatzungsmacht regiert wird.

Wirtschaft

Die nachmaoistische Wirtschaftspolitik weist durchaus Erfolge auf. Die 1958 eingerichteten Volkskommunen gibt es längst nicht mehr, die Industrie wird seit 1984 schrittweise der Planwirtschaft entzogen. Heute hat *Xiahai*, der »Sprung ins Wasser« des Kapitalismus, endgültig die Oberhand gewonnen. Hongkong, Shanghai und Peking gehören mittlerweile zu den teuersten Städten der Welt – bei einem durchschnittlichen Jahreseinkommen von umgerechnet rund 900 Euro in der Stadt und 330 Euro auf dem Land.

Die sozialistische Marktwirtschaft, so der offizielle Titel, trägt eine Erblast: Noch sind zwei Drittel der Beschäftigten in den Städten – rund 120 Millionen Menschen – bei staatlichen Unternehmen angestellt. Viele dieser Firmen sind unrentabel, doch die notwendigen Reformen drohen Millionen von neuen Arbeitslosen zu schaffen. Das Wirtschaftswachstum liegt stabil zwischen sieben und acht Prozent jährlich (2001: 7,3 Prozent). Weniger wäre fatal, denn dann würde die Arbeitslosenquote (offiziell drei Prozent, in der Realität möglicherweise das Dreifach) noch drastischer steigen als bisher. Chinas Beitritt zur Welthandelsorganisation treibt die Privatisierung weiter voran, kann aber auch neue soziale Probleme mit sich bringen.

Moderner Konsumtempel

Keine Angst vor Schwalbennestern

Mit einfachen Mitteln Raffiniertes auf die Stäbchen zaubern – das Credo der chinesischen Küchenchefs

Ob Meister Konfuzius tatsächlich, wie die klassischen Schriften überliefern, »kein Fleisch aß, das nicht richtig geschnitten und gewürzt war«, ist kaum mehr nachzuprüfen. Doch eines steht fest: Keine andere Nation hat sich so der Koch- und Esskultur verschrieben wie die chinesische. Extravaganzen wie Haifischflossen und Schwalbennester gehören dazu, ebenso aber einfache und gesunde Nahrungsmittel wie Nudeln, knackige Gemüse und *doufu* (auch Tofu oder Bohnenquark genannt).

Einfach sind auch die wichtigsten Kochutensilien: ein schweres Messer, ein Schneideklotz und ein Wok. Der Wok, eine tiefe Eisenpfanne, kann zum Kochen, Dünsten, Dämpfen, Frittieren und Braten verwendet werden; oft entstehen alle Gänge eines Menüs hintereinander in derselben Pfanne. Häufigste Zubereitungsart ist das Braten auf hoher Flamme. So wird ein Minimum an Energie verbraucht, das Fleisch bleibt zart, und Gemüse behält seine Nährstoffe.

Wenn Chinesen essen gehen, tun sie das nie allein: Je mehr Leute, desto größer die Auswahl der Gerichte, von denen sich jeder bedienen kann. Man lässt sich Zeit, plaudert zwischen zwei Gängen oder raucht. Die Etikette unterwirft sich der Behaglichkeit, Schmatzen und Schlürfen sind gestattet (doch sich zu schneuzen gilt als unfein). Erst ganz zum Schluss gibt es Suppe und Reis. Und wer satt ist, bittet die anderen höflich: *nimen manman chi ba* – »Lassen Sie sich bitte Zeit«.

Im Mittelpunkt einer kulinarischen China-Reise steht die berühmte Pekingente, die nach einem komplizierten Verfahren aufgepumpt, getrocknet, mariniert und schließlich über dem offenen Feuer gegart wird. Alle Teile können verzehrt werden, doch der Höhepunkt ist die knusprige Entenhaut, die am Tisch stückchenweise in dünne Pfannkuchen gerollt wird.

Dies ist jedoch erst der Anfang einer schier unerschöpflichen Speisekarte mit vielen regionalen Spezialitäten. Lammfleisch wird vor allem im Norden gegessen. Kleine scharfe Lammfleischspieße, oft am Straßenrand gegrillt, sind ein Produkt der moslemischen Küche, ebenso der Hammeleintopf *tounao,* Spezialität der Region Shanxi.

Am besten frisch aus dem Wok: knusprig gebratene Teigtaschen

Chinesische Spezialitäten

Lassen Sie sich diese Köstlichkeiten gut schmecken!

Speisen aus der Garküche

baozi – große gedämpfte Hefeklöße; die Füllung kann aus Hackfleisch, Gemüse oder süßer Bohnenpaste *(dousha)* bestehen

jiaozi – halbmondförmige Teigtaschen, zumeist mit Schweinefleisch gefüllt, die gekocht *(shuijiao)*, gedämpft *(zhengjiao)* oder knusprig gebraten (*guotie*, »Pfannenkleber«) angeboten werden

miantiao – dünne Nudeln, meist in der Brühe und mit Fleisch, Huhn oder Gemüse serviert; in Sojasauce gebraten heißen sie *chaomian*

xiaolong bao – die Miniaturvariante der *baozi*, besonders köstlich mit Krabbenfleisch

Speisen im Restaurant

beijing kaoya – Pekingente; besonders lecker: die knusprige Haut

gongbao jiding – Hühnchenwürfel »auf Palast-Art« mit Erdnüssen und Chilischoten

gulaorou – frittiertes Schweinefleisch, süß-sauer

guoba – knusprige Reiskrusten, am Tisch mit einer aromatischen Sauce übergossen

huiguorou – zweimal gebratenes Schweinefleisch

huoguo – Feuertopf, ein Fondue mit Fleisch und Gemüse, oft höllisch scharf

jiaohuazi ji – »Bettlerhuhn«, zart in Lehm oder Folie gebacken

luohan zhai – buddhistische Fastenspeise aus verschiedenen Gemüsen

mapo doufu – »Tofu nach Art der pockennarbigen Alten« mit Hackfleisch, Bohnenpaste und Chilischoten

shizitou – »Löwenköpfe«: Hackfleischklöße mit Kohl in dunkler Sauce

shuan yangrou – Fondue mit hauchdünn geschnittenem Lammfleisch; nordchinesische Spezialität

Getränke

cha – Tee, zumeist als grüner Tee *(lücha)* oder Oolong *(wulong cha)* getrunken, seltener als schwarzer Tee *(hongcha)*, oft mit Jasminblüten aromatisiert *(molihua cha)*

pijiu – Bier, inzwischen das zweite Nationalgetränk Chinas; probieren Sie ruhig auch die lokalen Marken

shaoxing jiu – milder Reiswein

tie guanyin – »eiserne Bodhisattva«, berühmte Oolong-Sorte

Suppen und Ölgebackenes stillen den kleinen Hunger

An der Küste stehen Fisch und Meeresfrüchte ganz oben auf dem Speiseplan. In Shanghai dominiert die mild-salzige Yangzhou-Küche, Spezialitäten sind Krebse, Aal und *changyu*, eine Plattfischart. Suzhou ist für seine süßen, nicht ganz leichten Leckereien bekannt, wie roter Klebreis mit Lotoskernen. »Drachenbrunnen-Krabben« aus Hangzhou dünstet man in grünem Tee.

In Kanton werden Fleisch und Gemüse in wenig Öl besonders kurz angebraten, feine Soßen (wie Austern, Knoblauch, Zitronensoße) sorgen für Abwechslung. Die kulinarische Phantasie der Kantonesen ist grenzenlos – eine »Drachen-Tiger-Phönix-Suppe« besteht zum Beispiel aus Schlange, Katze und Huhn. Hundefleisch ist als Aufbaunahrung beliebt, doch keine Angst: Niemand denkt daran, diese Köstlichkeit ungefragt an einen Ausländer zu verschwenden. Eine besondere Annehmlichkeit Kantons sind die vormittags servierten Snacks (kantonesisch *dimsum)*. Kosten Sie in aller Ruhe: Anders als im übrigen China frühstückt man hier gern den ganzen Vormittag.

Ebenso renommiert wie die Kanton-Küche ist die der Provinz Sichuan. Hier zaubern die Köche mit Pfeffer und scharfen Soßen. Hühnerfleischwürfel mit Erdnüssen, süßscharfe Fleischstreifen »mit Fischgewürz« und der wunderbare Doufu »nach Art der pockennarbigen Alten« lassen Gourmets das Wasser im Mund zusammenlaufen.

Doch es muss nicht immer die »große Küche« sein. Warme Hefeklöße in hoch aufgetürmten Dämpfkörben – Nudeln aus dem Wok, die frisch per Hand gezogen wurden – kalte Reisnudeln, vom glänzenden Teigblock geschabt: Köstliche Kleinigkeiten gibt es für wenig Geld an jeder Straßenecke. Wer da noch zu »Mai Danglao« (Mc Donald's) eilt, ist eigentlich selber schuld.

Seide, Tee und Porzellan

Die uralten Verkaufsschlager des Landes stehen wieder hoch im Kurs

Wenn es ein Paradies der Souvenirjäger gibt, dann ist es China mit seinem unüberschaubaren Reichtum an Kunst, Kitsch und Kunstgewerbe. Da gibt es Schnitzereien in Jade und Lack, farbenfroh leuchtende Cloisonné-Arbeiten, Fächer, Porzellan und natürlich Seide in allen Variationen, vieles davon sehr preiswert und manches geradezu spottbillig. Vor zu hohen Erwartungen sei allerdings gewarnt: Die Zeiten, da man in einem unscheinbaren Antiquitätenladen eine original Ming-Vase zum Schleuderpreis erstehen konnte, sind, wenn es sie jemals gab, natürlich längst vorbei.

Wie an vielen Orten der Welt locken eilig aufgestellte Straßenstände, besonders in Nähe der Touristenhotels, mit recht preiswerten Angeboten, die sich auf den zweiten Blick oft als qualitativ minderwertig erweisen. Wenn überhaupt, sollten Sie hier nur kaufen, wenn Sie den Preis kräftig heruntergehandelt haben.

Chinesische Geschäfte sind sieben Tage in der Woche geöffnet und schließen nur an den Tagen des chinesischen Neujahrsfests. Die Öffnungszeiten sind lokal unterschiedlich. Vor allem in den Großstädten kann man oft bis zum späten Abend einkaufen.

Auftragen der Glasurmasse in einer Cloisonné-Manufaktur

Freundschaftsläden gibt es in jeder Großstadt. Sie wurden ursprünglich eingerichtet, um ausländische Touristen gegen Devisen mit Souvenirs und westlichen Konsumgütern zu versorgen; infolge der wirtschaftlichen Öffnung haben sie sich inzwischen aber in ganz normale Kaufhäuser verwandelt. In vielen Hotels erwartet Sie die Miniaturausgabe eines Freundschaftsladens, oft in Gestalt einer glitzernden »Shopping Arcade«.

Kunstgewerbliche Fabriken und Manufakturen verfügen meist über eine eigene Verkaufsabteilung, in der Sie neben einer gehörigen Portion Kitsch manches schöne Stück entdecken und manchmal auch bei der Arbeit zusehen können.

Antiquitäten

Nicht alle Antiquitäten sind zur Ausfuhr freigegeben. Ein rotes Lacksiegel und eine Ausfuhrbescheinigung des Verkäufers sind unbedingt erforderlich, um alte Möbel oder andere Kostbarkeiten außer Landes zu bringen. Stücke aus dem

18. oder einem früheren Jahrhundert dürfen grundsätzlich nicht exportiert werden.

Bildrollen
Mit traditioneller Malerei und Kalligrafie findet man sie an jeder Straßenecke. Das meiste ist tausendfach verbreitete Massenware: knallbunte Tänzerinnen, galoppierende Pferde, der allgegenwärtige brüllende Tiger. Wirkliche Meisterstücke sind nur in ausgewählten Galerien erhältlich und dort genauso teuer wie vergleichbare westliche Kunst. Es gibt aber handgemalte Kopien alter Originalwerke, die sich durch erstaunliche Präzision auszeichnen.

Bücher
Schöne und preiswerte Bildbände finden Sie in den *Foreign Languages Bookstores* der Großstädte. Dort gibt es auch Reiseführer, Sprachlehrbände und Übersetzungen chinesischer Literatur, zumeist ins Englische, manchmal ins Deutsche – eine empfehlenswerte Reiselektüre.

Cloisonné
Das ist eine sehr farbenprächtige Form der Verzierung von Metallobjekten. Die Oberfläche des Gegenstands wird in mühsamer Handarbeit mit dünnen Metallstegen besetzt, dann füllt man mit einer Pipette farbige Emailpaste in die Zwischenräume und brennt sie im Ofen auf.

Fächer
In allen Preislagen, Größen und Formen zu haben, dienen Fächer in China nicht allein zur Dekoration, sondern als unentbehrliches Utensil für heiße Sommertage. Besonders schön sind schwarze Papierfächer mit goldener Malerei und die fein durchbrochenen Duftholzfächer. Achten Sie auf kleine Unregelmäßigkeiten in der Malerei, die die Handarbeit beweisen. Ein guter Fächer ist auch aufgeklappt sehr steif und klappert nicht.

»Gesundheitskugeln«
Sie sind ein hübsches Mitbringsel für ältere Leute. Zwei oder mehr Metallkugeln – Könner nehmen bis zu vier – werden langsam in der Handfläche gedreht, wobei sie ein leises Klingeln von sich geben und die Akupunkturpunkte der Hand aktivieren (wirkt belebend und kreislaufstärkend).

Grüner Tee und Teegeschirr
Tee wird aus China nur in geringen Mengen exportiert, und was davon

Grüntee aus Hangzhou ist berühmt

nach einer langen Reise in Europa ankommt, hat sein zartes Aroma oft völlig verloren. Ein China-Aufenthalt gibt Gelegenheit, das köstliche Getränk kennen und schätzen zu lernen. Nach Möglichkeit sollten Sie die empfindlichen Blätter dort kaufen, wo sie geerntet werden: in den bekannten Teeregionen Südchinas, zum Beispiel bei Hangzhou oder in der Provinz Fujian.

Teegeschirr des täglichen Gebrauchs, von der ganz schlichten Tonkanne bis zum aufwändigen Service, ist in Läden und Souvenirshops für wenig Geld zu haben. Kaufen Sie preiswertes Geschirr nicht unbesehen, sondern prüfen Sie, wie die chinesischen Kunden, ob die Stücke Glasurfehler oder Unregelmäßigkeiten aufweisen.

Jade

Sie wird in China als die edelste aller Substanzen schlechthin geschätzt. Es gibt sie in den verschiedensten Formen und in sehr unterschiedlicher Qualität, die zu erkennen ein fachmännisches Auge erfordert. Dünne, fein gravierte Anhänger bester Jade erreichen den Preis von Edelsteinen. Sie sind grünlich transparent, geschmeidig glatt, kühl und sehr hart.

Lackarbeiten

Man findet sie vor allem in Form von Schalen, Dosen und Vasen. Ein Kern aus Holz, Bambus oder anderem Material wird mit zahllosen dünnen Lackschichten überzogen und dadurch perfekt konserviert – eine sehr zeitraubende und mühevolle Arbeit. Beliebte Varianten sind Einlegearbeiten mit Perlmutt und die leuchtenden Rotlackschnitzereien.

Mao-Devotionalien

Hier heißt es: Kitsch as Kitsch can. Die Kulturrevolution mit ihrem grenzenlosen Personenkult – für viele Chinesen alles andere als eine erfreuliche Erinnerung – hat den Souvenirhandel erobert. Revolutionäre Anstecker, Plakate und Mao-Büsten werden zu teilweise astronomischen Preisen gehandelt und infolgedessen auch fleißig nachgemacht. Preiswerte Originalstücke findet man fast nur noch tief in der Provinz.

Scherenschnitte

Die kunstvollen Papierarbeiten sind in den unterschiedlichsten Formaten sehr billig zu haben. Sie können als Lesezeichen, Glückwunschkarte oder Wandschmuck verwendet werden.

Steinabreibungen

Diese Darstellungen in tiefschwarzer Farbe auf dünnem Reispapier sind die einfachste und vor allem die preisgünstigste Methode, sich berühmte Kalligrafien und Pinselzeichnungen zu verschaffen. Falten im Papier lassen sich durch vorsichtiges Bügeln entfernen. Es gibt Steinabreibungen auch fertig aufgezogen als Bildrolle.

Steinstempel

Jede chinesische Malerei trägt den Stempel des Künstlers, oft auch den der Sammler, und wer weder malt noch sammelt, kann ihn zum Beispiel als Exlibris verwenden. Ihr Name wird meist binnen eines Tages mit chinesischen Schriftzeichen in den Stein geschnitten. Besonders wertvoll sind Stempel mit leuchtend roter Maserung (»Hühnerblut«) aus der Provinz Zhejiang.

Feste, Events und mehr

Zur Erinnerung an einen Dichter finden farbenfrohe Bootsrennen statt

Staatliche Feiertage

1. Januar *Neujahr* (arbeitsfrei);
1. Mai *Tag der Arbeit* (arbeitsfrei);
1. August *Tag der Armee*;
1. Oktober *Nationalfeiertag*.
1949 wurde am 1. Oktober die Volksrepublik China gegründet. Man begeht den Nationalfeiertag seit einigen Jahren betont unpolitisch mit bunten Paraden, Feuerwerk und Feiern im Kreis der Familie (zwei arbeitsfreie Tage).

Vor dem Laternenfest

Traditionelle Feste

Diese Feiertage richten sich nach dem chinesischen Mondkalender, der 12 Monate mit jeweils 29 oder 30 Tagen kennt: Somit ist am 15. eines Monats stets Vollmond. Die fehlenden Tage werden etwa alle drei Jahre durch einen Schaltmonat ausgeglichen. Der Jahresanfang ist immer der Tag des Neumonds zwischen dem 21. Januar und dem 19. Februar.

Frühlingsfest (Chunjie)
Das chinesische Neujahrsfest, für das es drei Tage frei gibt. Wer kann, verbringt die Zeit bei seiner Familie, Geschäfte und Restaurants bleiben geschlossen. Wenn Sie nirgendwo eingeladen sind: eine eher langweilige Angelegenheit. Vor und nach dem Fest sind die Verkehrsmittel noch voller als sonst. Während des Fests haben auch Taxifahrer frei.
(1. Tag des 1. Monats, nach dem westlichen Kalender: 1. Feb. 2003, 22. Jan. 2004)

Laternenfest (Yuanxiaojie)
Parks und Gärten werden mit farbenfrohen Laternen aller Größen und Formen geschmückt und bieten einen prächtigen Anblick.
(15. Tag des 1. Monats, nach dem westlichen Kalender: 15. Feb. 2003, 5. Feb. 2004)

Totengedenktag (Qingmingjie)
An diesem Tag besucht man die Gräber der Verstorbenen, fegt und reinigt die Grabstätten und bringt Opfergaben dar.
(Jedes Jahr am 4. oder 5. April)

Drachenbootfest (Duanwujie)
Auf den Seen und Flüssen Südchinas finden zur Erinnerung an den ertrunkenen Dichter und Nationalhelden Qu Yuan (332–296 v. Chr.), der aus Protest gegen soziale Missstände ins Wasser ging, Drachenbootrennen statt. Traditionelles Essen sind *zongzi*, gedämpfte Bambusblätterwickel mit Klebreisfüllung.
(5. Tag des 5. Monats, nach dem westlichen Kalender: 15. Juni 2002, 4. Juni 2003, 22. Juni 2004)

Mittherbstfest (Zhongqiujie)
Auch Mondfest genannt, weil man den Tag am liebsten mit einem Picknick im Mondlicht begeht. Dazu gibt es krümelige, runde Mondkuchen *(yuebing)*.
(15. Tag des 8. Monats, nach dem westlichen Kalender: 21. Sept. 2002, 11. Sept. 2003, 28. Sept. 2004)

Doppel-Neun-Fest (Chongyangjie)
Man pflegt an diesem Tag eine Anhöhe zu besteigen und Wein zu trinken.
(9. Tag des 9. Monats, nach dem westlichen Kalender: 14. Okt. 2002, 4. Okt. 2003, 22. Okt. 2004)

Lokale Festivals

Januar

Insider Tipp *Eisfest* in Harbin. In den Parks der Stadt werden kunstvolle Eisskulpturen von riesigen Ausmaßen errichtet.

Trommelgruppe des Miao-Volks

April

Drachenfest in Weifang. Internationaler Wettbewerb im Drachensteigen Lassen. (Anfang des Monats)

★ *Poshuijie (Wasserspritzfest)* der Dai in ganz Xishuangbanna mit Drachenbootrennen und Tanz. Nach dem »Waschen des Buddha« endet die Festlichkeit mit einer vergnügten Wasserschlacht. (13.–15. April)

15. des dritten Monats

★ *Sanyuejie (Fest des 3. Monats)* in Dali. Eines der attraktivsten Feste des Landes. Zahlreiche Volksgruppen aus Yunnan und Umgebung treffen sich zu Tanz- und Gesangswettbewerben, Drachenboot- und Pferderennen.

Kurzbesuch in Peking

Einzigartige Sehenswürdigkeiten in der »Nördlichen Hauptstadt«

Karte in der hinteren Umschlagklappe

[160 C5] Kubilai Khan war ab 1280 der Erste, der von dieser einstigen Garnisonsstadt an Chinas Nordgrenze aus das ganze Reich regierte. Ihm folgten die Kaiser der Dynastien Ming und Qing. 1949 knüpften die Kommunisten an die verflossene imperiale Größe an. Vieles von dem, was das alte Peking so unvergleichlich machte, fiel seit Ende der 1970er-Jahre einem gedankenlosen Bauboom zum Opfer. Doch hinter einem Kranz gesichtsloser Hochhaussiedlungen verbergen sich nach wie vor Bauwerke und Kunstschätze, die einzigartig sind.

SEHENSWERTES

Beihai-Park **[U C3]**

Pekings beliebtester Park war einst ein kaiserlicher Lustgarten. Sein Wahrzeichen ist die auffällige weiße Flaschenpagode; sie wurde 1651 zu Ehren des Dalai Lama errichtet. Der 68 ha große See lockt zum Bootfahren und im Winter zum Schlittschuhlaufen. Besonders schön ist der Fünfdrachenpavillon am Nordwestufer.

Große Mauer **[160 C5]**

★ Dass Peking einst eine Grenzstadt war, erkennt man noch an der Nähe zur Großen Mauer, die in ihrer heutigen Form Anfang des 15. Jhs. entstand. Mehrere Abschnitte sind heute restauriert. Meist fährt man nach Badaling, wo es sehr voll ist. Weniger überlaufen und schöner ist das Mauerstück bei Mutianyu. *Eintritt Badaling 45, Mutianyu 25 Yuan, 60 bzw. 70 km nördlich der Stadt*

Himmelsaltar und Himmelstempel **[U D5–6]**

★ Von den einst sechs kaiserlichen Altären ist dies der größte und bedeutendste. Die wichtigsten Bauten reihen sich entlang einer Nord-Süd-Achse in der Mitte eines baumbestandenen Areals, das mehr als doppelt so groß ist wie der Kaiserpalast. Die Anlage entstand um 1420 und erhielt ihr heutiges Aussehen im 16. Jh. Drei Gestaltungsmerkmale sind bestimmend: Der Kreis ist die Form des Himmelsrunds, das Blau seine Farbe, und die Zahl Drei steht für seine männliche *yang*-Qualität.

Die Opferterrasse im Süden ist kreisrund und dreifach gestuft. Die Zahl der Marmorplatten in den konzentrischen Ringen beträgt stets ein Vielfaches von drei. Hier brachte der Kaiser in der längsten Nacht des Jahres stellvertretend für die Menschenwelt ein aufwändiges Tieropfer dar.

Wem dieses Opfer galt, erfährt man in der nördlich gelegenen kreisrunden Halle des »Kaiserlichen Himmelsgewölbes«: Die dort verwahrten »Geistertafeln« des Himmels, der Sterne, des Wetters und der Amtsvorgänger wurden zum Opfer hervorgeholt. Ein aus weißem Marmor erbauter Dammweg führt nach Norden zur Halle des Erntegebets, dem wohl vollkommensten Bau klassischer chinesischer Architektur. Er ist rund, steht auf einer dreifachen Terrasse und trägt ein dreifaches blaues Dach. Im Inneren symbolisieren die vier innersten Säulen die Jahreszeiten, der innere Ring von zwölf Säulen steht für die Monate, der äußere für die zwölf Doppelstunden des Tages. *Tgl. 8.30–17 Uhr, Eintritt 30 Yuan*

Kaiserpalast **[U D3–4]**

★ Mitten in Peking, doch durch eine mächtige Mauer und einen breiten Wassergraben abgeschirmt, liegt die einstige Verbotene Stadt. Unter kaisergelb glasierten Dächern wohnte hier der Himmelssohn mit der Kaiserin, mit Konkubinen, Zofen und Eunuchen – insgesamt einige Tausend Personen. Die Anlage entstand in den Jahren 1406 bis 1420. Zwar wurden viele Gebäude später erneuert, doch blieb der Stil der Ming-Zeit bis heute gewahrt.

Durch das südliche Haupttor *Wumen* und ein weiteres Tor gelangen Sie zu den drei gewaltigen Thron- und Audienzhallen, dem baulichen Zentrum. Überall sind schmückende Drachen zu erkennen, Symbole des Kaisers.

Nach Norden hin folgen die Wohnbereiche. In der Mitte liegen wiederum drei Thronhallen; sie waren ursprünglich der Kaiserin gewidmet. Die westlichen Palastteile veranschaulichen mit der erhaltenen Einrichtung, wie man damals wohnte – recht beengt und nicht sehr komfortabel.

In einigen anderen Hallen ist ein Teil der kaiserlichen Kunstschätze ausgestellt. Besonders schön ist der ganz im Osten gelegene »Palast des Altwerdens in Frieden« *(Ningshou Gong)*. Vor seinem Südtor passiert man eine prächtige Neun-Drachen-Mauer aus farbig glasierten Reliefziegeln. Im Ningshou Gong selbst befindet sich die Schatzkammer des Palastmuseums. *Tgl. 8.30 bis 16.30, Einlass bis 15.30 Uhr, Eintritt 50 Yuan*

Lamatempel
Yonghe Gong **[U E2]**

Pekings größtes Tempelkloster entstand 1744/45 als eine Art kaiserlicher Hofkirche. Lamaistische Mönche bewohnen und führen es. Die prächtige Ausstattung blieb vollständig erhalten.

Der 450 m lange Komplex zeigt den typischen Aufbau eines buddhistischen Tempels, jedoch in erweiterter Form. Nach Passieren zweier Höfe gelangen Sie in die Halle der Himmelskönige mit eindrucksvollen Figuren dieser vier Wächtergottheiten. Das Innere der folgenden Haupthalle beherrschen die goldenen Buddhas der Drei Zeitalter. Es folgt eine zweite Haupthalle mit drei weiteren Buddhas: dem des langen Lebens in der Mitte, flankiert vom Medizinbuddha und vom »Buddha des Löwengebrülls«, der den weltweit vernehmbaren Erweckungsruf der Lehre verkörpert. Als nächstes folgt die große Lehr- und Versammlungshalle. Sie ist mit Wandbildern ausgemalt. In ihrer Mitte steht eine 6 m hohe Statue des tibetischen Reformators Tsongkhapa. Der Abschluss der Anlage im Norden ist auch der Höhepunkt. Dort umgibt eine drei Etagen hohe Halle eine hölzerne Kolossalfigur des Maitreya-Bodhisattva. Der mächtige Sandelbaumstamm, aus dem sie in tibetischem Stil geschnitzt wurde, war eine Dankspende des 7. Dalai Lama an den Kaiser.

Zahllose weitere Schätze sind in den Seitenhallen ausgestellt. Das wohl schönste Kunstwerk ist ein hölzerner Altar mit einem predigenden Buddha in der östlichen Seitenhalle im letzten Hof. *Tgl. 9 bis 16.30 Uhr, Eintritt 20 Yuan*

Ming-Gräber **[160 C5]**

Dreizehn Kaiser der Ming-Dynastie (1368–1644) liegen in gewaltigen Grabtempeln nördlich von Peking bestattet. Zwei Anlagen wurden für die Öffentlichkeit hergerichtet. Im Grab *Dingling* sind die marmornen Grabkammern zu besichtigen. Das Grab *Changling*, das größte, ist das Einzige, dessen Opferhalle erhalten blieb – ein imposantes Bauwerk mit 32 Säulen aus kostbarem Nanmuholz. Auf dem Zugang zur Nekropole passiert man die berühmte *Geisterallee*, an der steinerne Tiere und Beamte den Toten die letzte Ehre erweisen. *50 km nördlich der Stadt, Eintritt Dingling 25, Changling 20 Yuan*

Sommerpalast
Yihe Yuan **[160 C5]**

★ Die berühmt-berüchtigte Kaiserinwitwe Cixi war es, die sich die 1860 von Engländern und Franzosen verwüstete Anlage Ende des 19. Jhs. im eklektischen Stil ihrer Zeit als Alterssitz herrichten ließ. Dementsprechend dominieren im Bewuchs und im Gebäudeschmuck Symbole des langen Lebens und fortdauernder Lebenskraft: Kiefern, Kraniche, Winterkirsche, Bambus.

Der Osteingang führt auf die Audienzhalle zu. Nördlich davon liegt die einst größte Theaterbühne Chinas. Nach Westen schließen sich die Wohngebäude Cixis an. Von dort zieht sich der 728 m lange, mit Landschafts- und Romanszenen bemalte Wandelgang am Ufer des großen Kunming-Sees hin. An seinem Ende liegt die steinerne Attrappe eines Raddampfers.

Viel intimer ist der Garten *Xiequyuan* im Nordosten des Areals. Dort blicken Pavillons auf einen idyllischen Lotosteich. *Tgl. 8 bis 17 Uhr, einzelne Bauten nur 9 bis 16 Uhr, Eintritt 33 Yuan, nordwestlich der Stadt*

Tian'anmen-Platz **[U D4]**

★ Zum zehnjährigen Staatsjubiläum entstand 1959 ein monumentales städtebauliches Kontrastprogramm zur Kaiserzeit: der Tian'anmen-Platz als Ort für Jubelaufmärsche (er gilt als größter innerstädtischer Platz der Welt), die Große Halle des Volkes (Sitz des Nationalen Volkskongresses) im Westen sowie das Geschichts- und Revolutionsmuseum im Osten. In der Mitte, genau auf Pekings Nord-Süd-Achse, erhebt sich die Gedenkstele der Volkshelden. Den nördlichen Abschluss des Platzes bildet das Tor des Himmlischen Friedens (Tian'an Men) aus dem Jahr 1417. Seit Mao hier 1949 die Gründung der Volksrepublik China verkündete, wurde es zum Staatssymbol. Vor ihm verläuft quer die »Straße des langen Friedens« *(Chang'an Jie)*, Pekings großer Ost-West-Boulevard. Im Süden des Platzes steht seit 1977 das Mao-Mausoleum.

Der Platz ist jedoch nicht nur bauliches Zentrum des neuen China, sondern auch Sinnbild demokratischen Engagements. Schon 1919 demonstrierten vor dem Tian-an Men patriotische Studenten. Durch die Niederschlagung der Studentenbewegung im Juni 1989 wurde die Symbolkraft des Orts noch verstärkt.

ESSEN & TRINKEN

Quanjude Kaoya Dian [U D5]
Unter mehreren gleichnamigen Pekingenten-Häusern hat dies die Nase vorn mit einem tollen Ambiente und der aufwändigen Zubereitung der Ente über Holzfeuer. *Qianmen Dajie 32, Tel. 010/65 11 24 18, €€€*

Insider Tipp
Ritan Fanzhuang [U E–F4]
Sichuan-Küche, klassisches Ambiente. An warmen Tagen schön, um draußen zu sitzen. *Südwestecke des Ritan-Parks, Tel. 010/65 00 58 83, €€*

EINKAUFEN

Liulichang [U C5]
Die Gasse der Antiquitätenhändler. Auch neues Kunsthandwerk und mancher Trödel sowie Repliken sind zu haben. *Rongbao Zhai* in der Liulichang West stellt Farbholzschnitte her *(Nr. 19–49)*.

ÜBERNACHTEN

Insider Tipp
Lüsongyuan [U D3]
58 Zimmer in einem Altpekinger Gässchen, beliebt bei jungen Ausländern. E-Mail-Service. *Jiaodaokou Dajie, Tel. 010/64 04 04 36, Fax 64 03 04 18, www.the-silk-road.com/lusongyuan/index.htm, €*

Song He Hotel [U D4]
Unter den zentral unweit des Kaiserpalasts gelegenen Hotels ist dieses das preisgünstigste. Nur eine Minute zur Haupteinkaufsstraße Wangfujing. *310 Zi., Dengshikou 88, Tel. 010/65 13 88 22, Fax 65 13 90 88, €€€*

AM ABEND

Liyuan-Theater [U C5]
Im »Birnengarten-Theater« werden allabendlich Pekingopernszenen gegeben (viel Akrobatik). Englische Texte helfen beim Verständnis. *19.30 Uhr, Qianmen Hotel, Yong-an Lu 175, Tel. 010/63 01 66 88, App. 88 60*

Sehr ausführliche Informationen finden Sie im MARCO POLO Reiseführer »Peking«.

Gelber Fluss und Große Mauer

An Chinas Wiege hinterließen Konfuzius und buddhafromme Kaiser gleichermaßen ihre Spuren

Historisch gesehen gehört zum Norden nicht nur das Grenzgebiet, sondern auch die eigentliche Mitte des Reichs. Am Rande der Schwemmebene des Gelben Flusses residierten die Könige der Shang, Chinas erste historisch greifbare Dynastie. Hier gruben Archäologen in Tierknochen geritzte Zeichen aus – die ältesten Schriftzeugnisse Ostasiens. Auch später residierten die meisten Herrscher hier – in Luoyang, Kaifeng und Peking. Hier liegen drei der fünf heiligen Berge, hier ist die Heimat des Konfuzius. Hier begründete China seine Tradition des Baus großer Verteidigungsmauern und -wälle. Dennoch wurde Nordchina immer wieder von »Barbaren« überrannt. Attraktionen wie die Grottentempel von Datong und den mandschurischen Sommersitz Chengde verdankt das Land fremden Herrschern. Zählt man den aus Indien stammenden Buddhismus hinzu, so geht in Chinas Kernland sogar die Mehrzahl der Sehenswürdigkeiten auf ausländischen Einfluss zurück.

Genuin chinesisch aber ist das terrassierte gelbe Lössbergland in

Longmen-Grotten bei Luoyang: Wächterfigur

Gebetstrommeln in Chengde

der Provinz Shanxi, eine der ältesten und erstaunlichsten Kulturlandschaften der Erde **[159 F5, 160 A1]**. Die typischen Höhlenwohnungen werden heute zunehmend aufgegeben, viele traditionelle Dörfer sehen Sie jedoch noch entlang der Bahnstrecke, die durch das Fen-Tal führt **[166 A1–2]**. Insider Tipp *Siehe hierzu auch das Kapitel »Ausflüge und Touren«: »Durchs Lössgebiet zu Chinas Wurzeln«*

CHENGDE

[161 D4] ★ Die Stadt (100 000 Ew.), 250 km nordöstlich von Peking gelegen, entstand ab 1703 als Sommerfrische der Mandschu-Kaiser. Fast das ganze 18. Jh. hindurch wurde gebaut, doch nach 1820

Steinerner Löwe am Kloster Putuozongsheng Miao in Chengde

blieb der Hof dem Ort fern. Palast und Klöster sind Weltkulturerbe der Unesco.

SEHENSWERTES

Acht Äußere Tempelklöster

Die Mandschus, die außer dem chinesischen Kernland noch die Mongolei sowie Innerasien beherrschten und ab dem 18. Jh. auch Tibet als Protektorat behandelten, betrieben eine Art »Klosterbaudiplomatie«, deren beste Zeugen in Chengde stehen: Um den Vasallen das Gefühl zu geben, im Mandschureich zu Hause zu sein, errichtete der Kaiser ihren Gesandten prächtige Klöster, zum Teil im Stil ihrer Heimat. Von den noch bestehenden lohnen fünf den Besuch. Östlich des Flusses Wulie He liegen (von Süden):

Puren Si: Als ältestes der Klöster 1713 erbaut für mongolische Adlige, jedoch in rein chinesischem Stil. Die klassisch-schöne, sehr ruhige Anlage wurde 1990 renoviert. Zwei Hallen bergen noch die Originalfiguren (Haupthalle: Buddhas der drei Zeitalter sowie 18 Luohan; hintere Halle: neun Erscheinungsformen von Amitayus, dem Buddha des langen Lebens). Besonders gefallen die 175 skurrilen Luohan in den Seitenhallen. Sie stammen aus einem anderen, abgebrannten Tempel und sind der erhaltene Rest von einst 500 Figuren. *Bis auf weiteres geschl.*

Pule Si: Lamatempel, errichtet 1766 für dsungarische Gesandte. Die zwei ersten Hallen bergen schöne alte Figuren. Das Hauptgebäude mit dem doppelten gelben Kegeldach bildet mitsamt seiner mächtigen Plattform ein eindrucksvolles Mandala, das Innere birgt wiederum ein kleineres Mandala in Form eines Gebäudes. Sehr schön und frisch renoviert. *Eintritt 20 Yuan*

Folgende Bauten liegen nördlich des Palasts (von Osten):

Puning Si: Erbaut 1755–58 für mongolische Gesandte. Der Bau folgt dem Vorbild des Samye-Klosters in Tibet. Hier sind die großartigsten der Bildnisse in Chengde zu sehen, so die vier Himmelskönige (1. Halle nach dem Eingang), die Buddhas, die Luohan und die Wandmalereien in der unteren Haupthalle, vor allem aber im größten Gebäude die 22,3 m hohe Figur der tausendarmigen Guanyin – die 25 Arme der Göttin der Barmherzigkeit sind mal vierzig zu nehmen. Diese vielleicht größte Holzfigur der Welt ist am besten von der mittleren Galerie aus zu betrachten. *Eintritt 25 Yuan*

Xumifushou Miao: Der imposante Nachbau des tibetischen Tashilhunpo-Klosters, 1780 erbaut für den 6. Panchen Lama, wurde um 1996 restauriert. Auf den Graten der vergoldeten Bronzedächer reiten Drachen. Es gibt eine kleine Ausstellung von Sakralkunst. *Eintritt 20 Yuan*

Putuozongsheng Miao: Das gewaltigste der acht Klöster ist ein 1771 fertig gestellter Nachbau des Potala-Palasts in Lhasa. Nachdem es Ende der 1990er-Jahre renoviert wurde, erstrahlt vor allem der zentrale »Rote Palast« mit seiner innen liegenden »Goldenen Halle« wieder in alter Pracht. *Eintritt 20 Yuan*

Alle tgl. 8–16 Uhr. Die Klöster sind gut per Rad erreichbar.

Sommerresidenz

Der »Bergsitz zur Meidung der Sommerhitze« ist größtenteils ein ummauerter Landschaftspark. Mit seinen 5,6 km² Fläche ist er der größte kaiserliche Park Chinas. Zu vier Fünfteln besteht er aus bewaldeten Hügeln, einst ein Wildgehege. Die baumbestandene Ebene im Osten diente als Pferdeweide, Turniergelände und Zeltplatz.

Gartenarchitektonisch gestaltet ist nur der Südostteil des Parks. Hier führen schmale Dämme durch stille Lotosteiche, kleine Brücken krümmen den Buckel, am Ufer und auf Inseln laden Pavillons und Lustschlösschen zur Rast. Wer frühmorgens noch vor den Besucherscharen kommt oder bis zum Sonnenuntergang bleibt, erlebt ein

MARCO POLO Highlights »Nordchina«

★ **Chengde**
Sommerresidenz mit Lotosteichen und Lamaklöstern (Seite 41)

★ **Yungang-Grotten**
Insider Tipp
Die Höhlentempel frommer Kaiser (Seite 45)

★ **Qufu**
Konfuziusstadt mit alter Musik (Seite 53)

★ **Tai Shan**
Hinauf auf Chinas heiligsten Berg (Seite 56)

★ **Kunsthandwerk in Tianjin**
Kulturstraße und Antiquitätenmarkt (Seite 59, 60)

★ **Wutai Shan**
Klösterliches Bergidyll (Seite 60)

wahres Postkartenidyll, das sich bei Windstille im Spiegel des Wassers noch verdoppelt.

Von den Palastbauten am Südende des Parks ist nur ein Teil erhalten. Anders als in Peking ist hier nichts pompös oder verspielt; es waltet eine würdige Schlichtheit. Man gab sich volksnah und verzichtete auf roten Lack und gelbe Dachziegel. Selbst der 1754 auf Geheiß des Qianlong-Kaisers erbaute Audienzsaal wahrt bescheidene Maße. Das Material – kostbares Nanmuholz – und die Schnitzereien sind vom Feinsten. In den sechs Hallen sind Porzellan, Cloisonné, Möbel, Uhren und andere Preziosen ausgestellt. *Tgl. 8–16 Uhr, Park bis 22 Uhr, Eintritt 50 Yuan (Palast und Park)*

ÜBERNACHTEN

Insider Tipp **Qiwanglou Guest House**
Stimmungsvolles Hotel in einem Seitenkomplex des Palastes mit gepflegtem Garten und direktem Zugang zum Park. *75 Zi., Tel. 0314/ 202 43 85, Fax 202 19 04, €€*

DATONG

[160 B5] In die öde Kohlestadt von 900 000 Einwohnern mit ihrer buchstäblich atemberaubenden Luftverschmutzung locken kunsthistorische Schätze ersten Rangs. Von 398 bis 494 beherrschten die Könige des Toba-Volks von hier aus halb China. Vom 10. bis 13. Jh. diente der Ort den Kitan und den Dschurdschen als Nebenhauptstadt. Unter den Ming wieder chinesische Grenzstadt, wurde Datong mit einer Mauer befestigt, die teilweise erhalten geblieben ist.

SEHENSWERTES

Huayan Si
Das bedeutende Tempelkloster wurde im 11. Jh. von den Kitan gegründet. Ihr Einfluss zeigt sich an der ungewöhnlichen Ausrichtung der Anlage nach Osten. Auch die beiden Haupthallen wahren den Stil jener Epoche. Es gibt zwei separate Komplexe. Die übrigen Bauten entstanden später.

Sommerresidenz von Chengde: Dämme mit Brücken gliedern die Seen

Oberes Kloster: Die im Jahr 1140 erbaute Haupthalle ist eine der zwei größten Tempelhallen Chinas. Sie birgt die Buddhas der fünf Himmelsrichtungen (mittlere drei Statuen aus Holz, 15. Jh.), flankiert von zwei mal zehn lebensgroßen Wächterfiguren aus derselben Ära. Das Innere wurde um 1900 mit Buddhaszenen farbig ausgemalt.

Unteres Kloster: Die Haupthalle mitsamt ihrem Figurenschmuck stammt aus der Gründungszeit des Klosters. Wie die 31 in drei Gruppen beisammenstehenden Buddhas, Bodhisattvas, Mönche und andere Gestalten teils lehrend, teils mahnend die Finger heben, scheinen sie sehr um unser Seelenheil besorgt zu sein – ein Anblick von seltener Eindringlichkeit, würde nicht ein Gitterkäfig das Nähertreten verwehren. *Tgl. 8.30–17.30 Uhr, winters bis 16 Uhr, Eintritt 20 Yuan, im Westen der Altstadt*

Neun-Drachen-Mauer

Farbig glasierte Reliefziegel stellen die doppelt segensreiche Zahl dieser segensreichen Fabelwesen dar. *Östlich der Stadtmitte*

Shanhua Si

Die drei im 12. Jh. erbauten Hallen des Tempelklosters zeigen den schlichtmonumentalen Stil jener Zeit. Die vier Himmelskönige in der südlichen sowie der Vairocana-Buddha mit zwei Bodhisattvas in der mittleren Halle sind schöne Beispiele mingzeitlicher Bildhauerkunst. Der größte Schatz des Tempels ist der Figurenschmuck der nördlichen Halle, der aus der Bauzeit erhalten blieb. Es sind die Buddhas der fünf Himmelsrichtungen, flankiert von 24 lebensechten Wächtergestalten. Im westlichen Nebenhof steht eine Fünf-Drachen-Mauer. *Tgl. 8.30–17.30, im Winter 9.30–16 Uhr, Eintritt 20 Yuan, im Südwesten der Altstadt*

Yungang-Grotten

Insider Tipp

★ Die gewaltigen Höhlentempel, entstanden 460 bis 494 als Stiftungen der Toba-Herrscher, ziehen sich über einen Kilometer hin. Aus vielen Darstellungen spricht eine heitere Frömmigkeit. Ganz grob können drei Gruppen von Figuren unterschieden werden: Durch ihre teils monumentalen Maße fallen die Buddhas und Bodhisattvas am meisten auf. Kleine Buddhas bilden zuweilen ganze Serien. Eine zweite Gruppe sind himmlische Wesen wie tanzende Apsaras-Feen und Musikanten, die das Glück des Erleuchteten ausdrücken. Eine dritte Gruppe bilden Gestalten mehr irdischer Natur, wie sie in den Legenden um Buddha Gautamas Leben vorkommen.

Die Besichtigung beginnt bei den Grotten Nr. 5 bis 7, zu deren Schutz im Jahr 1651 hölzerne Vorbauten errichtet wurden. Grotte Nr. 5 enthält die mit 17 m größte Buddhafigur. Grotte Nr. 6 ist die beste von allen, gemessen am Erhaltungszustand, an der Fülle und Qualität der Darstellungen sowie hinsichtlich der architektonischen Anlage. Zu sehen sind vor allem Szenen aus dem Leben Gautamas.

Die mit einem Dreizack bewaffneten Wächterfiguren am Eingang zur achten Grotte gelten als Beispiel für den über die Seidenstraße vermittelten hellenistischen Einfluss. Die Reliefs an den Grotten 9 bis 12 wurden unter der letzten Dynastie koloriert. In Nr. 9 werden

Bodhisattva-Figuren von Apsaras umschwebt. Nr. 12 zeigt klassisch-chinesische Palastansichten und himmlische Musikanten mit Flöten und Trommeln.

Während die vorgenannten Grotten über einen zentralen Pfeiler verfügen, bilden Nr. 16 bis 20, die als Erste entstanden, jeweils eine Nische für einen monumentalen Buddha mit wenig zusätzlichem Figurenschmuck. Am besten erhalten ist hier Nr. 18 mit einem Bildnis Shakyamunis, des Buddhas der Gegenwart. Von Grotte 20 ist der vordere Teil eingestürzt, sodass die Buddhafigur im Freien steht. *Tgl. 8.30–17.30 Uhr, Eintritt 50 Yuan, 16 km westlich der Stadt*

ÜBERNACHTEN

Yungang
Komforthotel mit 158 klimatisierten Zimmern. *Yingbin Donglu 21, Tel. 0352/502 16 01, Fax 502 49 27, €*

Das Hängende Kloster bei Hunyuan

ZIEL IN DER UMGEBUNG

Hängendes Kloster **[160 B5]**
Auf spindeldürren Stelzen balancieren winzige Hallen und Schreine an einer überhängenden Felswand. Der Reiz des kuriosen Baus lag einst vor allem in der wildromantischen Schlucht, in der er sich versteckt. Seit ein Stück oberhalb ein riesiger Staudamm das Tal versperrt, ist das klösterliche Bergidyll nur noch traurige Erinnerung. *Eintritt 25 Yuan, 62 km südöstlich von Datong bei der Kreisstadt Hunyuan*

HARBIN

[162 C2] Harbin (2,2 Mio. Ew.) ist die Hauptstadt von Chinas nördlichster Provinz. Das sibirische Klima mit langen, sehr kalten Wintern beschert der Stadt und ihren Besuchern alljährlich das phantastische Eislaternenfest, das man treffender auch als Eispalastfest bezeichnen könnte.

ÜBERNACHTEN

Shirble Swan
Modernes, komfortables Großhotel. *235 Zi., Zhongshan Lu 95, Tel. 0451/230 02 01, Fax 230 48 95, €*

LUOYANG

[166 A3] Unweit vom Gelben Fluss liegt diese Provinzstadt (650 000 Ew.) mitten im ältesten chinesischen Kulturland. Ab dem 8. Jh. v. Chr. war Luoyang mehrfach Sitz

Eislaternenfest in Harbin

von Königen und Kaisern. Zur Sui- und Tang-Zeit zweite Hauptstadt neben Xi'an, stieg der Ort zu einem kulturellen und religiösen Zentrum auf. Damals, im 7. bis 9. Jh., lebten hier eine Million Menschen. Im Ort selbst ist aus jener glorreichen Zeit nichts zu spüren. Schön ist aber ein Bummel durch die Altstadt, eine Freude auch die Päonienblüte im April. Immerhin trägt Luoyang den Beinamen »Päonienstadt«, und das seit über einem Jahrtausend!

SEHENSWERTES

Kloster der weißen Pferde

Chinas ältestes Buddhakloster wurde im Jahre 68 gegründet. Nachdem der Kaiser im Traum Buddha gesehen habe, seien zwei Männer auf Schimmeln bei Hofe erschienen und haben die erste Sutrenabschrift aus fernem Lande mitgebracht, besagt die Gründungslegende. Daraufhin habe der Kaiser ihnen dieses Kloster gestiftet.

Zwei Steinponys vor dem Eingang erinnern an die Pferde, ihre Reiter liegen, so heißt es, unter den Grabhügeln auf den Nebenhöfen rechts und links hinter dem Tor. Die heutige Anlage stammt aus der Ming-Zeit. Bereits im 13./14. Jh. entstanden die schönen Figuren der 18 Urmönche in der dritten Halle. 500 m östlich steht die elegante Qiyun-Pagode (12. Jh.). *Tgl. 8.30 bis 17.30 Uhr, Eintritt 25 Yuan, 13 km östlich der Stadt*

Longmen-Grotten

Als die Toba ihre Residenz im Jahr 494 aus Datong nach Luoyang verlegten, setzten sie am »Drachentor« (Longmen), einer nahen Talkerbe des Yi-Flusses, die bei Datong begonnene Sitte des Grottentempelbaus fort. Doch auch unter der Sui und der Tang-Dynastie, zur Blütezeit des chinesischen Buddhismus, entstanden hier Grottentempel. Als Stifter traten Mönche, Nonnen und Beamte ebenso auf wie Laienvereinigungen. Die größten und eindrucksvollsten Arbeiten aber finanzierte wieder der fromme und ruhmsüchtige Kaiserhof. Im 20. Jh. richteten Kunstdiebe große Schäden an. Die leeren Nischen und geköpften Figuren sprechen eine deutliche Sprache. Ein Teil des Diebesguts steht heute in den ostasiatischen Museen Europas, Japans und Amerikas.

Der Figurenschmuck der größeren Grotten, etwa ein Dutzend, variiert stets ein Schema, das sich am klarsten gleich in der ersten Grotte, Qianxi Si, zeigt: Grimmige Wächter mahnen bei jedem Eintretenden Läuterung an. Drinnen blicken Sie zur personifizierten Weisheit und Vollendung, einem zentralen, übermenschlich großen Buddha auf. Während dieser sitzt, bleiben die anderen zu seinen Seiten ehrfürchtig stehen: Es sind links und rechts außen, kleiner dargestellt, die Heilandsgestalten zweier Bodhisattvas sowie in den Zwischenräumen in fast menschlicher Größe Buddhas engste Jünger Ananda und Kashyapa – Vorbilder für den Betrachter, soll er doch wie diese vom Buddha lernen, um dereinst mit Hilfe der Bodhisattvas erlöst zu werden. Überall ist auch das Symbol der Lotosblüte zu sehen: Sie zeigt, dass Reinheit möglich ist, selbst wenn man im Sumpf wurzelt.

Gleich hinter der Qianxi-Si-Grotte gelangen Sie zu einer Gruppe von drei Höhlen, deren mittlere, Binyang Zhongdong, vielleicht die schönste von allen ist. Das Grundschema ist hier zu elf Figuren erweitert. Drei Buddhas, sechs Bodhisattvas und die beiden Jünger schenken dem Betrachter ihr schönstes Lächeln. Die Grotte entstand in den Jahren 500 bis 523; wie eine Chronik vermerkt, wurden 802 366 Tagewerke hineingesteckt.

Die übernächste Treppe führt zur Grotte der 10 000 Buddhas aus dem Jahr 680. Rund 15 000 Figürchen – die Buddhas aller Äonen – bedecken dort die Seitenwände.

Fünf Jahre zuvor war die berühmteste Grotte der Anlage fertig geworden. Es ist der »Tempel der Ahnenverehrung« am Ende einer breiten, neu angelegten Treppe. Er übertrifft die anderen Grotten gleich um ein Mehrfaches an Größe, dabei ist die Bildhauerkunst vom Feinsten. Stifter waren der Tang-Kaiser Gaozong und seine ebenso ehrgeizige wie fromme Hauptfrau Wu Zetian, die später als eine von zwei offiziellen Monarchinnen in Chinas Geschichte einging. Die zentrale, 17 m hohe Figur des Locana-Buddha soll ihre Züge tragen. Seine Fettfalten am Hals schmeichelten dem damaligen Schönheitsideal.

Da die Anlage oben offen ist, kann sie eigentlich nicht als Grotte gelten. Ursprünglich besaß sie ein großes Holzdach. Das ikonografische Schema ist um zwei Himmelskönige erweitert, von denen nur der rechte erhalten blieb; er trägt eine Pagode auf der Handfläche.

Wegen der besseren Lichtverhältnisse sollten Sie die Longmen-Grotten vormittags besichtigen. Sehr schön ist auch ein Blick auf die Gesamtanlage vom anderen Flussufer aus, wo sich weitere, jedoch nicht erschlossene Grotten befinden. *Tgl. 6.30–17.30 Uhr, Eintritt 45 Yuan, 12 km südlich der Stadt*

MUSEEN

Gräbermuseum

22 Grabkammern aus dem 1. Jh. v. Chr. bis zum 12. Jh. n. Chr., entdeckt in und um Luoyang, wurden hier zusammengelegt, sodass man sie von einem unterirdischen Gang aus bequem besichtigen kann. Zu sehen sind Wandmalereien, Reliefs, Grabbeigaben und kunstvolle Gewölbe. Beschlagende Glasscheiben und miserable Beleuchtung mindern leider die Entdeckerfreude.

Ein separater Grabhügel birgt die Gruft des Toba-Kaisers Xuanwu vom Jahr 516. Sie ist mit dem Sternenhimmel ausgemalt. *Tgl. 9 bis*

16 Uhr, Eintritt 15 Yuan, Jichang Lu (6 km nördlich der Stadt)

Luoyang-Museum
Archäologische Funde und Kunsthandwerk aus fünf Jahrtausenden, von neolithischer Keramik über frühchinesische Bronze bis zu songzeitlichem Porzellan. *Tgl. 8.30 bis 17.30 Uhr, Eintritt 10 Yuan, Zhongzhou Zhonglu 298 (am Wangcheng-Park)*

Luze-Gildenhaus
Die prächtige Anlage mit der typischen Theaterbühne über dem Tor birgt heute eine volkskundliche Sammlung (Hochzeit, Religion, Schattenspiel, Kunsthandwerk). Der Altar stammt aus einem Tempel. *Tgl. 8.30–11.30, 14–17.30 Uhr, Xin Jie 133 (im Südosten der Altstadt)*

EINKAUFEN

Arts and Crafts Building
Sie schauen Kunsthandwerkern bei der Arbeit über die Schulter und können auch gleich kaufen. Sehr gute Keramik- und Bronzerepliken. *Zhongzhou Zhonglu 503 (westlich vom Luoyang-Museum)*

ÜBERNACHTEN

Peony
Zentral gelegene Herberge. *194 Zi., Zhongzhou Xilu 15, Tel. 0379/ 485 66 99, Fax 485 69 99, €€*

ZIELE IN DER UMGEBUNG

Alle folgenden Ziele liegen am heiligen Berg der Mitte, dem Song Shan, und sind von Luoyang aus im Rahmen eines Tagesausflugs zu erreichen. *80 km südöstlich von Luoyang*

Guanxingtai **[166 A3]**
Chinas ältestes erhaltenes Observatorium, ein ungewöhnlicher Bau aus dem 13. Jh., diente vor allem zur Beobachtung der Sonnenbahn. *15 km südöstlich der Kreisstadt Dengfeng*

Shaolin Si **[166 A3]**
Das im Jahr 495 gegründete buddhistische Kloster wurde durch zahlreiche Kung-Fu-Filme weltberühmt. In Ostasien kennt man es noch aus einem zweiten Grund: Ab 527 soll hier Bodhidharma, ein indischer Mönch, gelehrt und die Schulrichtung des Zen (chinesisch: Chan) gegründet haben, die alle Bücherweisheit ablehnt und statt dessen die eigene, unmittelbare Erfahrung mit dem Ziel der Erleuchtung betont. Die Mönche machten in besonderer Weise Ernst mit der Praxis: Sie drillten sich bald zu schlagkräftigen Recken.

Kung-Fu-Schüler beim Üben

Blick auf den Pagodenwald von Shaolin

Die 1400 Jahre alte Kampfkunsttradition des Orts ist heute lebendiger denn je. Neben der renommierten Kloster-Kampfschule (lohnende Vorführungen!) profitieren in der Gegend noch über 20 weitere Schulen mit zusammen mehr als 10 000 Schülern vom Shaolin-Renommee.

Insider Tipp

Die erste und einige andere Hallen sind Rekonstruktionen aus jüngster Zeit. Das Bronzebildnis Bodhidharmas in der Abthalle kam als Geschenk aus Japan. Die nördlich anschließende Dharma-Halle enthält ein weiteres Bildnis des Zen-Stifters. Als Letztes folgt die alte Tausend-Buddha-Halle, in der ein großes mingzeitliches Wandbild die »Fünfhundert heiligen Mönche bei der Verehrung des Buddha Vairocana« darstellt. Die Vertiefungen im Fußboden sollen übende Kämpen im Lauf der Zeit durch Abnutzung verursacht haben. Deren Ruhmestaten zeigen Wandmalereien in der rechten Seitenhalle. Sie entstanden gegen Ende der Kaiserzeit.

300 m westlich des Klostertors liegt der »Pagodenwald«, Chinas berühmtester Mönchsfriedhof. Seine 260 Grabpagoden bergen die Asche der Äbte. *Tgl. 8–18, winters bis 17 Uhr, Eintritt 40 Yuan, Kung-Fu-Vorführung 50 Yuan, 15 km nordwestlich von Dengfeng*

Songyang-Akademie **[166 A3]**
Eine beschauliche Anlage mit zwei Lebensbaumzypressen, denen schon der Han-Kaiser Wu vor über 2000 Jahren Titel verliehen haben soll: Der »Kleine General« ist heute ein imponierender Baumveteran, vom »Großen General« ließ der Zahn der Zeit nur einen altersschwachen Rest. *Tgl. 8–18 Uhr, 2,5 km nördlich von Dengfeng*

Songyuesi Ta **[166 A3]**
Chinas älteste erhaltene Pagode, ein Backsteinbau aus dem Jahr 520,

ist zwölfeckig und 40 m hoch. *5 km nördlich von Dengfeng*

Zhongyue Miao **[166 A3]**
Der kaiserliche »Tempel des heiligen Mittelberges« ist mit 650 m Länge und elf Bauten entlang der Mittelachse der größte Tempel der Provinz Henan. Die heutige Haupthalle von 1653 ist ebenfalls die größte der Provinz, die übrigen Bauten stammen aus dem 18. Jh. Aus der Song-Zeit blieben vier gewaltige gusseiserne Wächter erhalten. Da der Berg als Kaiser personifiziert wurde, erhielt er auch ein Weib zugesellt, mit dem er nun die »Schlafhalle« teilt. Dort sieht man die Figuren des Paars sowie zur Linken und Rechten deren alkovenartige Betten. Große, bunt bemalte neue Figuren in zwei seitlichen Galerien stellen das Personal des Bergkaisers dar. Der Tempel wird von daoistischen Mönchen bewohnt. Jenseits der Hauptstraße führt ein Weg zu einer kleinen Halle, die zwei ornamentale Torpfeiler aus der Han-Zeit schützt. In China sind oberirdische Bauten dieses Alters äußerst selten. *Tgl. 8–18 Uhr, 4 km östlich von Dengfeng*

QINGDAO

[167 E2] Die Hafenstadt (2 Mio. Ew. ohne Umland) ist ein steingewordenes Stück Kolonialgeschichte. 1897/98 zwang das Deutsche Reich China, die Jiaozhou-Bucht, an der »Tsingtau« liegt, samt Umland auf 99 Jahre an Deutschland zu verpachten. 1914 eroberte Japan die Kolonie. 1922 ging sie an China zurück. Teile der Altstadt wahren bis heute ihr wilhelminisches Aussehen. Auch für Neubauten werden oft noch Mansarddächer und Fachwerkimitation verwendet – deutsche Stilelemente von vor 100 Jahren.

Qingdao ist heute eine der boomenden Küstenstädte, wie besonders die neue Entwicklungszone, ein riesiges Hochhausviertel im Osten, zeigt. Daneben ist es als Fischereihafen bekannt und einer der beliebtesten Seebadeorte Chinas.

SEHENSWERTES

Alt-Tsingtau
Rundgang (ca. 1 Std.): Sie beginnen Insider Tipp an der 440 m weit in das Meer hinausragenden *Landungsbrücke* (schöner Rundblick). Von dort führt die Hauptgeschäftsstraße *Zhongshan Lu* (Sun-Yat-sen-Straße, einst Friedrichstraße) nach Norden. An der Ecke zur vierten Querstraße steht rechts das frühere *Seemannshaus* von 1902. Zwei Straßen weiter biegen Sie nach rechts ein: Vor Ihnen ragt die katholische *Kathedrale* (erbaut 1931–34) auf. Der Weg knickt vor ihrem Portal nach rechts ab; dann geht's die nächste

Kartenspieler in Qingdao

Straße links, die nächste schräg links voraus, die nächste scharf rechts zurück (bergauf) und gleich wieder links die Treppen hoch, nun geradeaus, bis hinter Hausnummer 11 eine Treppe zu einem versteckten Park hinaufführt. Hier, auf dem Gipfel des einstigen *Gouvernementshügels,* bietet ein kleiner Aussichtsturm eine tolle Rundsicht auf die Stadt. Über dieselbe Treppe nun wieder zurück und die nächste Treppe weiter bergab. Die unten nach rechts bergab führende Straße läuft genau auf die protestantische *Christuskirche* zu (erbaut 1908–10). Von dieser geht die Yishui Lu am Südhang des Gouvernementshügels entlang zum *Gouvernementsgebäude* (später Rathaus, erbaut 1904–6), dem repräsentativen Höhepunkt des Rundgangs. 1989 wurde es nach Norden zu spiegelbildlich im gleichen Baustil verdoppelt. Nach Süden hin durch die Grünanlagen gelangen Sie schließlich zurück zur *Uferpromenade* (einst Kaiser-Wilhelm-Ufer).

Badaguan

Ab Ende der 1920er-Jahre entstandenes Villenviertel oberhalb von Badestrand Nr. 2, dem schönsten der Stadt. Zwischen den Anwesen kleine Parks.

EINKAUFEN

An der Uferstraße westlich der Landungsbrücke bietet allabendlich ein Markt maritimen Kitsch und Kuriositäten, darunter hübsche Holzmodelle von Wohnhäusern im deutsch-Tsingtauer Baustil.

ÜBERNACHTEN

Dongfang

Gute Lage nahe der Altstadt und der Promenade. *145 Zi., Daxue*

Rappelvoll: Qingdaos Badestrand Nr. 1 im Hochsommer

Lu 4, Tel. 0532/286 58 88, Fax 286 27 41, €€

Haitian
616 Zimmer mit Meerblick in der Entwicklungszone. *Xianggang Xilu 48, Tel. 0532/387 18 88, Fax 387 17 77,* €€€

ZIEL IN DER UMGEBUNG

Lao Shan **[167 E2]**
Malerische Bergregion (bis zu 1133 m hoch) mit bizarren Felsen, Schluchten, Wasserfällen und Chinas bekanntester Mineralquelle. Schöne Blicke aufs Meer. Von oberhalb des Tempels Taiqing Gong geht's per Seilbahn hinauf. *40 km östlich der Stadt, Ausflugsbusse ab Bahnhof*

QUFU

[166 C2] ★ Der Geburts- und Sterbeort von Konfuzius (551–479 v. Chr.) ist ganz vom Konfuziuskult geprägt, und das seit über 2000 Jahren. Die Sehenswürdigkeiten nehmen fast die Hälfte der Altstadt ein, von der auch der Stadtgraben und einige Tore erhalten blieben. Dreiradrikschas und Maultierkarren sorgen für angemessen-geruhsamen Transport. Vom 16 km entfernten Bahnhof Yanzhou aus verkehren Busse und Taxis.

SEHENSWERTES

Kong Fu (Kong-Residenz)
Die Konfuziusopfer waren stets Sache der Stammhalter des Weisen. Als Herzöge geadelt, versahen sie die Feiern im kaiserlichen Auftrag, dazu belehnte der Kaiser sie mit gewaltigen Ländereien und Tausenden von Pachtbauern. Spezielle »Hoflieferanten« mussten Schlachttiere, Wein, Musik, Feuerwerk und andere Dinge beitragen oder Spanndienste leisten. All das wollte verwaltet werden, und so verfügten die Herzöge, die alle wie Konfuzius selbst den Familiennamen Kong trugen, über eine entsprechend dimensionierte Residenz. Im vorderen Teil befinden sich Audienz- und Amtsräume samt zugehöriger Staffage für Empfänge und Gerichtssitzungen. Dahinter liegen die Frauengemächer. Durch die Fenster erkennt man die Ausstattung mit westlichen Sesseln und Uhren, wie sie bestand, als der Stammhalter der 77. Generation 1937 vor den Japanern floh. Am Ende führt ein Seitentor in den großen Garten. *Tgl. 8–16.30 Uhr, Eintritt 20 Yuan*

Kong Lin (Konfuziushain)
Auf Chinas schönstem Friedhof werden seit Urzeiten die Mitglieder der Kong-Sippe bestattet. Überall in dem 2 km² großen, lichten Wald entdeckt man alte und neue Grabhügel. Steinerne Grabfiguren, Altartische und Stelen kennzeichnen die Herzogsgräber. Nahe dem Tor ruhen angeblich Konfuzius, sein Vater und sein Sohn. Die große Stele vor dem links hinten liegenden Konfuziusgrab nennt den Ehrentitel des Weisen: »Großer Vollender, höchster Heiliger, Kultur verbreitender König«. Zu empfehlen: eine Rundfahrt per Elektrobus. *Tgl. 8–16.30 Uhr, Eintritt 20 Yuan, 2 km nördlich der Stadt*

Kong Miao (Konfuziustempel)
Über 600 m erstreckt sich vom mächtigen Stadttor aus Chinas

größter Konfuziustempel mit knorrig-ehrwürdigem Baumbestand nach Norden. Das erste Tempeltor stimmt mit der Inschrift »Schall der Gongs und Vibrieren der Jade-Klingsteine« auf das Opfergeschehen ein. Nach weiteren sieben Toren gelangt man zur ersten Halle, der Bibliothek Kuiwenge aus dem Jahr 1191. Wie viel früher der Konfuziuskult begann, zeigen Steininschriften, deren älteste 56 n. Chr. entstand. Die bedeutendsten sind im folgenden Hof durch Pavillons geschützt. Nördlich davon wird die Anlage dreizügig. Der westliche Trakt ist gesperrt. Aus dem Brunnen im zweiten Hof des Osttrakts soll schon der Meister selbst getrunken haben.

Der mittlere Trakt mit seinen kaisergelben Ziegeln wurde 1730 nach einem Brand erneuert. Eine Galerie, in der Inschriften und Steinreliefs verwahrt werden, umschließt einen Hof, in dem sich zur Opferfeier einst tausend Mitwirkende versammelten. Die »Aprikosenterrasse« unter dem Pavillon in der Mitte spielt auf eine alte Textstelle an, wonach der Weise einst auf erhöhter Stelle im Kreis seiner Jünger saß und musizierte.

Der beherrschende Bau ist jedoch die Opferhalle Dacheng Dian mit ihren prächtigen Drachensäulen. Die Innenausstattung fiel der Kulturrevolution zum Opfer; die pompösen goldenen Schreine und Figuren sind Nachschöpfungen der 1980er-Jahre.

Die anschließende »Schlafhalle« enthält einen Schrein für Konfuzius' Frau. Als Letztes folgt die »Halle der Spuren des Weisen« mit in Stein geschnittenen Szenen aus seinem Leben. Auf den Steinabreibungen in der Bibliothek Kuiwenge sind sie wesentlich besser zu erkennen. *Tgl. 8–16.30 Uhr, Eintritt 30 Yuan*

Shaohao-Grab

Die steinerne Pyramide (18 m hoch) entstand zur Song-Zeit als »Grab« eines legendären Urkaisers, der als Vorfahr des Konfuzius gilt. *Tgl. 8–16.30 Uhr, 5 km östlich der Stadt*

Yan-Hui-Tempel

Schöner Tempel für Konfuzius' Lieblingsjünger. *Tgl. 8–16.30 Uhr, nördöstlich der Kong-Residenz*

ÜBERNACHTEN

Queli Binshe

Gleich östlich des Konfuziustempels ideal gelegen; zuweilen Musik- und Tanzaufführungen. *160 Zi., Tel. 0537/441 13 00, Fax 441 20 22, €*

AM ABEND

Auf dem bunten Nachtmarkt östlich vom Queli Hotel gibt es auch Garküchen und bei gutem Wetter Freiluftkaraoke. Insider-Tipp

SHENYANG

[162 A5] Einst unter seinem mandschurischen Namen Mukden bekannt, ist Shenyang Hauptstadt der Provinz Liaoning und Zentrum der südmandschurischen Industrieregion. Von hier aus organisierten der erste Mandschu-Herrscher Nurhaci und sein Sohn Abahai 1625–43 die Expansion ihres Reichs, die mit der Eroberung Chinas endete.

Das kleine Finger-Einmaleins

Auf Chinesisch zählen geht auch ohne Worte

Wenn Sie Oma Wang vom Kramladen an der Ecke sagen möchten, wie viele Flaschen Limonade Sie kaufen möchten, können Sie das mit den Fingern tun, und zwar so: 1 bis 4 – die entsprechende Anzahl Finger (aber nicht der Daumen!) wird hochgehalten. 5 – die Finger einer Hand. 6 – Daumen und kleiner Finger. 7 – alle fünf Fingerspitzen zu einer »Prise« zusammenlegen und hochhalten. 8 – Daumen und Zeigefinger (nicht mit der »2« verwechseln!). 9 – den Zeigefinger wie zum Fingerhakeln krümmen und hochhalten. 10 – beide Zeigefinger bilden ein senkrechtes Kreuz. Wenn Ihnen Oma Wang dann den Daumen entgegenreckt, meint sie damit: »Ganz prima!«

SEHENSWERTES

Beiling
Das eindrucksvolle Mausoleum des Mandschu-Herrschers Abahai (1592–1643) ist Teil eines weitläufigen Parks. *Tgl. 7.30–17.30 Uhr, am Nordrand der Stadt*

Kaiserpalast
China als kulturelles Vorbild, aber auch das Bewusstsein der eigenen Stärke – beides schlägt sich gleichermaßen im Palast der Mandschu-Herrscher nieder, der großenteils in den Jahren 1625–36 entstand, noch ehe die Mandschus ab 1644 China eroberten.

Der mittlere Trakt lehnt sich mit seiner Audienzhalle und den Wohnhöfen dem Pekinger Palast an. Dagegen spiegelt der originelle Osttrakt nach Art eines Feldlagers die militärische Organisation der Mandschus wider: In den südlichen acht der zehn gleichartigen Pavillons residierten die Heerführer der »acht Banner« (Berufsarmeen der Mandschus), die nördlichen zwei dienten den beiden obersten Prinzen, und im achteckigen Pavillon in der Mitte liefen die Befehlsstränge beim Kaiser zusammen. Das Ensemble ergänzen zwei Musikpavillons im Süden und die kaiserliche Wagenremise im Norden.

Im Westtrakt, erst 1782 vollendet, wohnten die späten Qing-Kaiser, wenn sie zu Besuch kamen. Die Bibliothek zeigt, dass ihnen chinesische Kultur unterdessen ebenso viel bedeutete wie 150 Jahre zuvor ihr Berufssoldatentum. Im einstigen Theaterhof Ausstellung von Porzellan, Gemälden etc. aus dem Besitz der Kaiser. *Tgl. 8–17, im Winter 9–16 Uhr, Eintritt 35 Yuan, östlich der Stadtmitte*

ÜBERNACHTEN

Liaoning Insider Tipp
1927 eröffnet, stilvoller Speisesaal mit originaler Einrichtung; 77 mo-

dernisierte Zimmer. Zentrale Lage. *Zhongshan Lu 97, Tel. 024/ 23 83 91 66, Fax 23 83 91 03, €*

Traders
Shenyangs führende Herberge verfügt über 588 Zimmer. *Zhonghua Lu 68, Tel. 024/23 41 22 88, Fax 23 40 94 01, €€€*

AM ABEND

Insider Tipp Unter der großen Mao-Figur auf dem zentralen Sun-Yat-sen-Platz (vor dem Liaoning Hotel) trifft sich allabendlich Jung und Alt zum Tanzen, Federballspielen, Rollschuhlaufen und Flanieren. *Zhongshan Guangchang*

ZIEL IN DER UMGEBUNG

Insider Tipp **Changbai Shan** **[162 C5]**
Aus mitteleuropäisch wirkender, bewaldeter Hügellandschaft – in den Tälern koreanische Dörfer mit christlichen Kirchen – ragt an der Grenze zu Nordkorea ein bis 2700 m hohes Kraterrund auf. Aus dem geheimnisvollen Vulkansee Tianchi stürzt ein 68 m hoher Wasserfall zu Tal. Man kann wandern, in heißen Quellen baden und im Winter Ski laufen. Die Wälder um den Changbai Shan sind Heimat des Ginseng. *Sinnvoll realisierbar nur im Pauschalprogramm, meist ab Yanji (Flughafen)*

TAI'AN

[166 C2] Wenn die Stadt als Touristenziel und Tagungsort bedeutsam ist, so nur aus einem Grund: wegen des Bergs Tai Shan, an dessen Fuß sie liegt.

SEHENSWERTES

Dai Miao
Der imposante Tai-Shan-Tempel wurde über zwei Jahrtausende hinweg immer wieder erweitert und neu gestaltet. Hier brachten die Kaiser dem heiligen Berg Opfer dar. In der Haupthalle sind ein Standbild des Tai-Shan-Gotts – sein Titel: Großer Tai-Shan-Kaiser – und ein 62 m langes Wandbild zu sehen, das auf die Bauzeit der Halle (1009) zurückgeht. Dargestellt ist eine Inspektionsreise des Gotts – mit Hunderten von Personen im Gefolge. In der östlichen Nebenhalle gibt ein Wachsfigurendiorama einen Eindruck vom kaiserlichen Tai-Shan-Opfer. *Tgl. 8–18, Einlass bis 16.30 Uhr, im Winter 8–17 Uhr, Eintritt 20 Yuan*

Tai Shan
★ Der 1545 m hohe Ostberg, bedeutendster der fünf heiligen Berge, galt einst als Herr über Leben und Tod. Seine Popularität rührt jedoch ebenso sehr von der Prinzessin der azurnen Wolken her, die im Volksmund »Mutter des Tai Shan« heißt, auf dem Berg zu Hause ist und besonders von Frauen in Fragen von Heirat und Geburt um Hilfe angefleht wird. Der Glaube an sie ist noch lebendig, wie man an den Babypuppen sieht, die am Berg als Votivgaben verkauft werden.

Der Aufstieg erfolgt über einen breiten Weg mit soliden Steinstufen. Wer mag, kann bis zur halben Höhe mit dem Bus fahren und von dort die Seilbahn nehmen, doch zum echten Tai-Shan-Erlebnis gehört nun mal eine Portion Schweiß. Die Hauptroute führt nördlich des Dai Miao zunächst durch eine Folge von Toren, vorbei an kleinen Tempeln. Erst auf halber Höhe, beim »Mittleren Himmelstor«, eröffnet sich der Blick auf den Gipfel. Hier liegt die Talstation der Seilbahn. Das anstrengendste Wegstück ist die endlos scheinende »Treppe der 18 Windungen«. Am »Südlichen Himmelstor« beginnt die Gipfelregion. Hier stehen zwei Straßenzeilen aus Restaurants und Gasthöfen. Der weitere Weg führt durch den Tempel der Tai-Shan-Mutter hindurch. Sie gelangen zu einigen kuriosen Felsformationen und links hinauf zum höchsten Punkt, der mit dem Tempel des Jadekaisers – der obersten daoistischen Gottheit – umbaut wurde. Der ganze Weg ist innerhalb von elf Stunden zu schaffen. Wollen Sie oben bleiben, um den Sonnenaufgang zu erleben, empfiehlt sich das auf Ausländer eingestellte Shen Qi Hotel. *Eintritt Tai Shan Nov.–Feb. 35, sonst 50 Yuan*

Mönchsfigur im Lingyan Si

ÜBERNACHTEN

Tai Shan
Komforthotel am Fuß des Bergs. *110 Zi., Hongmen Lu 26, Tel. 0538/822 46 78, Fax 822 14 32, €*

ZIEL IN DER UMGEBUNG

Lingyan Si **[166 C2]** Insider Tipp
Das Buddhakloster, eine Gründung aus dem 4. Jh., erfreut durch seine Lage mit Blick auf die Felswände eines Nebenbergs des Tai Shan. Zu ihm gehören eine 54 m hohe Pagode sowie ein Mönchsfriedhof mit 167 Grabpagoden (älteste aus dem 8. Jh.). Sein größter Schatz aber sind 40 außergewöhnliche Mönchsfiguren (Song-Zeit), die in der Haupthalle wie lebende Menschen auf einer umlaufenden Bank sitzen. *Tgl. 8–17 Uhr, Eintritt 30 Yuan, 40 km nordwestlich von Tai'an*

TAIYUAN

[166 A1] Eisen- und Stahl- sowie chemische Industrie prägen das schmutzige Gesicht der Provinzhauptstadt Shanxis. Der Ort (rund 1,5 Mio. Ew.) liegt am Fen-Fluss inmitten einer fruchtbaren Ebene und wurde außerhalb der Altstadt sehr großzügig angelegt.

SEHENSWERTES

Insider Tipp

Jin Ci

Der Name »Jin-Gedenktempel« bezieht sich auf den Herzog des alten Lehnsstaats Jin. Das eigentliche Thema der daoistischen Anlage hat jedoch mehr mit dem Flüsschen gleichen Namens zu tun, das hier entspringt. Quellendes Wasser bedeutet unerschöpfliche Erneuerung, es ist lebenspendend wie der Schoß der Frau: Die Schwiegermutter einer jungen Bauersfrau neidete dieser die Zauberkraft, mit der sie ihren Wasserkübel nach Belieben füllen konnte, und missbrauchte den Zauber. Die resultierende Überschwemmung konnte die Tochter zwar unter Kontrolle bringen, indem sie sich auf den Kübel setzte, doch unter ihr heraus strömt hier seither unaufhaltsam der ergiebige »Quell ewiger Jugend«. Die Bauersfrau, die gerade beim Frisieren war, als das Unglück geschah, wird hinter dem Quellbecken im »Turm der Wassermutter« verehrt, wo man sie auf ihrem Kübel sitzen sieht. Im Obergeschoss ist die Wassermutter mit acht Dienerinnen dargestellt. Figuren und Wandbilder stammen aus der Ming-Zeit.

Der kunsthistorische Schatz des Tempels sind jedoch die songzeitlichen Frauengestalten in der Haupthalle. Hier sitzt die »Heilige Mutter« des Herzogs von Jin im Kreis von 43 Dienerinnen und Eunuchen. Die kolorierten Holzfiguren sind außergewöhnlich schön. Auch hier geht es um Weib und Wasser: Den Hintergrund der Heiligen Mutter bilden gemalte Wellen, und gleich vor der Halle liegt ein Teich, über den die kreuzförmige »fliegende Brücke« führt. Einige mächtige Baumveteranen zeugen in anderer Weise von der Lebenskraft des Orts. Zum Eingang hin wachen vier songzeitliche »Eisenmänner« über den Bezirk; am anderen Bachufer steht eine mit kunstreichen, farbigen Holzschnitzereien verzierte Theaterbühne. *Tgl. 8.30–17.30 Uhr, 25 km südwestlich der Stadt, Eintritt 15 Yuan*

ÜBERNACHTEN

Shanxi Grand Hotel

Zentrale Lage. *166 Zi., Xinjian Nanlu 5, Tel. 0351/404 39 01, Fax 404 35 25, €€*

TIANJIN

[160 C6] Seit dem 13. Jh. Handelsstadt am Großen Kanal, wurde Tianjin 1860 für Ausländer und den Überseehandel geöffnet. Bald stieg es zur zweitwichtigsten Hafenstadt nach Shanghai auf und ist heute mit 4,5 Mio. Einwohnern (ohne Umland) Chinas zweitgrößte Küstenmetropole. Noch immer prägen die Bauten der Kolonialzeit viele Straßen, denn England, Frankreich, Belgien, Deutschland, Japan, Italien, Österreich-Ungarn und Russland besaßen hier Niederlassungsrechte. Die meisten alten Bankpaläste stehen in der Straße Jiefang Beilu (um die Ecke das Kunstmuseum). »Kulturstraße«, Konfuziustempel, Altstadt und Theatermuseum liegen in Spazierwegentfernung voneinander.

SEHENSWERTES

Dabei Yuan

Der buddhistische »Tempel des großen Erbarmens« ist eine Stätte le-

Im alten Stil: die »Kulturstraße« von Tianjin

bendiger Volksreligiosität. Die Weihrauchopfer gelten der 24-armigen Guanyin, der Göttin der Barmherzigkeit. Vor dem Tempel bunter Devotionalienhandel. *Di–So 10 bis 16.30 Uhr, Tianwei Lu*

Gu Wenhua Jie (»Kulturstraße«) mit Tempel Tianhou Gong

★ Eine ganze Straße aus Gebäuden im alten Stil mit Kunstgewerbe- und Nippesläden. Das bauliche Zentrum ist der »Palast der Himmelskaiserin«, ein Tempel, in dem die Schutzgöttin der Seefahrer verehrt wurde; er birgt eine volkskundliche Ausstellung. Gegenüber dem Eingang, auf der Tempelbühne über dem Tor zum Vorplatz, wurde die Göttin an ihrem Geburtstag mit Oper unterhalten. *Tempel tgl. 9–17 Uhr, östlich der Altstadt*

Konfuziustempel

Die großzügige Anlage stammt aus dem 15. Jh. *Am einstigen Osttor der Altstadt*

MUSEEN

Kunstmuseum

Besonders gefallen die mild-ironischen Tonfigürchen vom Beginn des 20. Jhs. Außerdem zu sehen: Jadeobjekte des 17. bis 19. Jhs., neuere Malerei. *Di–So 8.30–11.45, 13.30–17 Uhr, Einlass bis 11 bzw. 16 Uhr, Eintritt 5 Yuan, Chengde Dao/Ecke Jiefang Beilu*

Theatermuseum

Die wohlhabende Gilde der Kantoner Kaufleute gönnte sich 1907 ein standesgemäßes Theater. Der prachtvolle Saal wird noch benutzt; in den übrigen Räumen ist heute eine theatergeschichtliche Sammlung untergebracht. *Tgl. 10–16.30 Uhr, Nanmennei Dajie 31*

ESSEN & TRINKEN

Die »Food Street«, eine zweigeschossige Passage mit über 100 Gaststätten, bietet fast jedem etwas. Stammhaus der Goubuli-Teigtaschen – eine Tianjiner Spezialität – ist das *Goubuli Baozipu (Shandong Lu 77, €)*. Gehen Sie in die 3. Etage.

EINKAUFEN

★ Mehr noch als die »Kulturstraße« bietet der tägliche Antiquitäten- und Flohmarkt *Guwu Shichang* in der Shenyang Dao *(neben Heping Lu 244 reingehen)*. Man muss feilschen.

Insider Tipp

Berühmt sind Tianjins Teppiche und Neujahrsbilder. Teppichverkauf z. B. *Binguan Lu 4;* Farbdrucke eigener Herstellung: *Yangliuqing Art Society, am Ende derselben Straße; Mo–Fr auch Werksbesichtigung möglich*

ÜBERNACHTEN

Astor
1863 gegründetes und überaus traditionsreiches Haus, in dem schon viel Prominenz gewohnt hat. *230 Zi., Tai'erzhuang Lu 33, Tel. 022/23 31 16 88, Fax 23 31 62 82, €€€*

ZIELE IN DER UMGEBUNG

Insider Tipp

Dule Si und Östliche Qing-Gräber **[161 D5]**
Ein Tagesausflug per Taxi (auch von Peking aus möglich) führt zu zwei erstrangigen Zielen:

Dule Si: Die Torhalle und die dreigeschossige Guanyin-Halle dieses Buddhatempels zählen zu Chinas größten architektonischen Schätzen. Mitsamt den Bildwerken stammen sie aus dem Jahr 984. Hauptattraktion ist die 16 m hohe Tonfigur der elfgesichtigen Guanyin. *113 km nördlich, am Westtor der Stadt Jixian*

Qing-Gräber: Hier liegen fünf der zehn Mandschu-Kaiser mit Frauen und Konkubinen. Die Grabtempel sind neuer und daher wesentlich besser erhalten als die der Ming-Gräber bei Peking. Die Grüfte des Qianlong-Kaisers (1711–99) und der Kaiserin Cixi (1835–1908) sind zu betreten. Ausstellung von Grabbeigaben. *30 km nordöstlich von Jixian*

WUTAI SHAN

[160 B6] ★ Schon vor 1900 Jahren sollen sich Mönche in die Einsamkeit des »Fünfterrassen-Gebirges« zurückgezogen haben. Bald entstand dort eines der großen buddhistischen Zentren Chinas mit bis zu 300 Klöstern. Rund 1300 Mönche leben heute noch in den 58 verbliebenen Klöstern, von denen 20 beim Flecken Taihuai nahe beisammenliegen. Die meisten der heutigen Bauten stammen aus der Ming- und Qing-Zeit. Die wichtigste Heiligengestalt des Wutai Shan ist Manjushri, der Bodhisattva der Weisheit, der hier einmal gewohnt haben soll. Er wird oft auf einem Löwen reitend dargestellt. Die fünf Gipfel des Gebirges entsprechen, so heißt es, seinen fünf Fingern. *Öffnungszeiten der Klöster meist 9 bis 17 Uhr*

SEHENSWERTES

Longquan Si
Das einsam gelegene Kloster ist für seine überbordenden, doch im Detail sehr feinen Steinmetzarbeiten berühmt; sie entstanden am

Anfang des 20. Jhs. *6 km südwestlich von Taihuai*

Luohou Si

Die rückwärtige Halle birgt eine religiöse Spielerei: Eine riesige Lotosknospe öffnet sich dank einer verborgenen Mechanik, und vier Buddhas werden sichtbar. *Im Ort Taihuai am Fuß des Hügels*

Pusa Ding

Insider Tipp

Den Ausblick vom Kloster namens »Bodhisattva-Gipfel« (Pusa Ding) über das Tal mit seinen zahlreichen Tempeln sollten Sie nicht versäumen. *Auf dem Hügel im Norden von Taihuai*

Tayuan Si

Die 75 m hohe weiße Flaschenpagode im »Pagodenhof-Kloster« ist das Wahrzeichen des Wutai Shan. Gebetsmühlen umgeben ihren Sockel. Das große Bibliotheksgebäude birgt ein drehbares Sutrenregal, das über zwei Etagen reicht. Im Nebenhof wird Mao Zedongs gedacht, der hier im Bürgerkrieg 1948 einmal übernachtete. *Im Ort Taihuai*

Wanfo Ge

Im »Studio der 10 000 Buddhas« wird heute der Drachenkönig verehrt. Vor der Halle steht Prozessionsgerät, gegenüber liegt eine kleine Tempelbühne. *Tgl. 7–20 Uhr, südlich des Tayuan Si*

Xiantong Si

Das im 1. Jh. gegründete älteste Kloster des Wutai Shan wartet mit einigen ungewöhnlichen Bauten auf. Die »Balkenlose Halle« besteht aus Backstein mit gemauerten Gewölben (Ming-Zeit). Dahinter folgen zwei kleinere balkenlose Hallen, ferner eine kleine, ganz aus Bronze bestehende Halle von 1609 – ihre Innenwände sind mit 10 000 Buddhareliefs geschmückt – sowie eine neue und zwei ältere Bronzepagoden. *Nördlich des Tayuan Si*

ÜBERNACHTEN

Qixiange Binguan

Ruhig, gut ausgestattete 100 Zimmer mit Bad. *2 km südlich von Taihuai, Tel. 0350/654 24 00, Fax 654 21 83, €*

ZIELE IN DER UMGEBUNG

Die Straße nach Taiyuan erlaubt Abstecher zu zwei Baudenkmälern allerersten Ranges.

Foguang Si **[160 B6]** Insider Tipp

Die Haupthalle von 857 mit ihren mächtigen Konsolen und den schwach geneigten Dachflächen ist ein hervorragendes Beispiel für den Baustil der Tang. Auch die lebendigen, farbig bemalten Altarfiguren stammen aus der Bauzeit. Sehenswert sind ferner die Figuren und Wandbilder in der Manjushri-Halle (12. Jh.). *Tgl. 8–18, winters Mittagspause 12–14 Uhr, 5 km nördlich von Doucun (ca. 50 km ab Taihuai)*

Nanchan Si **[160 A6]** Insider Tipp

In einer dörflichen Lössgegend steht seit dem Jahr 782 Chinas ältester erhaltener Holzbau. Die schlichte kleine Halle birgt eine Gruppe eindrucksvoller und ebenso alter, bemalter Lehmfiguren, die den Besucher von drei Seiten her zu betrachten scheinen. *Tgl. tagsüber geöffnet, 32 km südwestlich von Wutai (ca. 100 km ab Taihuai)*

Karawane nach Chang'an

Unterirdische Zeitreisen zu frommen Mönchen und todesfürchtigen Despoten

Eingezwängt zwischen dem tibetischen Hochland im Süden und der Wüste im Norden zieht sich, bewässert von Gebirgsbächen, eine Kette von Oasen hin wie Perlen auf einer Schnur. Karawanen, beladen mit Seide und anderen Schätzen, trugen hier einst Chinas Ruhm über die Seidenstraße hinaus in die Welt.

Umgekehrt kam über diesen wohl bedeutendsten Handelsweg der vorindustriellen Ära, der denen Wohlstand brachte, die ihn militärisch kontrollierten, der Buddhismus nach China.

Östlicher Ausgangspunkt der Seidenstraße war die Reichshauptstadt Chang'an, das heutige Xi'an. Hier, im fruchtbaren Tal des Wei-Flusses, blieben die imposantesten Zeugen aus der Frühzeit des chinesischen Kaiserreichs erhalten. Auch wenn sich das Gesicht des Landes vielfach gewandelt hat, ist die alte Zeit doch vielerorts noch spürbar, zumal wenn sie Besuchern so farbig begegnet wie in den Höhlentempeln.

Die Große Wildganspagode, das Wahrzeichen der Stadt Xi'an, ist eines der großen Monumente des chinesischen Buddhismus

Tonkrieger aus dem Grab des »Ersten Kaisers« in Xi'an

DUNHUANG

[137 E3] Bei dieser großen Oase gabelte sich die Seidenstraße einst in eine nördliche und eine südliche Route. Hier lag jahrhundertelang Chinas westlichster Außenposten. Hatten die Karawanen aus Innerasien glücklich den gefährlichen Weg entlang der Taklimakan-Wüste geschafft und Dunhuang erreicht, so dankten sie den höheren Mächten, und zogen sie wieder hinaus gen Westen, so war hier der Ort des Bittgebets. Den Spenden von Kaufleuten, aber auch von hier stationierten Soldaten sowie der Kunst frommer Maler und Bildhauer ist daher die größte Attraktion der Seidenstraße zu verdanken: die Mogao-Grotten von Dunhuang.

Im Inneren einer der Mogao-Grotten von Dunhuang

SEHENSWERTES

Mogao-Grotten

★ Mitten in der topfebenen Wüste, über die gern Fata Morganen spuken, senkt sich die Straße zu einem überraschenden Einschnitt hinab. Ein Mönch namens Lezun soll hier im Jahr 366 die erste Grotte in den Fels geschlagen haben. Binnen 400 Jahren stieg die Zahl der aufwändig ausgeschmückten Höhlentempel auf über 1000. 492 Grotten blieben bis heute erhalten.

Schon im 11. Jh. hatten Mönche die rund 50 000 Schriften umfassende Klosterbibliothek eingemauert, wohl um sie vor Eroberern zu schützen. Erst im Jahr 1900 wurde sie zufällig von einem Daoisten entdeckt, doch blieb ihr Wert unerkannt, bis europäische und japanische Orientalisten davon erfuhren und sie dem Daoisten nach und nach für lächerliche Beträge abkauften. Das meiste befindet sich heute in London und Paris.

Dank des trockenen Wüstenklimas überdauerten neben der Bibliothek auch die kostbaren Wandmalereien (zusammen 4,5 ha!) und 2000 Statuen die Zeiten. Um dem Verfall dieses unersetzlichen Bilderreigens vorzubeugen, sind die Grotten heute mit Türen fest verschlossen. Besucher werden nur gruppenweise in bestimmte Grotten eingelassen. Drinnen ist keine Beleuchtung installiert *(Taschenlampenverleih am Eingang)*. Wer spezielle Grotten sehen will, muss einen Antrag stellen und hohe Sondergebühren entrichten.

Trotz aller Beschränkungen ist die Besichtigung ein Erlebnis. Abgesehen vom Rot, das zu Dunkelbraun oxidierte, sind die Temperafarben (keine Fresken) noch leuchtend. Die vor der Sui-Zeit entstandenen Darstellungen zeigen zentralasiatische und indische Merkmale, z. B. sind die Apsaras-Feen halbnackt. An allen vier Seiten prachtvoll verziert sind die

Grotten der Tang-Zeit, aus der auch Dunhuangs Prunkstück stammt: ein 34,5 m hoher Maitreya-Buddha (Grotte 96). Er gilt als größte eingehauste Buddhafigur der Welt.

Thematisch dominieren vor allem bei den älteren Grotten Darstellungen aus dem Leben Buddhas. Oft bildet eine s-förmig zu lesende Folge von Bildern mit erläuternden Texten eine Art religiösen Comicstrip. Besonders schön sind die Paradiesdarstellungen mit Tänzern und Musikanten. In den Höhlen der Tang Zeit (z. B. Nr. 148 und 202) bildet zentralperspektivische Palastarchitektur den Rahmen von Paradiesszenen. Unten auf den Wänden sind oft Reihen von Gläubigen dargestellt; sie stehen für die Stifter der Grotten. Neben rein religiösen Motiven finden sich viele profane Szenen wie Jagd und Ackerbau, Straßenräuber und Schlachten. *Tgl. 8.30–17 Uhr, Eintritt mit englischer Führung 100 Yuan, 25 km südöstlich der Stadt (Busverbindung)*

Das *Grottenmuseum* am Eingang macht einen Teil der Besuchsbeschränkungen wett: Es präsentiert gute Repliken einiger berühmter Grotten in Originalgröße. *Gleiche Öffnungszeiten, Eintritt inbegriffen*

Mondsichelsee und Sanddünen

Vor Dunhuangs Toren können Sie Sanddünen wie aus dem Bilderbuch hinabrutschen und sich im Kamelreiten üben. Am Fuß der größten Düne (250 m hoch) liegt der kleine Mondsichelsee. *5 km südwestlich der Stadt, Eintritt 50 Yuan*

ÜBERNACHTEN

Silk Road Dunhuang Hotel Insider Tipp

Das Haus ist eine nachempfundene Lehmburg, innen stimmungsvoll, mit nettem Personal. 300 Zimmer südlich der Stadt nahe den Sanddünen. *Tel. 0937/882 53 88, Fax 882 52 11, www.the-silk-road.com/dunhuang/index.htm,* €€

MARCO POLO Highlights »Shaanxi und die Seidenstrasse«

★ **Mogao-Grotten**
Buddhas Paradiese mitten in der Wüste (Seite 64)

★ **Beilin (»Stelenwald«)**
Die steinerne Bibliothek von Xi'an (Seite 67)

★ **Geschichtsmuseum in Xi'an** Insider Tipp
Chinas archäologisches Schatzhaus. Kunst und Technik aus sechs Jahrtausenden (Seite 68)

★ **Tang-Gräber**
Anmutige Palastszenen in der Lösslandschaft (Seite 70)

★ **Tonarmee des »Ersten Kaisers«**
8000 Krieger bewachen die kaiserliche Ruhestätte (Seite 70)

ZIEL IN DER UMGEBUNG

Yumen Guan **[157 E3]**
Das Fort »Pass des Jadetors« mit seinen 10 m hohen, mächtigen Lehmmauern ist ein Rest jener Grenzfestungen, die in der Han-Zeit Chinas westliches Ende markierten. Alle Reisenden mussten es zum Zweck der Grenzkontrolle passieren. *80 km nordwestlich der Stadt*

XI'AN

Karte auf Seite 175

[159 E6] Nicht wegen einer Stadt namens »Westlicher Frieden«, mit rund 3 Mio. Ew. Zentrum der Provinz Shaanxi, kommen Gäste aus aller Welt hierher. Gewiss hat auch das Xi'an von heute seine Reize. In erster Linie locken jedoch Attraktionen aus jener Zeit, als Xi'an noch »Chang'an« (Langer Friede) hieß, oder aus noch früheren Tagen, als jener »Erste Kaiser«, wohl der größte Despot in Chinas Geschichte, seine unterirdische Tonarmee erschaffen ließ.

Das Wei-Tal, in dem Xi'an liegt, ist – neben der Region Luoyang – eines zweier Kerngebiete, aus denen sich China entwickelte. Stets aber blieb in der Stadt die Nähe zur Steppe und deren kriegerischem Leben spürbar. Von hier aus eroberten die Zhou-Herrscher das Shang-Reich, von hier aus unterwarf der Erste Kaiser die anderen chinesischen Königtümer, und auch für die zweite Reichseinigung durch die Sui ab 581 diente Chang'an als Basis.

Von den Sui-Kaisern Ende des 6. Jhs. in großem Maßstab neu angelegt, wurde die Stadt unter der Tang-Dynastie zur Metropole von Weltgeltung. Ihr Mauergeviert von 8,2 mal 9,7 km Größe durchzogen Boulevards von bis zu 153 m Breite. Innerhalb der Mauern lebten bald eine Million Menschen und vor den Toren, so schätzt man, eine zweite Million. In Chang'an trafen sich zur Blütezeit der Tang Menschen aus ganz Asien: japanische Pilger und türkische Gesandte, persische Kaufleute und indische Mönche. Von hier zogen chinesische Pilger über die Seidenstraße aus, in Indien nach den Wurzeln des Buddhismus zu forschen. Mit dem Verfall des Tang-Reichs ab dem 8. Jh. schwanden Chang'ans große Tage dahin. Manche Spuren aber blieben: Am auffälligsten sind die gewaltigen Grabanlagen der Kaiser, die hier residierten. Von der kosmopolitischen Tang-Zeit künden Wandmalereien und Inschriften. Bis heute ist Xi'an Heimat vieler Moslems.

SEHENSWERTES

Glocken-/Trommelturm **[175 E2]**
Glocke und Trommel verkündeten einst die Tages- und Nachtzeiten. Die mächtigen Türme wurden 1380 bzw. 1384 erbaut, der 36 m hohe Glockenturm steht jedoch an der heutigen Stelle erst seit 1582. Er bildet das Zentrum der mingzeitlichen Stadt, deren Hauptstraßen von den Stadttoren auf ihn zuführen. Der Trommelturm überspannt die 2. Nebenstraße Richtung Westen. *Besteigung kaum lohnend*

Große Wildganspagode **[175 F5]**
Die Entstehung der berühmtesten Pagode des Landes ist eng ver-

knüpft mit Xuanzang (602 bis 664), Chinas bekanntestem Indienpilger und bedeutendstem buddhistischen Philosophen. Um die heiligen Schriften feuersicher zu verwahren, die er im Jahr 649 von der Reise mitgebracht hatte, ließ der Kaiser diese Pagode errichten. Trotz mehrmaliger Erneuerung wahrt der 60 m hohe wuchtige Turm noch ganz den Stil der Tang-Zeit. Im Tempel Ci'en Si, zu dem er gehört (Gebäude 16. Jh.), drängen sich die Touristen. *Tgl. 8–17 Uhr, Aufstieg 15 Yuan, am Südende der Yanta Lu*

Kleine Wildganspagode **[175 D3]**
Wie ihre große Schwester wurde sie zur Verwahrung heiliger Schriften erbaut. Der Turm von 709 verlor im 16. Jh. bei zwei Erdbeben seine Spitze. Schön sind der stille Park rundherum und der Panoramablick aus 43 m Höhe. *Tgl. 8–18 Uhr, Youyi Xilu*

Insider Tipp
Qingzhen Si (Moschee) **[175 D–E2]**
Chinas schönste Moschee in chinesischem (Ming-)Stil ist größtes Gotteshaus der 60 000 Xi'aner Moslems und erfreut mit baumbestandenen Höfen und zarten Pflanzenreliefs. Das umliegende Moslemviertel lohnt einen Spaziergang. *Tgl. 8–19.30, winters 8.30–17.30 Uhr, Eintritt 12 Yuan, nordwestlich des Trommelturms*

Stadtmauer **[175 D–F 1–3]**
Das Mauergeviert mit 12 km Umfang vom Ende des 14. Jhs. ist mustergültig renoviert und mit schlichten Durchfahrten für den heutigen Straßenverkehr versehen. *Aufstieg am Nord-, West- und Südtor sowie am Stelenwald*

In der großen Moschee von Xi'an

MUSEEN

Banpo-Museum **[0]**
Am östlichen Stadtrand wurden 1953 die Spuren eines Dorfs der neolithischen Yangshao-Kultur entdeckt, einer Vorstufe der chinesischen. Auf der 4000 m² großen, heute überdachten Stätte sind die Grundrisse von Töpferwerkstätten und etwa 100 Wohnhäusern zu erkennen. Auch zahlreiches Stein- und Knochengerät blieb erhalten. *Tgl. 8–17 Uhr, Eintritt 20 Yuan, Banpo Lu*

Beilin (»Stelenwald«) **[175 F2]**
★ Seit alters werden in China wichtige Texte in Stein graviert, um sie vor Totalverlust durch Feuer und vor Verfälschung zu schützen.

Von Chinas Stelensammlungen ist diese die bedeutendste. Einige der 3200 Platten (1700 ausgestellt) sind 2000 Jahre alt. Das größte Projekt wurde 837 realisiert: der konfuzianische Schriftenkanon auf 114 Platten. Die mit einem Kreuz geschmückte »Nestorianische Stele« von 781 bezeugt die Existenz einer christlichen Gemeinde im damaligen Chang'an. Schön sind die vielen Kalligrafiestile. Interessant ist zu beobachten, wie Steinabreibungen hergestellt werden; Sie können sie hier auch kaufen. Eine Seitenhalle birgt monumentale Steintiere und Grabreliefs aus Han- bis Tang-Zeit sowie buddhistische Skulpturen. *Tgl. 8.30–17.30 Uhr, Eintritt 20 Yuan, am Ende der Kulturstraße, östlich des Südtors (im einstigen Konfuziustempel)*

Insider Tipp **Geschichtsmuseum** **[175 E4]**
★ Was Archäologen an unvergleichlichen Kulturschätzen aus 6000 Jahren im geschichtsträchtigen Boden der Provinz entdeckten, hier ist es zu bestaunen: 3000 Jahre alte Ritualgefäße aus Bronze, das älteste erhaltene Papier der Welt (entstanden um 100 v. Chr.), ein ebenso altes Eisenzahnrad, Reliefziegel vom Palast des Ersten Kaisers und das älteste bekannte Porzellan, besonders aber die großartigen Kunstwerke der Tang-Zeit wie Gold, Jade, farbig glasierte, lebendige Keramikfiguren und Wandbilder aus Adelsgräbern. Münzen aus Persien, Arabien und Japan dokumentieren die transkontinentalen Handelsbeziehungen, die China vor 1200 bis 1300 Jahren unterhielt. Wer alles angemessen betrachten will, braucht zwei halbe Tage. *Tgl. 8.30–17.30 Uhr, Eintritt 35 Yuan, Xiaozhai Donglu 91 (westlich der Großen Wildganspagode)*

Tang Arts Museum **[175 F5]**
In imitierter Tang-Architektur ist eine kleine Sammlung zu Themen wie »Stadtanlage und Architektur Chang'ans« oder »Mode, Musik, Tanz, Spiel und Sport der Tang« zu sehen. *Tgl. 9–17 Uhr, östlich der Großen Wildganspagode*

ESSEN & TRINKEN

Defachang **[175 E2]** Insider Tipp
Ein altbewährter Spezialist für gefüllte Teigtaschen in allen Variationen. Sie sind in Form abwechslungsreicher Menüs erhältlich – auch für Einzelgäste. Dazu sollten Sie den milden *Mijiu* probieren, eine Reisweinspezialität der Gegend. *Xi Dajie 3 (am Glockenturm), Tel. 029/721 40-60 und -65,* €€

EINKAUFEN

Die Provinz Shaanxi ist reich an farbenfroher Volkskunst (Insider Tipp) (Kinderkleidung, Stofftaschen, Lampions, Scherenschnitte). Vieles wird an den größeren Sehenswürdigkeiten von privat angeboten (feilschen!). In der Werkstatt zuschauen dürfen Sie in der *Jadeschleiferei Xiyi Lu (= Xi 1-Lu) 173, Ecke Nan Xinjie* **[175 E2]**. Östlich davon gelangen Sie zu einem Lebensmittelmarkt. Haupteinkaufsstraße ist die *Dong Dajie* **[175 E–F2]**. An deren Westende (Nordseite) steht der *Tangcheng Department Store,* Xi'ans größtes Kaufhaus. Am meisten Freude machen aber die mit altem Kunsthandwerk reich gedeckten *Stände in den Gassen bei der Moschee* **[175 E2]**. Tuschbilder und Antikes finden Sie in der *Kulturstraße östlich vom Südtor* **[175 E3]**.

ÜBERNACHTEN

Bell Tower **[175 E2]**
Mittelklassehotel in idealer Lage mitten im Zentrum mit Blick auf den Glockenturm. 321 meist großzügige Zimmer, doch im Bad keine Steckdosen. *Tel. 029/727 92 00, Fax 721 87 67,* €€

Jiefang Fandian **[175 F1]**
Eine Unterkunft für Kostenbewusste; gleich beim Bahnhof. *327 Zi., Jiefang Lu 321, Tel. 029/742 89 46, Fax 742 26 17,* €

Xi'an Garden **[175 F5]**
Japanisches Jointventure-Hotel bei der Großen Wildganspagode. Man wohnt hier in imitierter Tang-Architektur und blickt auf Gartenteich und Pavillon. Zum Komplex gehört das Tang Theater Restaurant. *292 Zi., Dongyanyin Lu 4, Tel. 029/526 11 11, Fax 526 19 98,* €€€

AM ABEND

Nachtmarkt **[175 E3]**
Unter Xi'ans zahlreichen Nachtmärkten ist der südlich des Sportstadions gelegene wohl der bekannteste. Es gibt vor allem Teigtaschen *(jiaozi)*, Tontopfsuppen *(shaguo)* und Nudelgerichte, alles schmackhaft und billig. Ein Vergnügen ist es zuzusehen, wie Nudeln ohne Werkzeug nur von Hand gezogen werden. *Tgl. 17–1 Uhr*

Tang Dynasty **[175 E4]**
Einstündige Show mit Tanz, Musik und Kostümen im Stil der Tang-Zeit, leider belastet mit überflüssigen Lasereffekten und kitschiger Schlussszene. Eher abzuraten ist vom vorangehenden, überteuerten Dinner. *Dinner tgl. 18, Show 20 Uhr, Eintritt 155 Yuan (391 Yuan mit Dinner), Chang'an Lu 39, Tel. 029/526 16 33*

ZIELE IN DER UMGEBUNG

Famen Si **[159 E6]**
In Shaanxis ältestem Buddhakloster (gegründet Ende der Han-Zeit) wurde 1987 nach einem Teileinsturz der Pagode eine unterirdische Schatzkammer entdeckt. Darin fanden sich vier Fingerknochen Gautama Buddhas, von denen schon alte Berichte sprachen, sowie 400 Kleinodien der Tang-Zeit: goldene Gefäße, Jade, Glas, Porzellan und andere Preziosen (Ausstellung). *Tgl. 9 bis 16.30 Uhr, Eintritt 20 Yuan, 110 km westlich der Stadt bei Fufeng*

Huaqing Chi **[159 E6]**
Das Thermalbad ist seit alters ein beliebtes Ausflugsziel. Schon die Majestäten von den Zhou-Königen bis zu den Tang-Kaisern entspannten sich hier. In den 1980er-Jahren förderten Ausgrabungen große Steinbecken aus der Tang-Zeit sowie die Fundamente von Badehäusern zu Tage. Die Gebäude wurden in etwas vergrößertem Maßstab an derselben Stelle im Tang-Stil neu errichtet; in ihnen sind die Reste der Kaiserthermen zu besichtigen. Eine Ausstellung zeigt weitere Funde. Am Hang sprudelt die warme Quelle in ein Becken. *Tgl. 7–17.30 Uhr, Eintritt 30 Yuan*

Eine Gedenkstätte im Park nebenan erinnert an den berühmten Xi'an-Zwischenfall vom De-

Bei den Huaqing-Quellen

zember 1936. Damals wurde Generalissimus Jiang Kaishek hier von einem seiner Generäle festgesetzt, der ihm die Zustimmung zu einem antijapanischen Bündnis mit den Kommunisten abpressen wollte. *Tgl. 8.30–17 Uhr*

Gegenüber vom Park bietet ein bunter Markt Volkskunst, Trödel und Antikes.

Hua Shan **[159 F6]**

Der Westberg ist der steilste der fünf heiligen Berge Chinas. Zwar ist keine Bergsteigerausrüstung nötig, sehr wohl aber Schwindelfreiheit und eine Portion Mut, um über die waghalsigen Pfade hinaufzukraxeln. Oben hocken kleine daoistische Klöster auf den Felsgraten, und Sie haben eine phantastische Aussicht ins Wei-Tal. Sie können den Blick aber auch unverschwitzt genießen: 1995 eröffnete eine Seilbahn. *120 km östlich der Stadt, Eintritt 50 Yuan*

Tang-Gräber **[159 E6]**

★ Xi'an ist umgeben von Kaisergräbern. Gewaltige Dimensionen besitzt das *Qianling,* die Ruhestätte der Tang-Kaiser Gaozong (628–684) und seiner Konkubine Wu (624–705), die ihm auf den Thron folgte und sogar ihre eigene Dynastie ausrief. Ein natürlicher Berg ersetzt hier den üblichen Grabhügel. Steinfiguren, Schmucksäulen und Ehrentürme markieren die Hauptachse. Interessanter sind die Nebengräber von Prinz Zhanghuai und Prinzessin Yongtai. Die Ausmalung ihrer Grabkammern – dargestellt sind Jagd, Polospiel, Tributgesandte und vollschlanke Hofdamen – gibt einen schönen Eindruck vom höfischen Leben in jener Glanzzeit. Man sieht jedoch nur Repliken: Die Wandbildoriginale ruhen im Magazin des Geschichtsmuseums in Xi'an. Die Fahrt lohnt aber auch wegen der Lösslandschaft und der Dörfer, die man durchquert. *80 km nordwestlich von Xi'an*

Tonarmee des »Ersten Kaisers« **[159 E6]**

★ Xi'an verdankt seine Attraktion Nr. 1 der panischen Todesfurcht jenes Despoten, der 221 v. Chr. nach Niederringung aller Rivalen erster chinesischer Kaiser wurde. 700 000 Arbeiter wurden zum Bau der Grabanlagen verpflichtet. Die eigentliche Grabkammer, ein von Selbstschussanlagen gesichertes Abbild der Welt, wurde schon bald nach dem Ableben des Kaisers von Aufständischen geplündert. Die alten Quellen erwähnten jedoch nicht, worauf Bauern erst 1974 beim Brunnenbohren stießen: eine unterirdische Streitmacht aus 8000 überlebensgroßen Kriegern. (2000 wurden bislang restauriert.) Die Armee bewacht die kaiserliche Ruhestätte nach Osten hin und sollte so auf magische Weise das Reich vor den bösen Mächten des Jenseits schützen. Der Haupttrupp ist heute mit einer großen Halle überdacht (Grube 1). Man erkennt eine Vorhut, dahinter neun Marschsäulen mit Pferden – die hölzernen Wagen sind nicht erhalten – sowie ganz außen eine doppelte Reihe von Kriegern als Flankenschutz. Alle Figuren erhielten, obwohl in Serie gefertigt, individuelle Gesichter und waren bemalt; ihre Mützen lassen den Rang erkennen. (Offiziere tragen eine hoch stehende Querfalte.) Viele Figuren waren bewaffnet, die meisten der bronzenen Speere und Armbrüste wurden jedoch von den Rebellen geraubt. Diese zertrümmerten auch die Figuren, die bis auf die Beine hohl sind, und steckten zum Schluss sogar noch die Holzdecke über dem unterirdischen Regiment in Brand.

Nächste Station ist Grube 2, in der Sie Archäologen bei der Arbeit sehen und einige Figuren aus der Nähe betrachten können. Durch den Westausgang kommen Sie zu Grube 3, einem Kommandostand. Einen Höhepunkt bietet die südliche Seitenhalle vor Grube 1: Hier sind Bronzefunde ausgestellt, die unmittelbar neben dem Grabhügel gemacht wurden, darunter als Prunkstücke zwei restaurierte Vierspänner mit Pferden. Im Kino nebenan informiert ein Film mit englischen Erklärungen über den Kaiser und sein Grab *(Eintritt hier 40 Yuan)*.

Die unscheinbaren Aufpasser schnappen jeden, der gegen das Fotografierverbot verstößt. *Tgl. 8.30 bis 17.30, Einlass bis 17 Uhr, Eintritt 65 Yuan, 30 km östlich der Stadt*

Die Tonarmee, magische Schutzmacht des »Ersten Kaisers«

Tradition und Business

Das wirtschaftliche Herz der Ostküste schlägt im Zentrum alter Gelehrsamkeit und Kunst

Der dicht besiedelte Osten, also die Provinzen Jiangsu im Norden und Zhejiang im Süden, ist Kulturland im doppelten Sinn. Zum einen ermöglicht die fruchtbare Mündungsebene des Yangzi intensive Getreide-, Reis- und Gartenbauwirtschaft. Hier bleibt kein Fleckchen Erde ungenutzt, und »Natur« findet allenfalls in den hügeligen Regionen Süd-Zhejiangs statt. Tee, Reis und Seide wurden jahrhundertelang über den großen Kaiserkanal, der bei Hangzhou endet, in die Hauptstadt Peking verschifft. Entlang der heute noch unvermindert betriebsamen Wasserstraße reihen sich Orte, denen der kaufmännische Reichtum zugleich zu kultureller Blüte verhalf: die Salzmetropole Yangzhou, das sprichwörtlich »paradiesische« Suzhou, Hangzhou mit dem Westsee… Kunsthandwerk, Kalligrafie, Dichtkunst, nicht zuletzt die Gartenarchitektur gelangten hier zur höchsten Vollendung. Im Zentrum der beiden Provinzen liegt eine Stadt mit schillernder Vergangenheit: Shanghai, Chinas wichtigstes Industrie- und Handelszentrum nach Hongkong.

Der Liuyuan, einer der berühmten klassischen Gärten in Suzhou

Erfrischend: Cola und Kokossaft

HANGZHOU

[167 E6] Die große Attraktion der Provinzhauptstadt (1,6 Mio. Ew.) ist der ★ Westsee *(Xi Hu)*, der im berühmtesten aller Hangzhou-Gedichte mit einer Schönheit des Altertums verglichen wird. Die Anmut des seit rund 1000 Jahren in eine Gartenlandschaft verwandelten Sees wird begleitet von künstlich angelegten Inseln und Dämmen, die mit Weiden und Aprikosenbäumchen bepflanzt sind. Pavillons und Teehäuser säumen das Ufer, im Hintergrund liegt eine sanfte Hügelkette. Hier wird »Drachenbrunnentee« *(longjingcha)* produziert, vielleicht der beste Grüntee Chinas. Unter dem Namen Lin'an war die Stadt zur Zeit der Reichsteilung von 1127 bis 1276 kaiserli-

Zartes Weidengrün schmückt im Frühjahr die Dämme des Westsees

che Residenz der Süd-Song. »Wann werden Gesang und Tanz am Westsee jemals enden?«, seufzte damals ein patriotischer Dichter, der dem Kaiser wohl etwas mehr Engagement zur Rückeroberung Nordchinas gewünscht hätte. Hangzhou, das Marco Polo für die schönste Stadt der Welt hielt, ist traditionelles Zentrum von Literatur und Kunst und einer der beliebtesten Touristenorte Chinas.

SEHENSWERTES

Baoshi Shan

Auf dem *Juwelenberg* am Nordrand des Sees erhebt sich die Baochu-Pagode (45 m hoch, zuletzt erneuert 1933). Westlich gelangen Sie zum hübschen Baopuzi-Tempel und zur Sonnenterrasse *(Chuyangtai)*. Beide erinnern an den Daoistenmeister Ge Hong (284–363), der hier gelebt haben soll. Am Nordhang liegt die Gelbdrachenhöhle *(Huanglong Dong)*, eine Art klassischer Vergnügungspark, in dem Sie täglich traditionelle Musik- und Operndarbietungen hören können. *Eintritt 15 Yuan*

Baidi und Sudi

Der im Schnitt gerade einmal 2 m tiefe See, dessen Umfang rund 15 km beträgt, wird im Norden vom Weißen Damm *(Baidi)* durchschnitten, der erstmals in der Tang-Zeit angelegt wurde. Der Damm verbindet die Insel Gu Shan mit dem Festland. Auf der Insel finden Sie die Seeterrasse *Pinghu qiuyue* (Herbstmond am ruhigen See), Grab und Pavillon des Einsiedlers Lin Hejing (967–1028), das Grab der Revolutionärin und Frauenrechtlerin Qiu Jin (1875 bis 1907) und die Xiling-Siegelgesellschaft, auf deren Gelände kostbare Kalligrafien und Gemälde ausgestellt sind. Am Ostende des Damms wölbt sich die Gebrochene Brücke

(Duanqiao), die direkt zur Uferpromenade *(Hubin)* im Nordosten des Sees führt. Der Damm des Su *(Sudi)* wurde von dem Dichter und Gelehrten Su Dongpo (1037–1101) konstruiert. Er verläuft senkrecht am Westufer des Sees.

Hupao Quan

Die Quelle des ehemaligen Tempelgeländes, ihrem Namen zufolge »von Tigern ausgescharrt«, soll das beste Wasser für den Hangzhouer Drachenbrunnentee spenden. Teehaus sowie Gedenkhallen für den Dichtermönch Hong Yi und den »verrückten Mönch« Jigong, einen chinesischen Eulenspiegel. *Auf halbem Weg zwischen dem See und der Sechs-Harmonien-Pagode*

Lingyin Si

Der imposante und viel besuchte Tempel *(Eintritt 35 Yuan)* wurde im Jahr 326 gegründet. Zu seinen Hauptattraktionen zählen eine Tempelwächterfigur aus der Süd-Song-Zeit und die gewaltige Haupthalle mit einer 20 m hohen Buddhastatue. Der *Feilai Feng* (Hügel, der herbeiflog) gegenüber birgt 380 exzellente buddhistische Felsskulpturen aus dem 10. bis 13. Jh. *(Eintritt 22 Yuan)*. Hinter der Anlage führt ein Weg über den daoistischen Tempel des verborgenen Glanzes *(Taoguang Si)* bis zum Hohen Nordgipfel *(Beigao Feng)* mit prachtvollem Seeblick und einem weiteren Tempelchen, das den Reichtumsgott beherbergt. Sie können auch mit der Seilbahn hinauffahren und von dort zum Lingyin Si hinabsteigen.

Insider Tipp

Liuhe Ta

Die sehr wuchtige, 60 m hohe *Sechs-Harmonien-Pagode* südlich der Stadt wurde erstmals 970 errichtet und erhielt 1899 ihre jetzige Form. 13 äußere und 7 innere Stockwerke bieten einen weiten Blick über den Qiantang-Fluss. *Eintritt 15 Yuan, Aufstieg 10 Yuan*

MARCO POLO Highlights »Shanghai und der Osten«

★ **Xi Hu**
Der Westsee in Hangzhou ist für die Chinesen Inbegriff landschaftlicher Harmonie (Seite 73)

★ **Seidenmuseum Hangzhou**
Alte Stoffe und kaiserliche Seidengewänder (Seite 76)

★ **Sun-Yat-sen-Mausoleum**
Die riesige Anlage ist den alten Kaisergräbern nachempfunden (Seite 78)

★ **Shanghaier Altstadt**
Die ehemalige »Chinesenstadt« bunt, eng und quicklebendig (Seite 80)

★ **Shanghai Museum**
Schatzkammer des Altertums in der Millionenstadt (Seite 82)

★ **Suzhou**
Meisterwerke der Gartenbaukunst im »Venedig des Ostens« (Seite 84)

Xiao Yingzhou
Die größte und schönste der drei künstlichen Seeinseln ist die 1607 angelegte *Kleine Paradiesinsel (Eintritt 20 Yuan)*. Sie hat die Form eines Rads mit vier Speichen und vermittelt so den Eindruck eines »Sees im See«. An ihrem Südende blicken Sie auf drei kleine, durchbrochene Steinpagoden im See. Sie tragen den Namen *Santan yinyue* (Drei Tiefen spiegeln den Mond) und bieten nach chinesischer Vorstellung einen unübertrefflichen Anblick, wenn in einer Mondnacht Kerzen in ihre Höhlungen gesetzt werden. Auch die beiden kleineren Inseln Huxinting und Ruangongdun tragen hübsche Parkanlagen. Linienboote steuern für etwa 10 Yuan die Inseln an, und an der Promenade werden Ruderboote verliehen. Am bequemsten können Sie Wind und Wasser genießen, wenn Sie sich in einem der traditionellen Westseeboote rudern lassen – ein Muss für jede Hangzhou-Reise. *Preis für zwei Stunden Fahrt: 120 Yuan*

Insider Tipp

Yue Feis Grab
Der patriotische Song-General Yue Fei (1103–42) kämpfte erfolgreich gegen Dschurdschen, bis eine Intrige des Kanzlers und Erzschurken Qin Gui ihn das Leben kostete. Die vor dem Grabhügel knienden Bronzefiguren Qins und dreier Komplizen werden bis heute bespuckt. *Tgl. 7.30–18 Uhr, Eintritt 20 Yuan, Nordende des Su-Damms*

MUSEEN

Hu Qingyu Tang
Die wohl erhaltene pharmazeutische Manufaktur (gegründet 1874) in der Hangzhouer Altstadt beherbergt heute ein Apothekenmuseum. Das schönste Ausstellungsobjekt ist das reich mit Schnitzereien verzierte Gebäude selbst. Im prächtigen Verkaufsraum kann man zusehen, wie chinesische Medizin gemischt wird. Gleich gegenüber: ein Restaurant, in dem medizinische Speisen serviert werden. *Museum tgl. außer Do nachmittags 8.30–11, 12–16 Uhr, Eintritt 10 Yuan*

Insider Tipp

Seidenmuseum
★ Mode aus zwei Jahrtausenden: Seidenreste aus der Ost-Han-, Jacken aus der Song-Dynastie, feinster Satin und Roben aus der späten Kaiserzeit. Prunkstück ist eine goldglänzende Hofrobe des Qianlong-Kaisers (1736–95). Auch über Seidenraupen, Weberei und Brauchtum erfährt man viel. *Tgl. 8–16.30 Uhr, Eintritt 15 Yuan, Yuhuang Shan Lu (Südstadt)*

ESSEN & TRINKEN

Louwailou
1849 gegründet, schöner Seeblick. Spezialitäten sind süßsaurer Westseefisch, Bettlerhuhn, Krabben in Tee. *Insel Gu Shan, Tel. 0571/ 87 96 54 63, €€*

EINKAUFEN

Die feinsten Qualitäten des grünen Longjing-Tees werden zum Qingming-Fest geerntet. Im Longjing-Dorf werden Sie leicht übervorteilt; gehen Sie lieber in die Läden der Innenstadt, z. B. *Yan'an Lu 223*. Seiden- und Brokatstoffe gibt es auf dem Seidenmarkt in der *Xijiankang Lu*. Fächer aus Duftholz oder Papier der Marke *Wang Xingji* finden Sie an der Seepromenade.

ÜBERNACHTEN

Hangzhou Shangrila
Am Nordende des Su-Damms gelegene Luxusherberge. *385 Zi., Beishan Lu 78, Tel. 0571/87 97 79 51, Fax 87 99 66 37, www.shangrila.com, €€€*

Wanghu
Komfortabel, nahe der Seepromenade, freundlicher Service. *406 Zi., Huancheng Xilu 2, Tel. 0571/87 07 88 88, Fax 87 07 13 50, www.wanghuhotel.com, €€*

Huagang
Etwas abgelegen, zwischen Teeplantagen und See; Neueröffnung im Sommer 2002. *220 Zi., Xishan Lu 4, Tel. 0571/87 99 88 99, Fax 87 96 24 81, €–€€*

ZIEL IN DER UMGEBUNG

Shaoxing **[167 E6]**
Ein malerisches Städtchen mit vielen Kanälen und gut erhaltenen alten Wohnvierteln. Aus Shaoxing stammt nicht nur einer der berühmtesten Reisweine Chinas, hier wurden auch Berühmtheiten wie der erste chinesische Premierminister Zhou Enlai und der Schriftsteller Lu Xun (1881–1936) geboren. An Letzteren erinnern ein Museum, das Geburtshaus und die rekonstruierte Weinkneipe *Xianheng Jiudian* (Schauplatz einer Erzählung des Dichters), in der man heute wieder ein Gläschen »gelben Wein« und einen Imbiss bekommen kann. Zwei alte Pagoden bieten einen Blick über das Stadtzentrum.

Etwas außerhalb liegt der Orchideenpavillon des berühmten Kalligrafen Wang Xizhi (303–361) mit einem sehenswerten Kalligrafiemuseum. Im Südosten ist dem legendären Flutenbezwinger Yu (er soll vor 4000 Jahren gelebt haben) ein großer Tempel gewidmet – für die Kaiser einst Ziel- und Wendepunkt auf ihren legendären Südreisen. *Unterkunft im Shaoxing Hotel, Huanshan Lu 9, Tel. 0575/515 58 88, Fax 515 55 65, €*

NANJING

[167 D5] Die am Yangzi gelegene Provinzmetropole (3,7 Mio. Ew.) diente im Lauf ihrer 2000jährigen Geschichte zehnmal als Hauptstadt, so zu Beginn der Ming-Dynastie und während der Republikzeit bis zur japanischen Okkupation 1937. Von 1853 bis 1866 war sie Machtzentrum des ganz Südchina beherrschenden Taiping-Reichs.

SEHENSWERTES

Gedenkstätte für die Opfer des Massakers von Nanjing
Dieser Ort erinnert an eines der grausamsten Kriegsverbrechen des Zweiten Weltkriegs. Japanische Truppen hatten im Dezember 1938 Nanjing erobert und danach wochenlang hemmungslos gemordet und vergewaltigt. Dem »Massaker von Nanjing« sollen rund 300 000 Menschen zum Opfer gefallen sein. Japanische Nationalisten sprechen bis heute von einer ganz normalen Kriegsaktion. In der Gedenkstätte wird auch des deutschen Kaufmanns John Rabe gedacht, der als »Oskar Schindler von Nanjing« viele Menschenleben gerettet hat. *Tgl. 8.30–17 Uhr, Eintritt 12 Yuan, Jiangdongmen (Südweststadt)*

Konfuziustempel
In der Südstadt liegt dieser Tempel *(tgl. 8.30 bis 21 Uhr, Eintritt 15 Yuan)* als Mittelpunkt eines quirligen Geschäfts- und Vergnügungsviertels. Nicht weit entfernt die ehemaligen Hallen der kaiserlichen Beamtenprüfungen: Einige der winzigen Kabinen, in denen mehrtägige Klausuren über gesellschaftlichen Aufstieg oder Niedergang entschieden, sind rekonstruiert worden *(Jiangnan Examination School, tgl. 8–18.30 Uhr)*. Ebenfalls ganz in der Nähe: der *Garten der Betrachtung (Zhanyuan)*. Einst zum Anwesen eines Kanzlers der Ming-Dynastie gehörig, diente er Mitte des 19. Jhs. als eine Befehlszentrale der Taiping-Rebellen. Einige Gebäude sind heute in ein *Taiping-Museum* umgewandelt; Kanonen stehen vor dem Eingang Spalier *(tgl. 8–18 Uhr, Eintritt 5 Yuan, Zhanyuan Lu)*. Abends ist das ganze Viertel reizvoll beleuchtet *(tgl. bis 22 Uhr)*.

Insider Tipp

Sun-Yat-sen-Mausoleum
★ Sicherlich nicht zufällig neben dem Ming-Kaisergrab liegt das bombastische Mausoleum des ersten Präsidenten der Republik China (1866–1925), das über eine ausladende, 700 m lange Steintreppe zu erreichen ist. Oben können Sie den Sarkophag betrachten und einen weiten Blick über das Umland genießen *(tgl. 8.30–17.30 Uhr, 25 Yuan)*. Weiter östlich erhebt sich die neunstöckige Linggu-Pagode (1933); unter ihr liegt die reizvolle Ziegelhalle *Wuliangdian* (1381), einst buddhistischer Andachtsort, heute Gedenkstätte und Wachsfigurenkabinett mit Figuren aus der Revolutionsgeschichte der späten Kaiserzeit.

Ming Xiao Ling
Die gewaltige Grabanlage am Fuß des Zijin-Bergs im Osten der Stadt wurde für den ersten Ming-Kaiser Zhu Yuanzhang (gest. 1398) errichtet *(tgl. 8.30–17.30 Uhr, Eintritt 15 Yuan)*. Das Grab selbst hat außer seiner Größe nur wenig zu bieten; wer jedoch weiter südlich den Pflaumenblütenhügel überquert, gelangt zur *Geisterallee* mit ihren 600 Jahre alten, paarweise aufgestellten steinernen Beamten- und Tierfiguren.

Insider Tipp

Stadtmauer
Sie ist die größte der Welt: Ende des 14. Jhs. von 200 000 Arbeitern in 21 Jahren errichtet, hat sie einen Umfang von 33,4 km und eine durchschnittliche Höhe von über 12 m. Der besterhaltene Teil ist das südliche dreistöckige *Zhonghua-Tor*, ein kastellartiger Bau von 118 mal 128 m Grundfläche. 3000 Soldaten konnten hier in 27 Katakomben verborgen werden. *Tgl. 8.30–17 Uhr, Eintritt 12 Yuan*

MUSEUM

Nanjing Museum
Wertvolle Jade, Porzellan und andere gut präsentierte Exponate zur Kulturgeschichte dieser Provinz. Das Prunkstück ist ein Jade-Grabkleid der Han-Zeit. (Mit englischen Erläuterungen). *Tgl. 9–16.30 Uhr, Eintritt 20 Yuan, Zhongshan Donglu 321*

ÜBERNACHTEN

Jinling
Groß, komfortabel und zentral, seit Jahren die erste Adresse Nanjings. *600 Zi., Xin Jiekou, Tel. 025/*

471 18 88, Fax 471 16 66, www.jinlinghotel-nanjing.com, €€€

Mandarin Garden
Freundliches Haus, nur ein paar Gehminuten vom Geschäftsviertel am Konfuziustempel. *500 Zi., Zhuangyuanjing 9, Tel. 025/220 25 55, Fax 220 18 76, www.mandaringardenhotel.com, €€€*

Nanjing
Der Komplex von 1936, in den 1950er-Jahren Herberge für Staatsgäste, ist heute ein ordentliches Hotel in guter Lage. *310 Zi., Zhongshan Beilu 259, Tel. 025/341 18 88, Fax 342 22 61, webmaster@nanjinghotel.com, €–€€*

ZIEL IN DER UMGEBUNG

Qixia Si **[167 D5]**
Der in einer Hügelkette etwa 20 km östlich von Nanjing verborgene *Tempel des ruhenden Abendrots* galt einst als einer der vier großen »Buddha-Haine« des Landes. Im Herbst, wenn sich die Blätter färben, ist er ein beliebtes Ausflugsziel, sonst hält sich der Andrang in Grenzen. Sehenswert: eine 18 m hohe Steinpagode (errichtet 851) und 515 in den Fels gehauene Buddhafiguren. *Tgl. 8.30–17 Uhr, Eintritt 10 Yuan, 40 Min. Taxifahrt ab Nanjing*

SHANGHAI

Karte auf Seite 174

[167 F5] Eine Stadt, die in den Himmel wächst: Schnellstraßen auf Betonstelzen, endlose Hochhausgebirge – und kaum ein Bauwerk ist über zehn Jahre alt. Was hat ein Tourist hier zu suchen?

Shanghai hat einen Ruf zu verlieren: dem Rest des Landes immer einen Schritt voraus zu sein. Als

Shanghai im Dreivierteltakt: Westliche Tänze sind ein Volkssport

Abends wird aus der Shanghaier City ein Lichtermeer

Kind des ersten Opiumkriegs wurde die Stadt nach 1842 zwangsweise dem Außenhandel geöffnet. Westliche Kaufleute kamen, teilten den Ort in Konzessionsgebiete auf und hatten ihren Anteil an einem geradezu märchenhaften wirtschaftlichen Aufschwung. Aber es wurde nicht nur Geld verdient: Auch die frechsten Publizisten und radikalisten Revolutionäre waren hier heimisch, und Shanghais Weltoffenheit war damals ebenso sprichwörtlich wie seine angebliche Verruchtheit. Heute wetteifert Shanghai mit Hongkong um den Ruf der modernsten und wirtschaftlich stärksten Metropole Chinas. Das Ergebnis ist nicht immer hübsch, zumal manche Altstadtgasse einer rabiaten Stadtplanung zum Opfer fiel. Doch hier wird an den Symbolen des neuen China gezimmert. Wer den »Bund«, die Promenade am Huangpu-Fluss, entlangspaziert, blickt nicht mehr nur auf koloniale Fassaden, sondern auch auf die mächtigen Wolkenkratzer am anderen Ufer: Dort wächst seit den 1990er-Jahren das ultramoderne Handelsviertel Pudong aus dem Boden. Wer sich Zeit nimmt, entdeckt aber heute noch Winkel, in denen das alte Shanghai lebendig ist.

SEHENSWERTES

Altstadt **[174 B–C5]**

★ Hier war früher die »Chinesenstadt«, also das einzige nicht von den Kolonialisten besetzte Gebiet. Das enge und lebendige Viertel ist einen ausgedehnten Bummel wert, auch wenn die typischen zweigeschossigen Holzbauten mehr und mehr modernen Geschäften im pseudoklassischen Stil weichen. Im Norden befindet sich vor dem Garten Yuyuan ein lebendiger Basar mit vielen Garküchen.

Der »Bund« [174 C4–5]
Die breite Uferpromenade des Flusses Huangpu wird gesäumt von Shanghais alten Wahrzeichen, einer imponierenden Skyline aus Gebäuden der 1920er- und 1930er-Jahre. Am Gegenufer nehmen der mächtige Fernsehturm Oriental Pearl (1994) und das 88-stöckige Jinmao-Gebäude (1998) den Blick gefangen. Am frühen Morgen können Sie auf dem Bund das Schattenboxen bewundern. Nördlich des Passagierterminals Shiliupu gibt es mehrmals täglich Hafenrundfahrten mit tollem Blick auf die Skyline. *Dauer 1 1/4 und 3 1/2 Std., 14–28 Yuan*

Huxinting [174 C5]
Dieser Pavillon liegt direkt vor dem Yuyuan an einer neunfach gewundenen Brücke. Er beherbergt Shanghais schönstes Teehaus, eine Oase im Stadtgewühl. Für 8 bis 10 Yuan können Sie sich eine Kanne Ihres Lieblingstees bestellen. Schon Queen Elizabeth war hier zu Gast. *Tgl. 5.30–21.30 Uhr. Tipp: Kommen Sie, wie die Stammgäste, schon im Morgengrauen!*

Insider Tipp

Longhua Ta [174 A6]
Die anmutige, achteckige Pagode in der Südstadt aus dem Jahr 977 hat eine Höhe von 37 m. Nebenan liegen der Longhua-Tempel und der Longhua-Park, der zur Aprikosenblüte im April gern besucht wird. *Tgl. 7–16 Uhr, Eintritt 9 Yuan*

Oriental Pearl Tower [174 C4]
468 m ragt das neue Shanghaier Wahrzeichen auf der Halbinsel Pudong empor. Der dritthöchste Fernsehturm der Welt ist ein atemberaubender Aussichtspunkt. *Tgl. 8–21.30 Uhr, Eintritt 50 Yuan, Taxifahrt via Huangpu-Tunnel oder Hochbrücke, Personenfähre vom Bund ab Höhe Jinling Lu*

Yufo Si [174 A4]
Alt, aber – Sie befinden sich in Shanghai – nicht uralt: Der *Jadebuddha-Tempel* wurde 1882 gegründet, um einer exquisiten Statue des sitzenden Buddha aus birmanischer Jade (Höhe 1,95 m) einen Standort zu verschaffen. Er birgt noch zwei weitere, liegende Buddhas: eine kleine Jadefigur aus dem 19. Jh. und einen 4 m langen Buddha, der erst 1989 erworben wurde. *Tgl. 8–17 Uhr, Eintritt 15 Yuan*

Yuyuan [174 C5]
In typisch südchinesischer Manier bietet der nur rund 2 ha große, erstmals 1559 angelegte *Garten des Erfreuens* eine Fülle von Gängen und Pavillons, Teichen und Felsen auf engstem Raum. In der *Halle der Vollendung des Frühlings* (Dianchuntang) befindet sich eine kleine Ausstellung zur Geheimgesellschaft der kleinen Dolche, die 1853 von hier aus einen Aufstand versuchte. Sehenswert ist unter anderem der dreistöckige *Pavillon des Ausblicks auf die Wogen* – einst das höchste Gebäude der Stadt. *Tgl. 8–17 Uhr, Eintritt 15 Yuan*

MUSEEN

Lu-Xun-Gedächtnishalle [0]
Gewidmet Lu Xun (1881–1936), dem Begründer der modernen chinesischen Literatur. In der Nähe sein Grab mit einer Kalligrafie von Mao Zedong. *Tgl. 9–16 Uhr, Eintritt 5 Yuan, im Lu-Xun-Park, Sichuan Beilu 2288*

Shanghai Art Museum **[174 A5]**
Eine der besten Sammlungen zeitgenössischer chinesischer Kunst, ausgestellt im Gebäude des alten Shanghaier Pferderennclubs. *Tgl. 9–17 Uhr, Eintritt 10 Yuan, Nanjing Xilu 325*

Shanghai Museum **[174 B5]**
★ Die Architektur ist antike chinesische Kosmologie – in Beton gegossen: der Grundriss quadratisch wie die Erde, das Dach rund wie die Himmelssphären. Die Sammlungen umfassen 120 000 Stücke und sind in Umfang und Qualität außerordentlich: feines Porzellan, Insider Tipp Jadeschmuck, würdige Bronzen, Meisterwerke der Kalligrafie, Malerei und Siegelkunst, Kunsthandwerk verschiedener Volksgruppen, Möbel und Münzen nicht zu vergessen – kein Problem, hier einen ganzen Tag zu verbringen. *Tgl. 9–17, Sa bis 20 Uhr, Eintritt 20 Yuan, Tonbandführung 40 Yuan, Renmin Dadao 201, U-Bahn People's Square (Exit 1)*

ESSEN & TRINKEN

Lao Man Ke **[0]**
Hier lebt das alte Shanghai – hauseigener Rikschakuli inklusive. Typische Shanghai-Küche. *Yan'an Xilu 1599, Tel. 021/62 13 79 88,* €€

Meilongzhen **[174 A5]**
Dieses Restaurant serviert seit 1938 Sichuan-Küche mit Shanghai-Touch. *Nanjing Xilu 1081, Haus 22, Tel. 021/62 53 53 53,* €€€

Zaozishu **[174 B5]**
Im »Dattelbaum« (englischer Restaurantname: Vegetarian Life Style) zeigt die Besitzerin Zeng Fangbao, dass exzellente vegetarische Küche mehr sein kann als nachgemachte Fleischgerichte. Modernes, freundliches Ambiente. *Songshan Lu 77, Tel. 021/53 06 80 01,* €€

EINKAUFEN

Die Pulsader der Stadt und dazu das chinesische Einkaufsparadies schlechthin ist die *Nanjing Lu.* Neben den glitzernden Kaufhauspalästen *(tgl. bis 22 Uhr)* finden sich besonders im östlichen Straßenabschnitt auch traditionsreiche kleine Läden – eine Auswahl: *Duoyunxuan (Nr. 422,* Malerei und Kalligrafiebedarf, *10–18.30 Uhr), Dachangxiang (Nr. 397,* Seide und Textilien, *10–22 Uhr), Wenglongsheng (Nr. 388,* Teeladen, *8.30–22 Uhr), Cai Tongde Tang (Nr. 320,* Apotheke, *9–22 Uhr), Guan Long (Nr. 198,* Fotobedarf, *9–21.30 Uhr),* alle **[174 B4–5]**.

Im Altstadtbasar **[174 B–C5]** gibt es Teegeschirr, Fächer und anderes Kunsthandwerk zu günstigen Preisen, aber auch Schmuck und Jade für gehobene Ansprüche. Ausgesuchte Kostbarkeiten bietet der *Shanghai Antique & Curio Store, Guangdong Lu 218–226 (tgl. 9–17 Uhr,* **174 B5***).* Handeln und Kramen können Sie beim täglichen Antiquitätenmarkt in der *Dongtai Lu* **[174 B5]** westlich der Altstadt. Insider Tipp Der riesige Freundschaftsladen liegt in der *Beijing Donglu 40 (tgl. 9–22 Uhr,* **174 C4***).*

ÜBERNACHTEN

Garden **[174 A5]**
Luxushotel der Okura-Gruppe, eine Shanghaier Topadresse. *500 Zi., Maoming Nanlu 58, Tel. 021/*

64 15 11 11, Fax 64 15 88 66, www.okura.com, €€€

Grand Hyatt Shanghai **[174 C5]**
Das höchste Hotel der Welt im 53. bis 87. Stock des Jinmao-Gebäudes – und auch sonst ein Haus der Superlative. Spitzenklasse: das Restaurant *Club Jin Mao* und die Bar *Cloud 9* im obersten Stockwerk. *555 Zi., Jinmao Tower (Pudong), Tel. 021/50 49 12 34, Fax 50 49 11 11, http://shanghai.hyatt.com,* €€€

Ocean **[174 C4]**
Nur wenige Taximinuten vom »Bund« entfernt. Auf dem Dach: das Drehrestaurant *Revolving 28. 370 Zi., Dong Daming Lu 1171, Tel. 021/65 45 88 88, Fax 65 45 89 93, www.oceanhotel-sh.com,* €€€

Pujiang **[174 C4]**
Das älteste Hotel der Stadt, 1860 unter dem Namen Astor House gegründet. Heute *die* Adresse für Billigreisende. *116 Zi., Huangpu Lu 15, Tel. 021/63 24 63 88, Fax 63 24 31 79, www.pujianghotel.com,* €

AM ABEND

Zur Einstimmung ein Spaziergang am »Bund«: Dort gibt's jeden Abend Wasserspiele mit Musik und einen Blick auf den beleuchteten Fernsehturm dazu. Die Altherrenband im *Peace Hotel* gleich nebenan swingt und jazzt wie in den Dreißigerjahren *(tgl. 20–1.30 Uhr, 42 Yuan)*. Spitzenakrobatik zeigt das Varieté *Shanghai Zajichang, Nanjing Xilu 400, Tel. 021/63 27 28 63 (19 Uhr, 2 bis 20 Yuan, unregelmäßige Ruhetage)*. Wer sich lieber selbst bewegt, besucht *JJ's Disco (Yan'an Zhonglu 1127, 20–1 Uhr, 48–78 Yuan)* oder *Judy's Too (Bar/Restaurant/Disko, Maoming Nanlu 176, 18–2 Uhr)*. Danach gibt

Glitzerndes Ambiente im Shanghaier »Freundschaftsladen«

es im *Fest Brew House* selbst gebrautes Bier, natürlich nach dem Reinheitsgebot *(Hankou Lu 11, tgl. 11–1 Uhr)*.

SUZHOU

[167 E5] ★ 72 Kanäle und fast 400 Brücken, darunter viele alte Steinkonstruktionen, machen die Stadt (670 000 Ew.) zum »Venedig des Ostens«. Ihre Gärten, von reichen Beamten und Kaufleuten vor allem während der letzten beiden Kaiserdynastien angelegt, sind weltberühmt: Auf engstem Raum bieten sie dem Betrachter ein harmonisches Zusammenspiel von Wasser und Felsen, alten Bäumen und zierlichen Gebäuden.

SEHENSWERTES

Beisi Ta

Die mächtige *Pagode am Nordtempel* aus der Ming-Zeit (1567) ist mit 76 m Höhe Suzhous bester Aussichtspunkt. *Tgl. 8 bis 17.30 Uhr, Eintritt 10 Yuan*

Hanshan Si

Ein Ort der Literaturgeschichte: Weil der Dichter Zhang Ji (767 bis 830) den mitternächtlichen Glockenklang dieses Tempels beschrieb, ist das Anschlagen der Tempelglocke ein Muss für viele asiatische Touristen. *Tgl. 7.30–17 Uhr, Eintritt 16 Yuan, in der westlichen Vorstadt*

Liuyuan

Auf nur 3 ha Fläche sind im *Garten des Verweilens* Wandelgänge von zusammen 700 m Länge angelegt. Schöne Hallen mit geschnitztem Holzwerk stehen neben bizarren Steinformationen wie dem »Fels, der die Wolken überragt«. Erbaut 1525 von Xu Shitai. *Tgl. 7.30–17.30 Uhr, Eintritt 16 Yuan*

Shizilin

Der *Löwenwaldgarten* war ursprünglich der rückwärtige Teil einer Tempelanlage und wurde 1336 eingerichtet. Er ist berühmt für sein künstliches Felsgebirge aus *Taihu-Steinen.* Einige sollen wie Löwen geformt sein. *Tgl. 7.30–17.30 Uhr, Eintritt 10 Yuan*

Tigerhügel

Ein beliebtes Ausflugsziel im Nordwesten Suzhous, Schauplatz zahlreicher Anekdoten und Volkserzählungen. Hier befindet sich auch das Wahrzeichen der Stadt, die 961 errichtete Pagode *Yunyansi Ta,* die sich mehr als 2 m nach Nordwesten neigt.

Wangshiyuan

Der *Garten des Meisters der Netze,* mit 0,55 ha Fläche der kleinste der berühmten Gärten, stammt aus der Zeit des Kaisers Qianlong; erbaut 1770 durch den Präfekten Song Zongyuan. Im Sommer gibt es abends klassische Musik zu hören. Insider Tipp *Tgl. 8–17.30 Uhr, Eintritt 10 Yuan, Konzerte 15. März–15. Nov. tgl. 19.30–22 Uhr, Eintritt 60 Yuan*

Yiyuan

Die jüngste der klassischen Gartenanlagen, 1874 erbaut, soll die Vorzüge aller älteren Gärten in sich vereinen. Grazile Bauten mit Bananenstauden, Granatäpfeln und alten Ginkgos – und einem Teehaus zum Ausruhen. *Tgl. 8–17.30 Uhr, Eintritt 4 Yuan, Eingang Renmin Lu*

Zhuozhengyuan
Der *Garten des einfältigen Politikers* wurde von 1506 bis 1521 durch den pensionierten Zensor Wang Xianchen angelegt. Etwa sechzig Prozent seiner 4 ha Fläche nehmen Teiche ein. Der mittlere Abschnitt ist ein hervorragendes Beispiel mingzeitlicher Gartenkunst mit einer schier unerschöpflichen Vielfalt von Pfaden, Pavillons und Felsformationen auf engem Raum. Der durch Blendmauern abgetrennte Westteil entstammt im Wesentlichen der späten Qing-Zeit. *Tgl. 7.30–17.30 Uhr, Eintritt 20 Yuan, zum Blumenfest (15. März–15. Mai, 15. Juni–15. Okt.) 32 Yuan*

MUSEUM

Quanjin Huiguan
Das alte *Gildenhaus der Kaufleute aus der Provinz Shanxi* (erbaut in der späten Qing-Zeit) ist heute ein *Theatermuseum*. Im Sommer werden einmal wöchentlich klassische Stücke gezeigt. *Tgl. 9–16 Uhr, Zhong Zhangjia Xiang 14 (östliche Altstadt)*

ESSEN & TRINKEN

Songhelou Caiguan
Schon 1737 kostete hier der Kaiser süßsauren Mandarinfisch *(songshu guiyu)*, die Spezialität des Hauses. *Guanqian Jie 141, Tel. 0512/523 32 70,* €€€

EINKAUFEN

Suzhou ist eine alte Seidenstadt, berühmt für Kunsthandwerk (Schnitzereien in Jade und Holz). Einkaufs- und Flaniermeile ist die *Guanqian Jie* am alten Daoistentempel.

ÜBERNACHTEN

Bamboo Grove
Modernes Gebäude um einen Innenhof im traditionellen Gartenstil. Nicht ganz zentral, dafür aber eines der besten Häuser am Platz. *356 Zi., Zhuhui Lu 168, Tel. 0512/520 56 01, Fax 520 87 78,* €€€

Canglang
Preiswert und ordentlich, in der Nähe des Wangshiyuan gelegen. *106 Zi., Wuqueqiao Lu 53, Tel. 0512/520 15 57, Fax 510 32 85,* €–€€

Überragend: die Pagode Beisi Ta

藏經閣

Beiderseits des Yangzi Jiang

Wo der »Lange Fluss« seit Jahrtausenden strömt, gibt es abseits der Touristenpfade manche Entdeckung zu machen

Das fruchtbare und seenreiche Schwemmland des Yangzi ist die charakteristische Landschaft der Provinzen Hubei, Hunan, Anhui und Jiangxi. In diesem Abschnitt passiert der Yangzi nicht nur die beiden größten chinesischen Süßwasserseen, Poyang Hu und Dongting Hu, sondern auch zahlreiche mittelhohe Gebirgszüge von großer landschaftlicher Schönheit. Trotzdem hat, wer hier unterwegs ist, gute Chancen, nur wenige ausländische Touristen zu treffen.

Changsha

[172 A2] Am Ufer des Flusses Xiang Jiang liegt die Hauptstadt der Provinz Hunan (2,4 Mio. Ew.), die bereits vor über 2000 Jahren politisches und kulturelles Zentrum der Region war. Beleg sind eine Vielzahl von Grabfunden, deren spektakulärster, das Han-Grab von Mawangdui, zu den größten archäologischen Kostbarkeiten in China zählt. Auch in der neueren Geschichte spielte Changsha eine bedeutende Rolle: Ein junger Bauernsohn namens Mao Zedong studierte und lehrte hier von 1911 bis 1923.

Die Bibliothek des Tempels Guiyuan Si in Wuhan liegt inmitten eines alten Gartens

Sehenswertes

Tianxinge

Etwas südlich des Stadtzentrums sind hier Reste der alten Stadtmauer zu sehen, überragt von einem Pavillon des 18. Jhs.

Yuelu Shan

Die bewaldete Anhöhe am Westufer des Xiang Jiang ist beliebter Ausflugsort der Stadtbewohner. Auf dem 8 km² großen Areal befinden sich unter anderem der bereits im Jahr 268 gegründete Tempel *Lushan Si,* der einige kostbare Steinstelen besitzt, und der *Pavillon der Liebe zum Abend (Aiwanting)* aus dem Jahr 1792, ein Lieblingsplatz des jungen Mao Zedong.

Yuelu Shuyuan

Am Fuß des Yuelu Shan liegt eine der vier großen Akademien des alten China (gegründet 976). Fast 1000 Jahre lang wurden hier literarische und philosophische Studien betrieben. In der mittleren Lehrhal-

Felsen, Kiefern, Himmelsblau: Panoramablick am Huang Shan

le sind vier große Stelen mit den Schriftzeichen »Loyalität, Kindesliebe, Redlichkeit, Integrität« in der Kalligrafie des bedeutenden Neokonfuzianers Zhu Xi (1130–1200) zu sehen. Die Architektur der renovierten Anlage ist vorwiegend qingzeitlich.

MUSEUM

Provinzmuseum Hunan
Die Gräber von ★ Mawangdui, angelegt zwischen 186 und 160 v. Chr., enthielten über 3000 ausgezeichnet erhaltene Gegenstände, darunter die ältesten Saiteninstrumente Chinas, Seide, Lackwaren, Spielzeug und Waffen. Prunkstücke der kulturhistorisch wertvollen und sehenswerten Sammlung sind ein mit mythologischen Figuren bemaltes Sargtuch und der vollständig erhaltene Körper von Xin Zhui, der Frau des Markgrafen. *Tgl. 8.30–12, 13.30–16.30 Uhr, Eintritt 20 Yuan*

ÜBERNACHTEN

Furong (Lotus) Guest House
Mittelklasse, Bahnhofsnähe. *269 Zi., Wuyi Donglu 128, Tel. 0731/440 18 88, Fax 446 51 75,* €€

Xiang Jiang Guest House
Auch mit preiswerten Mehrbettzimmern. *300 Zi., Zhongshan Donglu 2, Tel. 0731/440 88 88, Fax 444 82 85,* €–€€

ZIEL IN DER UMGEBUNG

Shaoshan **[172 A2]**
Am 26. 12. 1893 wurde hier der Bauernsohn Mao Zedong geboren. Als Mao zum Idol der Kulturrevolution aufstieg, avancierte Shaoshan zum Wallfahrtsort der Roten Garden; heute sorgen die Touristen für Belebung. Ein Großteil der inzwischen 100 000 Einwohner lebt vom Großen Steuermann. Zu sehen sind Maos Geburtshaus, seine

Schule und ein Geheimquartier aus der Kulturrevolution. In *Mao's Family Restaurant* (geleitet von einer weitläufigen Verwandten) isst man die Leibspeisen des Vorsitzenden unter den Augen einer Mao-Statue. *Tagestour mit Bahn oder Bus ab Changsha*

HUANG SHAN

[167 D6] ★ »Seit ich am Huang Shan war, habe ich das Interesse an den anderen Bergen verloren«, schrieb der Geograf Xu Xiake im 17. Jh. – er ist nicht der Einzige, dem es so erging. Der Berg im Süden der Provinz Anhui fasziniert durch seinen Reichtum an bizarren Felsformationen und steilen Schluchten; knorrige Kiefern klammern sich an steil aufragende Felsnadeln, und bei dunstigem Wetter durchzieht das Wolkenmeer die sprichwörtlichen 72 Gipfel. Wie alle berühmten Berge Chinas ist der Huang Shan von Plattenwegen und steilen Steintreppen durchzogen. Für seine Erkundung sollte man zwei, besser drei Tage veranschlagen. Das Zentralplateau, auf dem sich die Hotels und wichtigsten Sehenswürdigkeiten befinden, ist zu Fuß oder mit drei Seilbahnen zu erreichen. *Bus vom Ort Wenquan am Fuß des Berges zur Seilbahnstation Yungusi; von dort mit der Bahn oder zu Fuß (2 Std.) hoch auf das Plateau*

SEHENSWERTES

Feilaishi

Der 10 m hohe, schmale Stein sitzt »wie herbeigeflogen« auf einer Felskuppe.

Paiyunting

Vom *Pavillon, der an die Wolken stößt* blickt man weit hinab in das »Westmeer«. Der schönste Ort in der Abenddämmerung.

Shixin Feng Insider Tipp

Am *Gipfel des beginnenden Glaubens* (1668 m) wachsen die schönsten Kiefern des Bergs.

MARCO POLO Highlights »Der mittlere Süden«

★ **Mawangdui**
Das Grab des Markgrafen von Dai aus der Nähe von Changsha birgt Schätze von großem kulturhistorischem Wert (Seite 88)

★ **Huang Shan**
Atemberaubende Felsklüfte, das »Wolkenmeer« und ein grandioser Sonnenaufgang sind auf dem schönsten Berg Chinas zu genießen (Seite 89)

★ **Yueyanglou**
Der anmutige Turm mit langer Geschichte steht am Ufer des riesigen Dongting-Sees (Seite 95)

Shizi Feng
Der *Löwengipfel* bietet einen Blick auf den skurrilen Felsen *Ein Affe betrachtet das Meer.* Etwas unterhalb liegt *Qingliangtai* (Terrasse der kühlen Frische). Von hier aus den Insider Tipp grandiosen Sonnenaufgang zu betrachten, ist ein Muss für jeden Besucher.

Tiandu Feng und Lianhua Feng
Die beiden höchsten Gipfel des Massivs (1829 bzw. 1873 m) können Sie besteigen – ein Abstecher für Schwindelfreie.

ÜBERNACHTEN

Tipp: Zimmer in den Gipfelherbergen besser vorbestellen! Wer am Fuß des Berges übernachtet, kann sein Gepäck im Hotel lassen.

Beihai Guesthouse
Ein großer Komplex im Gipfelgebiet, wenige Schritte von Qingliangtai. *188 Zi., 500 Pritschen, Huang Shan, Beihai, Tel. 0559/ 556 25 55, Fax 556 27 00,* €€

Yungu
Bei der Seilbahnstation Yungusi am Fuße des Berges gelegen; komfortables Wohnen in traditioneller Architektur. *120 Zi., Yungusi Lu, Tel. 0559/556 23 73, Fax 556 11 10,* €€–€€€

ZIEL IN DER UMGEBUNG

Jiuhua Shan **[167 D6]**
Der *Neun-Blüten-Berg* ist ein heiliger Berg des Buddhismus mit neun Hauptgipfeln, von Huang Shan aus leicht mit dem Bus zu erreichen (rund fünfeinhalb Std.). In der späten Kaiserzeit war der Jiuhua Shan das größte buddhistische Zentrum Chinas; inzwischen sind wieder fast 100 Tempel und Klöster aktiv. Zentral an der Zufahrtsstraße liegen die beiden großen Tempel *Zhiyuan Si* und *Huacheng Si.* Der *Baisuigong* (Palast des Hundertjährigen) enthält die vergoldete Mumie des Abts Wuxia, der 126 Jahre alt geworden sein soll. Zum Hauptgipfel *Tiantai Feng* (1325 m) führt ein Wanderweg durch Bambuswälder und Teeplantagen.

NANCHANG

[172 C2] »Heldenstadt« darf sich die Hauptstadt der Provinz Jiangxi (2,5 Mio. Ew.) nennen, seit hier am 1. August 1927 ein bewaffneter Aufstand unter der Leitung der chinesischen KP stattfand – die Ge-

Tempelhalle auf dem Jiuhua Shan

burtsstunde der Roten Armee und bis heute nationaler Feiertag. Nanchang ist vor allem als Ausgangspunkt für Touren ins Umland interessant.

SEHENSWERTES

Gedenkhalle des Aufstandes vom 1. August

Die interessanteste von zahlreichen Örtlichkeiten, die in Nanchang an den Aufstand erinnern. Das ehemalige Gästehaus war Hauptquartier der Aufständischen; es ist heute Museum. *Tgl. 8.30–17.30 Uhr, Eintritt 15 Yuan, Zhongshan Lu 256*

Qingyunpu

Grab und ehemaliger Wohnort des Malers Zhu Da, daneben Ausstellungsort einiger seiner Werke. Zhu war direkter Nachfahre der Ming-Kaiser; nach dem Sturz der Dynastie (1644) zum Leben in der Verborgenheit gezwungen, nahm er die Rolle des Mönchs und exzentrischen Künstlers an. Er wohnte hier seit 1661. *Tgl. 8.30–17.30 Uhr, Eintritt 30 Yuan, Qingyunpu Lu (in der südlichen Vorstadt)*

Tengwangge

Etwas unvermittelt ragt der farbenprächtige *Turm des Prinzen Teng* aus Lagerschuppen und Wohnblocks am Ufer des Gan Jiang empor. Das 653 erstmals errichtete und seither nicht weniger als dreißigmal wiederhergestellte Gebäude ist jetzt 57 m hoch. Im Inneren sind Kalligrafien und Tuschmalereien ausgestellt, darunter das viel gepriesene »Vorwort zum Turm des Prinzen Teng« des Dichters Wang Bo (650–76). *Tgl. 8.30–17.30 Uhr, Eintritt 30 Yuan*

ÜBERNACHTEN

Lakeview Hotel

Vier-Sterne-Hotel mitten im Qinshan-See. *298 Zi., Hongdu Beidadao 33, Tel. 0791/852 18 88, Fax 852 19 99, €€*

ZIELE IN DER UMGEBUNG

Jingdezhen [172 C1]

Der 150 km nordöstlich von Nanchang gelegene Ort ist Zentrum der chinesischen Porzellanproduktion. Bereits seit dem 11. Jh. gab es hier kaiserliche Manufakturen. Zu besichtigen sind ein Porzellanmuseum, alte Brennöfen und auch moderne Produktionsstätten. *Unterkunft: Jingdezhen Hotel, 140 Zi., Fengjing Lu, Tel. 0798/822 50 10, Fax 822 64 16, €€*

Jiujiang [172 C1]

Die kleine Hafenstadt am Yangzi ist einen Aufenthalt wert, und sei es nur, um die Betriebsamkeit auf den Marktstraßen zu beobachten. Am See Gantang Hu im Stadtzentrum liegt der anmutige *Pavillon des Wasserdunstes (Yanshuiting)*, der aus dem 19. Jh. stammt. Schön ist der Blick über den Yangzi, den der Turm *Xunyanglou* im Osten des Hafens bietet (mit Teehaus). Nebenan steht die gut erhaltene Pagode *Suojianglou Baota* aus dem Jahr 1585. Eine Ziegelpagode befindet sich beim Tempel Nengren Si in der Südstadt. *Unterkunft: Shihua Hotel, 133 Zi., Tel. 0792/822 56 11, Fax 822 37 25, €€*

Lu Shan [172 C1]

Das bewaldete Berggebiet im Nordwesten des Poyang-Sees (maximale Höhe 1474 m) bietet zahlreiche reizvolle Wander- und Ausflugsmöglichkeiten. Als Sommererholungsort ist der Lu Shan stark frequentiert; außerhalb der Saison entfaltet er erst seinen ganzen Reiz. Im Zentrum liegt der Kurort Guling; dort finden Sie das *Lu Shan Hotel (200 Zi., Hexi Lu 506, Tel. 0792/828 28 60, Fax 828 42 40, €€).* Nördlich des Sees Ruqin Hu beginnt an der Himmelsbrücke *(Tianqiao)* eine Wanderung am Berghang mit atemberaubendem Blick bis hin zum Yangzi. Der Weg endet an der steilen Drachenkopfklippe *(Longshouya).* Eine Tagestour mit dem Minibus führt über den Pavillon *Hanpoting* (Blick über den Poyang-See) und die steilen »Fünf alten Gipfel« *(Wulao Feng)* bis zum Wasserfall *Sandiequan,* der über eine steile Steintreppe zu erreichen ist. Das Abendrot genießen Sie am besten an den Pavillons *Wangjiangting* und *Tianchiting* nördlich von Guling. *Ab Guling fahren zahlreiche Busse nach Nanchang im Süden (5 Std.) und Jiujiang im Norden (2 Std.)*

WUHAN

[166 B6] Die Hauptstadt der Provinz Hubei (3,7 Mio. Ew.) ist das größte Industrie- und Handelszentrum Zentralchinas und ein wichtiger Verkehrsknotenpunkt. Der 1927 aus den drei Städten Hankou, Hanyang und Wuchang entstandene Riesenort liegt an der Mündung des Han Jiang in den Yangzi. Hier verbindet die erste Yangzi-Brücke (erbaut 1957) das kleinere Hanyang mit dem alten Wuchang, das die meisten Sehenswürdigkeiten bietet – und eine bewegte Vergangenheit: Der Wuchang-Aufstand von 1911 war der Anfang vom Ende des Kaisertums.

SEHENSWERTES

Dong Hu

Der *Ostsee* ist ein ausgedehntes Erholungsgebiet. Im Park am Ufer gibt es Teehäuser, Pavillons, eine Kunsthalle *(Binhu hualang)* und das Provinzmuseum.

In Wuhan: alte Herren beim Spiel unter der Yangzi-Brücke

Guiyuan Si
Der schönste Tempel Wuhans wurde vor 300 Jahren am Ort eines altes Gartens erbaut und hat seinen Gartencharakter bis heute erhalten. *In Hanyang, südlich der Guqintai*

Guqintai
Der Schildkrötenberg, der jenseits des Schlangenbergs am westlichen Yangzi-Ufer liegt, trägt die *Zitherterrasse*. Ihr Name erinnert an den legendären Musikmeister Boya, und sie ist von einem betriebsamen Park umgeben.

Huanghelou
Einem Gedicht des Li Taibo (701–62) verdankt der *Turm der gelben Kraniche* seinen Ruhm und die Tatsache, dass er nach dutzendfacher Zerstörung stets wieder neu errichtet wurde – zuletzt 1985. Das jetzt 51 m hohe Gebäude mit seinen fünf Stockwerken ist der imposanteste der »Drei großen Türme südlich des Yangzi« (die anderen stehen in Yueyang und Nanchang). Es befindet sich auf dem Schlangenberg *(She Shan)*, gleich östlich der großen Yangzi-Brücke. *Frühling und Winter tgl. 7.30 bis 15.15 Uhr, Sommer und Herbst 7–18.30 Uhr, Eintritt 30 Yuan*

Lingji Ta
Diese Steinpagode aus der Yuan-Zeit (1865 erneuert) befindet sich auf dem Hügel Hong Shan im Osten der Stadt. Sie ist 43 m hoch und kann bestiegen werden.

MUSEEN

Provinzmuseum Hubei
Die größte Kostbarkeit des Hauses sind Klangsteine und andere Musikinstrumente aus dem Grab des Markgrafen Yi von Zeng (gest. 433 v. Chr.). *Tgl. 9–11.30, 13.30 bis 17 Uhr, Eintritt 40 Yuan (einschließlich Klangsteinvorführung), Wuchang, Donghu Lu 165*

Wuhan Museum
Das im Oktober 2001 eröffnete Museum zeigt auf 6000 m² Ausstellungsfläche kulturelle Zeugnisse der Vergangenheit, alte Keramiken sowie Kalligrafie und Malerei der der Ming- und der Qing-Zeit. *Tgl. 9 bis 17 Uhr, Eintritt 10 Yuan, Qingnian Lu 373, Hankou*

ESSEN & TRINKEN

Laotongcheng Jiulou
Alteingesessenes Haus. Empfehlenswerte Spezialität: »Zarter Doufu mit dreierlei Zutaten«. *Hankou, Dazhi Lu 1, Tel. 027/82 83 15 62,* €€

Sijimei
Serviert gute Snacks und Kleinigkeiten. *Hankou, Zhongshan Dadao 898, Tel. 027/82 83 28 42,* €

EINKAUFEN

Einkaufszentrum ist die Straße *Zhongshan Dadao* im Stadtteil Hankou. Malerei und Kalligrafiebedarf bei *Rongbaozhai, Zhongshan Dadao 966*

ÜBERNACHTEN

Holiday Inn Tian An
Haus der Oberklasse, zentral gelegen. *420 Zi., Hankou, Jiefang Dadao 868, Tel. 027/85 86 78 88, Fax 85 84 53 53, www.holiday-inn.com,* €€€

1670 m lang und über 20 m breit: die Yangzi-Brücke in Wuhan

Jianghan
Gebäude im französischen Kolonialstil. 1914 als Demin Hotel eröffnet, 1985 renoviert. Zwischen Hauptbahnhof und Yangzi-Ufer. *100 Zi., Hankou, Shengli Jie 245, Tel. 027/82 81 16 00, Fax 82 81 43 42, €€*

ZIEL IN DER UMGEBUNG

Insider Tipp **Wudang Shan** **[165 F2]**
Etwa 550 Eisenbahnkilometer oder neun Fahrstunden von Wuhan entfernt liegt im äußersten Nordwesten der Provinz Hubei einer der Hauptberge des Daoismus, als dessen Schutzpatron der Himmelskaiser Zhenwu gilt. Etwa 300 000 Arbeiter wurden unter Ming-Kaiser Yongle von 1413 bis 1418 eingesetzt, um hier 46 Tempel und zahllose Grotten und Pavillons zu errichten, von denen einige erhalten sind und in den letzten Jahren gründlich renoviert wurden.

Der Aufstieg führt vom reich verzierten Bergtor Xuanyuemen (1552) zum *Yuzhengong* (Palast der Begegnung mit dem Wahren), in dem der Dao-Meister Zhang Sanfeng verehrt wird. Zhang gilt als Begründer des chinesischen Schattenboxens *(Taijiquan)*. Weiter aufwärts liegt der *Zixiaogong* (Palast der Purpurwolken), eine große, gut erhaltene Anlage, reich an Statuen und Bronzegerät der Ming-Zeit. Bis hierhin kann man mit dem Bus fahren; bis zum Gipfel bleiben noch 12 km Stufen und Plattenwege.

Dramatisch schmiegt sich der *Nanyangong* (Palast des Südfelsens) etwas abseits der Hauptroute an einen steilen Felshang. Der Aufstieg endet am *Taihegong* (Palast der höchsten Harmonie). Hier ziert auf 1612 m die Goldhalle *(Jindian)* aus vergoldeter Bronze den höchsten Gipfel des Massivs.

YUEYANG

[172 A1] Die Kreisstadt im Norden der Provinz Hunan (420 000 Ew.) liegt am Ufer des Dongting Hu, des mit 2820 km^2 zweitgrößten chinesischen Süßwassersees. Yueyang ist ein vom Massentourismus bislang verschonter Ort, der erholsame Bootstouren, eine lebendige Altstadt und die gute, scharf gewürzte Hunan-Küche zu bieten hat. Etwa 120 km südlich verläuft der Fluss Miluo Jiang. Dort ertränkte sich im Jahr 296 v. Chr. der Dichter Qu Yuan, zu dessen Erinnerung seither am 5. Tag des 5. Monats nach dem traditionellen Kalender das Drachenbootfest gefeiert wird.

SEHENSWERTES

Cishi Ta

Die 39 m hohe Steinpagode in der südlichen Altstadt stammt aus dem Jahr 713 und ist damit das älteste erhaltene Bauwerk Hunans.

Junshan

Die Insel *Damenberg* trägt ihren Namen nach zwei Konkubinen des mythischen Kaisers Shun, die bei der Nachricht vom Tod ihres Herrn an gebrochenem Herzen gestorben sein sollen – bis heute trägt der hier heimische Fleckenbambus die Spur ihrer Tränen. *Die Bootsfahrt dauert ca. 45 Min., tgl. 7.30, 9, 13 Uhr ab Yueyanglou*

Yueyanglou

★ »Sich die Sorgen der Welt als Erster zu eigen machen – ihre Freuden als Letzter genießen!« Jeder halbwegs gebildete Chinese kann diese Zeilen aus dem berühmten »Essay vom Yueyang-Turm« des Dichters und Politikers Fan Zhongyan (989 bis 1052) rezitieren. Der anmutige Turm am Seeufer wurde 716 erstmals errichtet und seither 32-mal zerstört und neu erbaut, zuletzt 1880. Mit knapp 20 m Höhe ist er der kleinste, doch auch der schönste der »Drei großen Türme südlich des Yangzi«. Der kleine *Sanzuiting* (Pavillon der dreifachen Trunkenheit) ist dem daoistischen Heiligen Lü Dongbin gewidmet. *Tgl. 7.30 bis 18.30 Uhr, Eintritt 1,50 Yuan*

ESSEN & TRINKEN

Yueyang ist eine gute Adresse für Fischesser. Auf besonderen Banketten werden Dutzende von verschiedenen Fischgerichten serviert. Lotoskerne vom nahen See Tuan Hu sind eine beliebte Süßigkeit der Region. An den Straßenständen isst man feurige Paprikasoßen.

Xiangyuanlou

Hier gibt es scharf-aromatische Hunan-Küche und Fischspezialitäten. *Desheng Lu, Ecke Maoling Lu, Tel. 0730/832 20 60, €*

EINKAUFEN

Yueyang produziert exzellenten Grüntee. Am bekanntesten sind die Sorten *Yinzhen* (Silbernadel) von der Insel Junshan und *Maojian.* Weitere Spezialitäten sind Fächer und Lotoskerne.

ÜBERNACHTEN

Yueyang

Sehr schön direkt am See gelegen. *265 Zi., Dongting Beilu 26, Tel. 0730/832 00 11, Fax 832 02 35,* €€

Yunmeng Guesthouse

Preiswertes und angenehmes Haus mit guter Küche. *100 Zi., Chengdong Lu 35, Tel./Fax 0730/822 11 15, €*

Zwischen Dschungel und Himalaya

Landschaftliche Extreme und die kulturelle Vielfalt seiner Völker bilden den Reiz des Südwestens

Hier findet man die perfekte Ergänzung zur städtischen Kultur des chinesischen Kernlandes: grandiose Landschaften, unkompliziert freundliche Menschen – und manchmal sogar ein bisschen Einsamkeit. Im Norden bildet das fruchtbare Rote Becken das Zentrum der traditionell wohlhabenden und politisch selbstbewussten Provinz Sichuan, weiter südlich liegen in hügeliger Karstlandschaft Yunnan und Guizhou, die trotz reicher Bodenschätze zu den ärmsten Provinzen des Landes zählen. Im Westen wird die Region von den Ausläufern der tibetischen Hochebene begrenzt, der alten tibetischen Provinz Kham, deren Gipfel über 7000 m Höhe erreichen. Die Südspitze Yunnans dagegen ragt weit in die tropischen Regenwälder Indochinas hinein. Yunnan, in dem 24 verschiedene »Minoritäten« ein Drittel der Gesamtbevölkerung ausmachen, hat in den letzten Jahren bei westlichen Besuchern stetig an Beliebtheit gewonnen. Dem benachbarten kargen Guizhou dagegen, von dem ein Sprichwort sagt, man könne dort unmöglich drei Tage Sonnenschein, drei Silberstücke oder drei Ellen ebenes Land auf einmal antreffen, steht seine touristische Entdeckung noch bevor.

Blick auf die Jadedrachenberge von Lijiang aus

In Sichuan heimisch: der Panda

CHENGDU

[164 B3] Eine kolossale Mao-Statue grüßt über die Innenstadt, doch der Anblick täuscht: Das reizvolle Chengdu ist nämlich ganz und gar nicht von gestern. Die Hauptstadt der Provinz Sichuan (1,4 Mio. Ew.) liegt im Zentrum einer von jeher auf kulturelle und politische Eigenständigkeit pochenden Region hier geht man mit der Zeit, ohne sich gleich auf jeden neuen Trend von der Ostküste einzulassen. Die zahlreichen Teegärten der Stadt zählen zu den gemütlichsten ganz Chinas. Hier können Sie bei einer Tasse Blütentee den Ohrenputzern und den Gesichtsdeutern bei der Arbeit zuschauen. Die Hibiskusstadt, wie sie auch genannt wird, ist der Ausgangspunkt für zahlreiche lohnende Touren und nicht zuletzt für fast alle Tibet-Reisen.

SEHENSWERTES

Du Fu Caotang
Der Wohnort des großen Tang-Dichters Du Fu (712–70), heute ein viel besuchter Park mit zahlreichen Inschriften und Kalligrafien seiner Werke. *Tgl. 8.30–18 Uhr, Eintritt 30 Yuan*

Panda Research Center
Hinter dem zoologischen Garten liegt der beste Ort, um die in Sichuan heimischen Pandas zu besuchen – nirgendwo werden die plüschigen Bären erfolgreicher gezüchtet als hier. *Etwas außerhalb, ab Hauptbahnhof mit den Buslinien 1, 60 und 70 bis Qinglongchang-Busbahnhof, dann Minibus zum »Xiongmao Jidi« (Panda Research Center) oder Bus 302 (nur Sa, So), Tel. 028/351 67 28*

Qingyanggong
Imposanter daoistischer Tempel aus der Tang-Zeit. Besonders reizvoll ist der *Pavillon der Acht Hexagramme* (Baguating) im Zentrum der Anlage. Am 15. Tag des 2. Monats nach dem Mondkalender findet hier ein großes Blumenfest *(huahui)* statt.

Wang Jians Grab
General Wang Jian (847–918) herrschte ab 907 als Kaiser von Shu über weite Teile Westchinas. Innerhalb des 15 m hohen Grabhügels ist heute der steinerne Sargsockel mit einer bemerkenswerten Reliefdarstellung von 24 Hofmusikanten zu sehen.

Wangjianglou Park
Ein idyllischer Teegarten zwischen Bambushainen am Fluss; einige Gäste bringen gleich ihre Angel mit. Die Dichterin Xue Tao (? bis um 834) aus der Tang-Zeit soll hier gelebt haben.

Wenshuyuan
Der *Manjushri-Tempel* stammt in seiner heutigen Form aus dem Jahr 1706. Die Bibliothek in der letzten Haupthalle zeigt kostbare Schriften, darunter Sutrentexte, die im 18. Jh. von drei Mönchen mit dem Blut ihrer Zungenspitze geschrieben wurden. Im rechten Tempelabschnitt steht die elfstöckige Friedenspagode, daneben befindet sich ein schöner Teegarten. Allein das *vegetarische Restaurant* ist einen Besuch wert *(Mittagessen wird schon ab 11 Uhr ausgegeben).* Insider-Tipp

Wuhou Ci
Der Tempel des Markgrafen von Wu ist dem genialen, bis heute populären Strategen Zhuge Liang (181–234) gewidmet. *Tgl. 8.30–18 Uhr, Eintritt 30 Yuan*

MUSEUM

Provinzmuseum Sichuan
Das größte Museum Südwestchinas mit über 10 000 Exponaten zur Provinzgeschichte. *Tgl. 8.30–18 Uhr, Eintritt 10 Yuan (bei Sonderausstellungen erhöhte Preise), Ecke Renmin Nanlu/Yihuan Lu*

ESSEN & TRINKEN

Die exzellente scharfe Sichuan-Küche ist der Höhepunkt eines jeden Chengdu-Besuchs.

Insider Tipp
Chen Mapo Doufu
Seit über 100 Jahren wird hier der klassische, scharfe Doufu »nach Art der Pockennarbigen« serviert – zart, aromatisch und richtig lecker. *Jiefang Lu Erduan, Tel. 028/ 333 16 36,* €€ *(mehrere Filialen)*

Kuaile Laojia
Hotpot-Restaurant: Die Gäste garen ihre Speisen selbst in kochender Brühe. Die Brühe gibt es scharf *(lawei)* oder mild *(baiwei)* – Letzteres für Kinder und Ausländer. *Meilingguan Lu 3, Tel. 028/522 49 99,* €

Shufengyuan
Die altchinesische Einrichtung ist eine Augenweide, die Speisesäle tragen Namen wie *Kammer des duftigen Schnees* und *Kammer der eleganten Klänge.* Feinste Sichuan-Küche. *Dong Dajie 153, Tel. 028/ 665 50 55,* €€–€€€

Zhong Shuijiao
Serviert seit 1893 leckere Teigtaschen in Pfeffersoße *(hongyoujiao)* und andere Snacks. *Tidu Jie 7, Tel. 028/678 67 62,* €

EINKAUFEN

Im Stadtzentrum gibt es große Häuser mit internationalem Angebot und großer Auswahl. Brokat, Lackwaren und mit feinen Bambusstrei-

MARCO POLO Highlights »Der Südwesten«

★ **Dazu** (Insider Tipp)
In den Felshängen sind zahllose Meisterwerke buddhistischer Skulpturenkunst verborgen – viele mehr als 1000 Jahre alt (Seite 102)

★ **Yangzi-Fahrt**
Besonders lohnend: der Bootsausflug in die »Drei Kleinen Schluchten« des wilden Daning He (Seite 103)

★ **Montagsmarkt bei Dali**
Einmal wöchentlich treffen sich die Bergvölker des Südwestens zum kunterbunten Markttreiben (Seite 105)

★ **Emei Shan**
Der höchste der heiligen Berge des Buddhismus: Tempel um Tempel nähern sich die Pilger dem »Goldenen Gipfel« (Seite 105)

★ **Qiongzhu Si**
Der Bambustempel bei Kunming birgt die ausdrucksvollsten Heiligenfiguren Südchinas (Seite 110)

★ **Leshan Dafo**
Die größte Buddhastatue der Welt ragt weit über das Ufer des Min Jiang (Seite 111)

fen umflochtenes Porzellan sind kunsthandwerkliche Spezialitäten der Region. *Fabrik für Brokat und Stickwaren: Caotang Donglu 105*

ÜBERNACHTEN

Holiday Inn Crowne Plaza
Haus der Oberklasse in einem lebendigen Innenstadtbezirk. *434 Zi., Zongfu Jie 31, Tel. 028/678 66 66, Fax 678 97 89, www.crowneplaza.com, €€€*

Jin Jiang
Klassiker der gehobenen Kategorie, zentrale Lage am Fluss. *523 Zi., Renmin Nanlu Erduan 36, Tel. 028/558 22 22, Fax 558 18 49, €€€*

Traffic
Haus für Rucksacktouristen, neben dem Busbahnhof. *Xinnanmen, Linjiang Lu 77, Tel. 028/544 49 62, Fax 545 27 77, €*

ZIELE IN DER UMGEBUNG

Baoguang Si **[164 B3]**
Der größte Tempel Sichuans (zuletzt erweitert in der 1. Hälfte des 19. Jhs.). Im Zentrum steht die 30 m hohe *Sheli-Pagode* aus der Tang-Zeit. *45 Busminuten ab Chengdu Nordbahnhof*

Qingcheng Shan **[164 B3]**
Ein landschaftlich sehr reizvoller Berg, rund 70 km nordwestlich von Chengdu, auf dem der daoistische »Himmelsmeister« Zhang Daoling (34–156) gelehrt haben soll. Der Aufstieg vom Tempel Jianfugong am Fuß des Bergs bis zum Shangqinggong auf 1600 m Höhe dauert etwa 4 Stunden; auf halber Höhe liegt der Tianshidong-Tempel. Den Gipfel ziert der Huying-Pavillon. Alle drei Daoistentempel bieten Besuchern vegetarische Kost und Unterkunft an.

15 km weiter östlich am Fluss Min Jiang liegt die antike Bewässerungsanlage *Dujiangyan,* die wesentlich zur Fruchtbarkeit des Sichuan-Beckens beigetragen hat. Sie wurde um 300 v. Chr. konstruiert und ist bis heute im Einsatz.

Busse nach Qingcheng Shan/Dujiangyan verkehren regelmäßig ab Chengdu/Westbusbahnhof (Ximen Chezhai). Tagestouren ab Nordbahnhof

CHONGQING

[164 C4] Das gibt es: eine chinesische Innenstadt ohne Fahrräder! Chongqing (5,8 Mio. Ew.) liegt in der Flussgabelung des Yangzi und des Jialing auf einer Anhöhe, die nur Fußgänger und Kraftfahrzeuge erklimmen. Die Stadt war von 1939 bis 1945, als die Japaner ganz Ostchina besetzt hielten, Sitz der Nationalregierung und Ziel heftiger japanischer Bombardements. Während der letzten Jahrzehnte wuchs sie zu einem riesigen Industriezentrum.

Seit 1997 ist Chongqing die vierte regierungsunmittelbare Stadt Chinas mit einem Einzugsgebiet von 82 000 km^2. Sie ist wichtiger Ausgangspunkt für Fahrten nach Dazu und auf dem Yangzi.

SEHENSWERTES

Chaotianmen
Die Landspitze am Zusammenfluss von Jialing und Yangzi ist erfüllt

Leckeres auch zum Mitnehmen: Garküche in Chongqing

vom lebhaften Treiben an den Bootsanlegern, wenn sich Reisende auf die Yangzi-Fahrt vorbereiten.

Luohan Si

Am Eingang des *Arhat-Tempels* liegt ein 20 m langer Steinkorridor mit über 400 songzeitlichen Heiligenskulpturen. In der Haupthalle des Tempels sind 500 kleine Arhats – chinesisch *Luohan* genannt, buddhistische Jünger und Heilige, oft skurril und fast Furcht erweckend – in vergoldeter Holzschnitzerei zu sehen (Qing-Zeit). Die 500 überlebensgroßen Plastiken in der Arhat-Halle nebenan stammen dagegen aus jüngster Zeit. Das kleine Tempelgasthaus ist preiswert und gut; es bietet vegetarische Küche. *Tgl. 6–20 Uhr*

Park am Pipa-Berg

Besonders abends haben Sie hier den schönsten Blick über die Stadt.

ESSEN & TRINKEN

Wer einmal richtig scharf essen möchte, sollte Chongqings berühmten Feuertopf *(huoguo)* probieren, eine Art Fondue in Pfefferbrühe. Feuertopf-Restaurants gibt es in der Innenstadt an jeder zweiten Straßenecke. Man erkennt sie an den in die Tischplatte eingelassenen Eisenkesseln.

ÜBERNACHTEN

Chung King

Ordentliches Haus in der Innenstadt, in der Nähe der Chaotianmen-Landspitze. *200 Zi., Xinhua Lu 41–43, Tel. 023/63 84 93 01, Fax 63 84 30 85,* €€

Holiday Inn Yangtze

Haus der Oberklasse. *365 Zi., Nanping Beilu 15, Tel. 023/62 80 33 80, Fax 62 80 08 84, www.holiday-inn.com,* €€€

Qutang Xia ist der Name der steilsten Yangzi-Schlucht

Renmin
Das pompöseste Hotel Chinas im pseudoklassischen Stil ist sehenswert, auch wenn Sie woanders wohnen. *205 Zi., Renmin Lu 173, Tel. 023/63 85 68 88, Fax 63 85 20 76, €€*

ZIELE IN DER UMGEBUNG

Insider Tipp **Dazu** **[164 C4]**
★ In der Umgebung des hübschen, ländlichen Orts 160 km westlich von Chongqing verteilen sich rund 100 000 buddhistische Steinskulpturen auf über siebzig Fundstätten. Besonders gut erhalten sind die Figuren am Nordberg *(Bei Shan)* und am Schatzgipfelberg *(Baoding Shan)*.

Der Bei Shan ist vom Ort aus zu Fuß zu erreichen. Die frühesten seiner 290 Skulpturen stammen aus dem Jahr 892. Hier sehen Sie mehrere anmutige Darstellungen der Bodhisattva Guanyin aus der Song-Zeit. Besonders prächtig ist die *Grotte des Schicksalsrads* (Nische Nr. 136, entstanden 1142–46) mit fein ausgeführten Statuen des Buddha und der »Guanyin mit Sonne und Mond«.

Für die kurze Strecke zum Baoding Shan stehen ab Dazu zahlreiche Minibusse zur Verfügung. Die Skulpturen dort sind die prächtigsten der ganzen Region; sie entstanden als geschlossene Gruppe 1179 bis 1249 unter Leitung des Mönchs Zhao Zhifeng. Im Zentrum befindet sich ein liegender Buddha von 31 m Länge, daneben eine vergoldete Guanyin mit 1000 Händen, die eine Fläche von 88 m^2 bedecken. Neben Paradies- und Höllenvisionen sind auch anrührende Hirten- und Bauernszenen dargestellt: »Die Stillende«, »Die Flötenspielerin«, »Die Büffelhirtin« und andere ländliche Figuren.

Auch wenn die buddhistischen Bildhauerarbeiten bei weitem die bedeutendsten sind, so sind sie doch nicht die einzigen der Gegend. Beispielsweise findet man, einen kleinen Spaziergang vom Ort entfernt, in der daoistischen Figurengruppe am Südberg *(Nan Shan)* unter anderem einen 1000-jährigen Steindrachen.

Zwei-Tages-Ausflug ab Chongqing (5–6 Std. Busfahrt ab Bahnhof Caiyuanba) oder Weiterfahrt nach Chengdu (10–12 Std.). Unterkunft: Dazu Hotel, 132 Zi., Gongnong Jie 47, Tel. 023/43 72 18 88, Fax 43 72 29 67, €

Yangzi-Fahrt **[164 C4–167 F5]**

★ Der mit 6300 km drittlängste Fluss der Welt wird in China meist nur *Chang Jiang,* Langer Fluss, genannt. Im Grenzgebiet der Provinzen Sichuan und Hubei bricht er auf 193 km Länge durch die steilen »Drei Schluchten« *(San Xia).* Dies war früher der einzige, gefährliche und oft unpassierbare Verkehrsweg in den Westen des Reichs. Heute leitet das erweiterte Flussbett gefahrlos Touristen- und Linienboote durch die fjordähnliche Landschaft. Doch deren Tage sind bereits gezählt: Der monumentale Drei-Schluchten-Damm bei Yichang wird nach seiner Fertigstellung (wohl um das Jahr 2009) zur Überflutung der Schluchten führen.

Die Boote verlassen Chongqing frühmorgens; nach einer Tagesfahrt erreicht man Fengjie. Hier beginnt die erste und steilste Schlucht, Qutang Xia, die nur 8 km lang und stellenweise gerade einmal 50 m breit ist. Bei Fengjie befindet sich am Felshang der *Tempel des Weißen Kaisers* (Baidimiao), dessen Name auf einen lokalen Herrscher der Han-Zeit zurückgeht. Nach etwa 25 km ruhigen Laufs tritt der Fluss bei Wushan in die 40 km lange, sanftere *Hexenschlucht* (Wu Xia) ein. Hier liegt die Mündung des Daning He. Dessen wilde, malerische »Kleine Drei Schluchten« können Sie mit dem Motorboot befahren – ein Tagesausflug. Noch vor Ende des zweiten Tags passiert das Yangzi-Boot die 78 km lange Schlucht Xiling Xia und erreicht schließlich Yichang mit dem *Gezhouba-Damm,* Chinas bisher größtem. Am Nachmittag des dritten Tags ist das Boot in Wuhan, nach fünf Tagen in Shanghai.

Komfortabel, aber nicht eben billig (Chongqing–Wuhan ab ca. 800 Euro/Person in der Doppelkabine) reist man mit der Reederei Victoria Cruises; Reservierung Deutschland über Tel. 06131/23 86 69, Fax 23 86 75, www.victoriacruises.com. CITS bietet bei Direktbuchung die gleiche Strecke für 400 bis 600 Euro an (Information in Deutschland: Reisebüro Goldener Drachen, Tel. 069/59 67 87 50, www.goldener drachen.de). Achtung: In der Hochsaison (vor allem im Mai, Sept., Okt.) ist frühzeitige Reservierung unerlässlich!

DALI

[169 D3] Der Ort 400 km nordwestlich von Kunming ist ein beliebtes Reiseziel des Südwestens, besonders für Einzelreisende. Dali liegt auf 2000 m Meereshöhe im Siedlungsgebiet der Bai-Nationalität, wunderschön zwischen dem lang gestreckten See *Erhai* und der beeindruckenden, meist schneebedeckten Gipfelkette des Cang-Shan-Gebirges (bis 4122 m). Die Stadt

Zwei der drei Ziegelsteinpagoden

war jahrhundertelang Metropole eines unabhängigen Königreichs, das sich zeitweise bis Sichuan erstreckte. In der Woche nach dem 15.3. des Mondkalenders ist Dali Schauplatz des farbenfrohen Festes Sanyuejie. *Anreise ab Kunming mit Nachtzug, Bus oder Flugzeug nach Xiaguan, von dort mit dem Bus nach Dali*

SEHENSWERTES

Gantong Si
Der schon zur Zeit des Königreichs Dali bekannte Tempel liegt etwa 5 km südlich der Stadt am Berghang. *Tgl. 8–17 Uhr*

Hongshengsi Ta
Die *Pagode des Heiligentempels* mit 16 Stockwerken (46 m hoch) ist vermutlich ein tangzeitliches Gebäude.

San Ta
Insider Tipp
Drei weiß gekalkte Ziegelsteinpagoden, die bei klarem Wetter vor den schneebedeckten Gipfeln des Cang Shan ein grandioses Bild bieten. Die größte, sechzehnstöckige Pagode misst 69 m und stammt aus dem 9. Jh., die beiden kleineren sind 42 m hoch und etwa 200 Jahre jünger. An der Seite befindet sich eine Guanyin-Halle, Überrest des inzwischen zerstörten Tempels Chongsheng Si. *Tgl. 8–18.30 Uhr, Eintritt 30 Yuan*

ESSEN & TRINKEN

In Dali gibt es keine großen Restaurants, aber viele kleine Gaststätten, die gutes und preiswertes Essen bieten. Probieren Sie *Marley's Restaurant (€)* – ein beliebter Treff in der Fuguo Jie!

EINKAUFEN

Marmor heißt in China wörtlich »Dali-Stein« – womit ein Haupterzeugnis der Stadt genannt wäre. Marmorgegenstände aller Art werden feilgeboten und können preiswert erworben werden.

ÜBERNACHTEN

Asia Star
300 Zimmer mit allem Fünf-Sterne-Komfort; das Beste ist der Blick auf den See oder die Berge. *Holiday District, Tel. 0872/267 00 09, Fax 267 03 99, www.asiastarhotel.com,* €€–€€€

Golden Flower
Preiswerte Unterkunft direkt in der Altstadt. *98 Zi., Fuguo Lu, Tel. 0872/267 33 44, Fax 267 05 73,* €

ZIELE IN DER UMGEBUNG

Lijiang **[169 D2]**
Die Kreisstadt Lijiang liegt 50 km nördlich von Dali auf etwa 2600 m Höhe. Sie ist zentraler Ort der Naxi-Volksgruppe, deren matriarchalisch geprägte Gesellschaftsform in jüngerer Zeit die Aufmerksamkeit der Völkerkundler gefunden hat. Die Hauptattraktion Lijiangs bildet die malerische Altstadt. Im Norden des Orts liegt der von alten Pavillons umgebene *Heilong-Teich*. Hinter ihm erhebt sich dramatisch das bis zu 5600 m hohe Massiv der Jadedrachenberge *(Yulong Xueshan)*. Hier hat ein Quellfluss des Yangzi die 15 km lange und bis zu 3 km tiefe Schlucht des Tigersprungs *(Hutiao Xia)* in den Fels gefressen.

Insider Tipp

Montagsmarkt **[169 D3]**
★ Der große, farbenprächtige Markt findet wöchentlich an einem Berghang bei *Shaping*, rund 20 km nördlich von Dali, statt und zieht die Dorf- und Bergbewohner der ganzen Gegend an. Angehörige der Volksgruppen treffen sich hier zum Plausch und zum Handeln. Der hübsche Weg dorthin führt am See entlang, ideal für eine Fahrradtour.

Xiaguan **[169 D3]**
Der Ort an der Südspitze des Sees ist von Dali aus mit Bus oder Boot zu erreichen. Im Norden steht die Pagode *Shegu Ta*, deren Ziegel das Knochenpulver einer legendären Riesenschlange enthalten sollen.

EMEI SHAN

[164 B4] ★ Mit 3099 m ist der Emei Shan der höchste der vier heiligen Berge des Buddhismus. Auf einem Gebiet von 115 km^2 sind ein rundes Dutzend großer Tempel und Hallen und unzählige kleine Gebäude angelegt, die den Strom der Pilger und Touristen aufnehmen und versorgen können. Die landschaftliche Schönheit der Region ist bemerkenswert; mehr als 3000 Pflanzenarten, riesige Schmetterlinge und nicht zuletzt die berühmten Emei-Affen geben ihr zusätzlichen Reiz. Vom Fuß des Bergs (Tempel

Die Altstadt von Lijiang aus der Vogelperspektive

Baoguo Si) bis zum Gipfel sind es rund 60 km, für Wanderer eine Zweitagestour auf Steinwegen und steilen Treppen. Sie können auch mit dem Bus bis in die Nähe von Qingyinge, Wannian Si oder Jieyindian fahren.

SEHENSWERTES

Baoguo Si
Der *Tempel der Staatsloyalität* (551 m). 1573 errichtet und in der Qing-Zeit mehrfach erweitert. Hier beginnen die Bus- und Wanderrouten zum Gipfel.

Fuhu Si
Der *Tempel der Tigerzähmung* (630 m). Schöne Lage etwas abseits des Hauptwegs. Auf dem Gelände befindet sich eine sehenswerte Bronzepagode aus der Periode Wanli (um 1600) mit 4700 eingegossenen Buddhafiguren.

Qingyinge
Das *Haus des Reinen Klanges* (710 m). Vor dem Gebäude liegt der elegante *Rinderherzpavillon* (Niuxinting) schön zwischen zwei steinernen Bogenbrücken. Hier gabelt sich der Weg in eine Nord- und eine Südroute. Letztere ist länger und für den Abstieg empfohlen.

Wannian Si
Der *Tempel der Zehntausend Jahre* (1020 m, an der Nordroute). Im Inneren einer mingzeitlichen Ziegelhalle sieht man eine Insider Tipp seltene Bronzefigur: Sie stellt den Bodhisattva Puxian dar, auf seinem ständigen Begleiter, einem weißen Elefanten reitend. Das Standbild ist 7,30 m hoch und stammt aus dem Jahr 980.

Huayan Ding
Der »kleine Gipfel« des Emei Shan gewährt einen weiten Fernblick. (1914 m, an der Nordroute)

Hongchunping
Die *Terrasse bei den Alten Bäumen* (1120 m, an der Südroute). Talwärts liegt die Schlucht *Himmelsspalt,* bergauf der steile Abschnitt der 99 Serpentinen.

Xianfeng Si
Der *Tempel zum Gipfel der Genien* (1752 m, an der Südroute). Bergauf haben Sie vermutlich Gelegenheit, die Emei-Affen mit Keksen zu füttern. (Passen Sie auf Ihre Handtasche auf!)

Xixiangchi
Das *Elefantenbad* (2070 m). Hier sind beide Routen wieder vereint. Der Name geht auf das legendäre Reittier des Bodhisattva Puxian zurück. Bergauf säumen alte Bäume und Azaleenbüsche den nun etwas sanfter ansteigenden Weg.

Jieyindian
Auf 2540 m Höhe, Ende der Fahrstraße und Seilbahnstation zum Gipfel. *Die Bahn fährt im Sommer bis 20, im Winter meist bis 18 Uhr, Rückfahrt 70 Yuan pro Person*

Jin Ding
Der *Goldene Gipfel* (3077 m). Bei klarem Wetter blickt man von hier bis zum 140 km entfernten Gongga Shan (7500 m). Der Sonnenaufgang sucht seinesgleichen; an manchen Nachmittagen ist das Buddhalicht, eine seltene Halo-Erscheinung, zu beobachten. Etwas abseits liegen der *Tausend-Buddha-Gipfel* (Qianfoding) und der *Zehn-*

tausend-Buddha-Gipfel (Wanfoding, 3099 m), die höchste Erhebung des Massivs. *Übernachtung spartanisch im Woyun'an (Kloster über den Wolken) oder im Hotel Woyun Shanzhuang, gleich an der Seilbahn*

EINKAUFEN

Teeliebhaber sollten hier etwas *Zhuyeqing-Grüntee* erwerben, der in den Tempeln mit köstlichem Quellwasser aufgegossen wird.

ÜBERNACHTEN

Einfache Unterkunft in den Tempeln, teils mit Klimaanlage. Am Fuß des Bergs ist zu empfehlen:

Hongzhushan Hotel
Altes Gästehaus in großer Parkanlage – schon Jiang Kaishek und Deng Xiaoping waren hier zu Gast. *185 Zi., Tel. 0833/552 58 88, Fax 552 56 66, www.hongzhushan-hotel.com,* €€

GUIYANG

[165 D6] Die Hauptstadt der Provinz Guizhou (1 Mio. Ew.) liegt abseits der meisten Touristenrouten und hat doch einiges zu bieten. Die karge, unberührte Schönheit der umliegenden Karstlandschaft und das abwechslungsreiche Treiben auf Straßen und Nachtmärkten entschädigen für den Mangel an »klassischen« Sehenswürdigkeiten. Ausflugsfahrten in das Umland führen durch die Siedlungsgebiete von lokalen Volksgruppen (vor allem der Miao und der Buyi), deren Trachten mit dem biederen Chic der hanchinesischen Städter kontrastieren.

SEHENSWERTES

Allemal lohnend ist ein Bummel durch die Marktstraßen nördlich der *Yan'an Lu.*

Jiaxiulou
Der 30 m hohe *Turm des Prüfungsersten* am Ufer des Nanming-Flusses wurde 1689 durch den Gouverneur Tian Wen erbaut.

Qianling-Park
Ein 300 ha großes, hügeliges Areal mit altem Baumbestand. Auf einer Anhöhe im Zentrum des Parks befindet sich der zenbuddhistische Tempel des Großen Glücks (Hongfu Si) aus dem 17. Jh.

Wenchangge
Das ungewöhnliche neuneckige Gebäude von 20 m Höhe, erstmals errichtet im Jahr 1609, ist Wenchang, dem Gott der Literatur und Gelehrsamkeit, gewidmet.

Der Eintritt für alle Sehenswürdigkeiten und das Guiyang-Museum kostet 30 Yuan.

MUSEUM

Guiyang-Museum
Sehenswert ist die Abteilung zum Brauchtum der »Minoritätenvölker«, deren schöne kunsthandwerkliche Arbeiten Sie im Garten *Cuiweiyuan* in der Nähe des Jiaxiulou bewundern können. *Beijing Lu, unfern des Qianling-Parks*

ESSEN & TRINKEN

Die Hotelrestaurants sind gut, preiswert und werden auch von den Einheimischen häufig besucht.

Zum Frühstück gibt es leckere *Dim Sum* auf kantonesische Art.

ÜBERNACHTEN

Guiyang Plaza
Hochhaus am Nordostrand der Innenstadt. *175 Zi., Baoshan Beilu 219, Tel. 0851/682 58 88, Fax 682 29 94, €€*

Guizhou Park
In der Nordstadt, nicht weit vom Qianling-Park gelegen. *410 Zi., Beijing Lu 66, Tel. 0851/682 28 88, Fax 682 43 97, parkht@public.gz.cn, €€*

AM ABEND

Empfehlenswert ist ein Bummel über den Nachtmarkt in der *Yan'an Lu.* Hier gibt es auch viele Imbissstände (es muss ja nicht gleich das in Kesseln gesottene Hundefleisch sein). Als Kontrast: ein abendlicher Drink in der Dachbar des *Plaza* oder des *Park Hotel.*

ZIELE IN DER UMGEBUNG

Dong-Trommeltürme **[171 D–E1]**
Im Grenzgebiet der Provinzen Guizhou, Hunan und Guangxi liegt der Siedlungsraum der Dong-Nationalität (sie umfasst 1,5 Mio. Menschen), deren architektonische Meisterleistung die vollständig aus Holz gefertigten Trommeltürme sind. Die Türme dienen als Versammlungsort und werden bis heute in alter Manier gebaut; besonders beeindruckend sind sie in den Ortschaften Liping und Zhaoxing. Ebenfalls aus Holz sind die aufwändigen, ohne Nägel gebauten Wind- und-Regen-Brücken des Dong-Volkes, deren bekannteste bei Chengyang über den Fluss Linxi führt.

Huangguoshu-Wasserfall **[170 B1]**
Der Baishui-Fluss stürzt hier auf einer Breite von 80 m ganze 60 m tief hinab und bildet den mächtigsten Wasserfall Chinas. Ein feuchtes, aber spannendes Vergnügen bietet der glitschige Weg, der hinter der Wasserwand in den Felsen gehauen wurde. Besonders attraktiv ist Huangguoshu während der sommerlichen Regenzeit; in der Umgebung befinden sich die kleineren Fälle *Dishuitan* und *Doupotan.*

Longgong Dong **[165 D6]**
Der Drachenpalast ist ein unterirdisches System von natürlichen Kanälen und Teichen, 4,8 km lang. Der zugängliche Abschnitt von 800 m Länge wird mit Booten befahren und zeigt eine beeindruckende Tropfsteinlandschaft. Gleich nebenan: die kleine, bizarre *Tigerhöhle* (Huxue). Wasserfall und Höhle können Sie als Tagesausflug von Guiyang aus besuchen *(Linienbus ca. 35 Yuan). Eintritt 35 Yuan*

Wuyang-He-Flussfahrt **[165 D6]**
Zwischen Shibing und Zhenyuan im Osten der Provinz durchläuft der Fluss Wuyang He auf 35 km Länge eine dramatische Berglandschaft mit engen Schluchten und zahlreichen Wasserfällen.

KUNMING

[169 E4] Kunming (2 Mio. Ew.) liegt auf einer vegetationsreichen, von Gebirgen umgebenen Ebene in fast 2000 m Höhe. Erst seit dem

13. Jh., als die Mongolen das alte Königreich Dali zerstörten, ist die Stadt als Hauptstadt der Provinz Yunnan Bestandteil des chinesischen Reichs. Die multikulturelle Atmosphäre der Stadt hat sich bis heute erhalten. Viele der Volksgruppen Yunnans treffen hier zusammen und machen Kunming zu einer der buntesten und liebenswertesten Städte Chinas. Mildes, trockenes Klima und Tagestemperaturen, die das Jahr hindurch zwischen 15 und 25 Grad schwanken, haben ihr mit Recht den Titel »Stadt des ewigen Frühlings« eingebracht.

SEHENSWERTES

Altstadt
Südlich des zoologischen Gartens entfaltet sich zwischen typischen zweigeschossigen Wohnbauten mit grüner Holzverkleidung das rege Leben der Imbissbuden, Obststände und Kramläden. Im Westen liegt Insider Tipp der *Grüne See* (Cui Hu) mit einer hübschen Parkanlage, in der zumeist ältere Leute Mahjongg spielen und gelegentlich zur *Erhu*-Begleitung einem kenntnisreichen Publikum klassische Opernarien vortragen.

Daguanlou
Der dreistöckige *Turm der Weiten Sicht* aus dem 17. Jh. (neu erbaut 1869) liegt an der Nordspitze des Sees Dianchi. Von hier aus führen Bootstouren über den See. *Tgl. 7–20 Uhr, Eintritt 10 Yuan*

Dongsi Ta und Xisi Ta
Beide Pagoden der Südstadt stammen aus der Tang-Zeit und sind damit die ältesten Bauten der Stadt.

Yuantong Si
Der *Tempel des vollkommenen Durchdringens* wurde erstmals in der Tang-Zeit gegründet und seither oftmals renoviert. Die freundliche, reich bepflanzte Tempelanlage liegt inmitten betriebsamer Altstadtgassen. *Tgl. 9–17.30 Uhr, Eintritt 4 Yuan*

MUSEUM

Provinzmuseum Yunnan
50 000 Exponate zur Geschichte und Kultur der Region mit einer umfassenden Sammlung regionalen Kunsthandwerks. *Di–So 9–17.30 Uhr, Eintritt 20 Yuan, Wuyi Lu 2*

ESSEN & TRINKEN

Kunming ist ein idealer Ort, um sich neben der »großen Küche« an Imbissbuden satt zu essen. Es dominieren kalte und warme Nudeln sowie scharfe Soßen mit frischen Kräutern.

Guoqiao Mixian Guan
Hier gibt es eine der bekanntesten Spezialitäten der Region: »Über-die-Brücke-Nudeln« in kräftiger Brühe. *Nantong Jie, südliche Innenstadt, kein Tel., €*

EINKAUFEN

Stickereien und sehr schöne Batiken zum Festpreis gibt es im staatlichen *Arts and Crafts Shop, Ecke Changchun Lu/Qingnian Lu.* Unfern vom Provinzmuseum (Ecke Dongfeng Donglu/Wuyi Lu) befindet sich der *Blumen- und Vogelmarkt,* auf dem sich manches schöne Mitbringsel erwerben lässt – Handeln ist natürlich Pflicht.

Der Steinwald ist die große landschaftliche Attraktion bei Kunming

ÜBERNACHTEN

Green Lake
Am Cui-Hu-Park. *317 Zi., Cui Hu Nanlu 6, Tel. 0871/515 88 88, Fax 515 32 86, €€€*

Kunming
Komfortables Haus der Oberklasse, in der Innenstadt gelegen. *400 Zi., Dongfeng Donglu 145, Tel. 0871/316 20 63, Fax 313 82 20, €€€*

ZIELE IN DER UMGEBUNG

Qiongzhu Si **[169 E4]**
★ Nirgends sind Skulpturen der 500 buddhistischen Heiligen, der Arhats so skurril und überwältigend phantasievoll gelungen wie hier im *Bambustempel.* Der sonst völlig unbekannte Bildhauermeister Li Guangxiu schuf mit seinen Helfern zwischen 1883 und 1890 ein Pandämonium von Fabelgestalten mit mal meterlangen, mal absurd verkürzten Gliedmaßen, bodenlangen Augenbrauen, lachenden und brüllenden Fratzen. *Tgl. 9–16.30 Uhr, Eintritt 10 Yuan, 13 km westlich der Stadt*

Shilin **[169 F4]**
Jahrmillionen der Erosion formten hier aus Kalksedimenten eines vorgeschichtlichen Ozeans bizarre, bis zu 30 m hohe Steingebilde. Pagoden, Säulen, seltsame Blüten scheinen aus dem Fels zu wachsen. Der gesamte *Steinwald* nimmt eine Fläche von 26 000 ha ein. Der Touristentrubel ist enorm. Nur wer über Nacht bleibt, kann die Schönheit des »Waldes« ohne Tagesausflügler in aller Ruhe genießen. *Ganztags geöffnet, Eintritt 85 Yuan, rund 100 km südöstlich von Kunming; per Bus oder Bahn als organisierte Tagestour, oder Übernachtung im Stone Forest Hotel (Tel. 0871/771 14 01, Fax 771 14 14, €) am Eingang des »Waldes«*

Xi Shan **[169 E4]**
Auf dem Westberg führt eine Promenade mit Seeblick vorbei

Insider-Tipp

an den buddhistischen Tempeln *Huatingsi* und *Taihuasi* zur daoistischen Halle der *Drei Reinen Herrscher* (Sanqingge). Hier mündet der Weg in einen schmalen Steig, der zwischen 1781 und 1853 von daoistischen Mönchen aus dem steil abfallenden Fels gehauen wurde. *15 km südlich von Kunming, tgl. 9–18 Uhr, Eintritt 20 Yuan*

LESHAN

[164 B4] Die Stadt am Zusammenfluss des Min Jiang und des Dadu He existiert seit über 3000 Jahren. Überragende Attraktion: der in der Tang-Zeit in den Felshang gehauene höchste Buddha der Welt.

SEHENSWERTES

Leshan Dafo

★ 90 Jahre dauerte es, die 71 m hohe Skulptur des sitzenden Maitreya am Ostufer des Flusses Min Jiang aus dem Felsen zu schlagen; 803 war sie fertig gestellt. Allein die Ohren haben eine Länge von 7 m, und der Nagel der großen Zehe misst 1,60 m. Seitwärts führt eine steile Felstreppe am Körper des Riesenbuddha hinauf zum »Tempel des Großen Buddha« *(Dafo Si). Eintritt 40 Yuan.* Tipp: Um den Großen Buddha zu besichtigen, nehmen Sie ab Leshan nicht einen der vielen Kleinbusse, sondern die Fähre über den Fluss, die Sie direkt an der Riesenfigur vorbeiführt. Insider Tipp

Wuyou Si

Südlich der Buddhafigur gelegener Tempel mit schöner Sicht über den Fluss und die Stadt. *Eintritt 10 Yuan*

ÜBERNACHTEN

Jiazhou

Ordentliche Herberge in der Stadt, am Ufer des Dadu He. *316 Zi., Baita Jie, Tel. 0833/213 98 88, Fax 213 32 33,* €€

Der Große Buddha von Leshan – der höchste der Welt

Chinas Tor zur Welt

Seefahrt und Handel haben den Süden geprägt – seine tropische Fruchtbarkeit lässt Palmen und Ananas gedeihen

Eine Busfahrt entlang der Südküste zeigt China, wie man es sich vorstellt: Weite, sattgrüne Reisfelder, Bauern mit ausladenden Strohhüten, stoische Wasserbüffel… Zwischendurch deuten bunt gekachelte, mehrstöckige Bauernhäuser neuen Wohlstand und neues Selbstbewusstsein an. Die Provinzen Fujian, Guangdong und Guangxi bedecken eine hügelige Karstlandschaft, die in Küstennähe in eine fruchtbare Ebene übergeht. Subtropische bis tropische Temperaturen und reiche Regenfälle erlauben intensiven Reisanbau mit bis zu drei jährlichen Ernten; daneben gedeihen Ananas, Bananen und viele andere Früchte. Auf der tropischen Insel Hainan liegen ausgedehnte Kokosplantagen.

Besonders Fujian ist vom westlichen Tourismus noch wenig berührt, dabei machen es die guten Wohn- und Transportbedingungen zu einem der angenehmsten Reiseziele Chinas.

FUZHOU

[173 E3] Die Hauptstadt (1 Mio. Ew.) der Provinz Fujian am Ufer des

Blick über die Reisfelder in der Provinz Guangdong

Südchinesische Bäuerin

Min Jiang macht mit ihren breit angelegten Straßenzügen und Grünanlagen den Eindruck einer freundlichen, wohlhabenden Industrie- und Handelsstadt. Fuzhou ist seit der Song-Zeit Zentrum des Seehandels. 1842 zählte es zu den zwangsweise geöffneten Vertragshäfen und wurde bald zu einem bedeutenden Umschlagplatz im Teehandel: Das Wort »Tee«, das in den meisten europäischen Sprachen gleich lautet, stammt aus dem hiesigen Dialekt.

SEHENSWERTES

Gu Shan

Der *Trommelberg* etwa 30 Busminuten außerhalb der Stadt ist die größte Sehenswürdigkeit Fuzhous. Am Hang der 969 m hohen Erhebung liegt, in ein altes Waldgebiet eingebettet, der *Tempel der Spru-*

delnden Quelle (Yongquan Si). Die Anlage wurde 908 gegründet und hat im Wesentlichen ihre mingzeitliche Struktur bewahrt. Links und rechts des Haupttors stehen zwei seltene Keramikpagoden von fast 7 m Höhe aus dem Jahr 1082. Auf ihrer Oberfläche sind 1078 Buddhafiguren eingebrannt. Die Tempelglocke hat ein Gewicht von 4800 Pfund und stammt aus dem Jahr 1696; sie wird bis heute benutzt.

Im Osten des Tempels führt ein kleiner Rundweg den Berghang entlang. Auf ihm erreicht man den mit Kalligrafien bedeckten Wassertrinkerfels und gelangt schließlich zur Insider Tipp »Drachenkopfquelle« *(Longtouquan)*, wo man mit Quellwasser gebrauten Tee genießen kann.

Xichan Si

Der Tempel in der westlichen Vorstadt hat eine über 1000-jährige Geschichte. Im Zug der Renovierung wurde die fünfzehnstöckige *Pagode Bao'enta* neu errichtet.

Xi Hu

Der kleine *Westsee-Park* bemüht sich tapfer, seinem großen Vorbild in Hangzhou nachzueifern. Im Südteil liegt der *Zoo* mit seiner Panda-Abteilung.

Yu Shan

Auf dem 58 m hohen Hügel im Stadtzentrum stehen der *Tempel des Generals Qi Jiguang* (1528–87) und die siebenstöckige *Weiße Pagode* von 1548. *Tgl. 8.00–16.45 Uhr*

MUSEUM

Lin-Zexu-Gedächtnishalle

Der in Fuzhou geborene Lin Zexu (1785–1850) hatte 1839 als kaiserlicher Beauftragter im Hafen von Kanton große Mengen des von den Engländern importierten Opiums vernichten lassen und damit den Anstoß für den ersten Opiumkrieg gegeben. Heute wird der tapfere Beamte als Nationalheld verehrt. *Nanhou Jie, im Norden des Westsee-Parks*

ESSEN & TRINKEN

Juchunyuan

Seit 1877. Hier soll der *Fotiaoqiang-Eintopf* erfunden worden sein, der unter anderem aus Haifischflossen, Taubeneiern sowie verschiedenen Fleischsorten hergestellt wird. Der Duft ist so verführerisch, dass selbst ein »Buddha über die Mauer springt« – so der Name dieses Gerichts –, um einen Happen zu bekommen. *Bayiqi Beilu 130, Tel. 0591/750 23 28, €*

EINKAUFEN

Lackwaren und Schnitzereien haben hier eine lange Tradition. Einkaufsstraße ist die *Bayiqi Lu*, besonders interessant an der Einmündung *Dongda Lu.*

ÜBERNACHTEN

Hot Spring

Die heiße Quelle, auf der das Gebäude steht, versorgt alle 303 Zimmer. *Wusi Lu Zhongduan 218, Tel. 0591/785 18 18, Fax 783 51 50, €€€*

Lakeside

Haus der Oberklasse, direkt am Westsee gelegen. *323 Zi., Wusi Lu 158, Tel. 0591/75 23 38 88, Fax 755 03 58, €€€*

ZIEL IN DER UMGEBUNG

Wuyi Shan **[173 D2]**
Etwa 250 km nordwestlich von Fuzhou, an der Grenze zur Provinz Jiangxi, liegt dieses 60 km² umfassende malerisch-bizarre Berggebiet. Der Legende nach sind seine Felsen und Klüfte die Trümmer eines Regenbogens, über den der »Herr von Wuyi«, ein legendärer Ritter, in den Himmel gelangt sein soll. Die Tees der Region zählen zu den besten Chinas, die bekannteste Sorte darunter ist *Tieguanyin* (Eiserne Bodhisattva). Das Zentrum des Gebiets durchzieht der malerische Fluss der neun Windungen *(Jiuqu Xi)*, der auf einer Länge von rund 9,5 km mit Bambusflößen befahren werden kann. Bei der dritten Windung haben die Ureinwohner des Gebiets Bestattungshöhlen in den Fels geschlagen, deren Alter auf 3800 Jahre geschätzt wird. Nördlich des Flusses erhebt sich der leicht zu besteigende Gipfel der Himmelsreise *(Tianyou Feng)*, der einen weiten Blick über die Umgebung erlaubt. Ein weiteres der vielen Ausflugsziele der Region ist die »Höhle des Wasservorhangs« *(Shuilian Dong)* – ein verborgenes Teehaus in einem alten Tempel. *Unterkunft im Wuyi Shanzhuang (125 Zi., Tel. 0599/5251888, Fax 5252567, €€).*

Insider Tipp

GUILIN

[171 E2] Der beliebteste Touristenort (450000 Ew.) der Autonomen Region Guangxi ist seit alters der Inbegriff chinesischer Landschaftsschönheit. Generationen chinesischer Dichter haben sich bemüht, die hier kilometerweit aus leuch-

MARCO POLO Highlights »Die Südküste«

★ **Li-Jiang-Flussfahrt**
Eine Reise in die Märchenwelt des Karstgebirges (Seite 116)

★ **Qingping-Markt**
Alle Gewürze, Tiere und Pflanzen, die Sie sich vorstellen können – und noch einige mehr (Seite 120)

★ **Gulang Yu**
Die Insel vor den Toren Xiamens strahlt eine mediterrane Atmosphäre aus – und baden kann man hier auch (Seite 124)

★ **Zumiao**
Insider Tipp
Der »Ahn aller Tempel« an der Südküste: Hier wird seit fast 1000 Jahren der kriegerische Zhenwu verehrt, der daoistische Kaiser des Nordens (Seite 122)

★ **Quanzhou**
Die hübsche Kleinstadt abseits der Touristenpfade war zur Zeit Marco Polos eines der großen Handelszentren der Welt (Seite 122)

tend grünen Reisfeldern aufragenden Felsensäulen und -kegel zu beschreiben. Guilin steht auf dem Programm fast jeder Gruppenreise und vieler Einzelreisender – mit Recht, aber nicht ohne Folgen: Fast so beeindruckend wie seine Berglandschaft ist der Touristenrummel im Ort. Es empfiehlt sich, neben der obligatorischen Fahrt auf dem Fluss Li Jiang den einen oder anderen Fahrradausflug in die Umgebung zu machen; dort haben Sie mit etwas Glück Chinas Traumlandschaft für sich allein.

SEHENSWERTES

Hügel im Stadtgebiet

Guilin selbst weist eine Reihe von interessanten Felsformationen auf, die begehbar und mit Pavillons und Aussichtspunkten versehen sind. Die wichtigsten sind, von Norden nach Süden: der *Diecai Shan* (Farbschichtenberg), mit 223 m Höhe direkt am Li Jiang gelegen; ein Stück weiter flussabwärts der kleinere *Fubo Shan* (Berg der sich duckenden Wellen), der in seinem Inneren mehrere Hundert Steinskulpturen aus der Tang- und Song-Zeit birgt. Die Gestalt eines im Fluss trinkenden Elefanten hat der markante *Xiangbi Shan* (Elefantenrüsselberg).

Kormoranfischer auf dem Li Jiang

Li-Jiang-Flussfahrt

★ 83 km misst der Streckenabschnitt zwischen Guilin und Yangshuo, der den Li Jiang, einen Nebenarm des Perlflusses, weltberühmt gemacht hat. Dutzende von Touristenbooten gleiten täglich durch das »Bilderbuch der hundert Meilen« in eine Traumwelt steil aufragender Felshänge und skurriler Karstkegel. Kormoranfischer kreuzen auf schmalen Bambusflößen den Weg und posieren gegen ein Entgelt; die zum Fischen eingesetzten Vögel haben einen abgebundenen Schlund und sind so gezwungen, ihre Beute abzuliefern. Die Fahrt endet am späten Nachmittag in Yangshuo, von dort fahren Busse zurück nach Guilin. *Preis: ca. 300 Yuan für Boots-/Busticket inkl. Mittagessen an Bord. Achtung: Der Fluss führt nur von Mai bis September Hochwasser. In der übrigen Zeit kann die Fahrtstrecke erheblich verkürzt sein.*

Ludi Yan

Fels der Schilfrohrflöte: die größte Tropfsteinhöhle der Gegend, rund 6 km nordwestlich Guilins.

Qixing Yan
Der *Siebensternfels* ist eine weite, bereits seit dem 6. Jh. erschlossene Tropfsteinhöhle. Sie liegt im Zentrum eines großen Parks im Osten der Stadt.

ESSEN & TRINKEN

An der Hauptstraße *Zhongshan Lu* befinden sich zahreiche kleine Restaurants; Käfige und Bottiche vor dem Eingang geben einen Vorgeschmack auf die Speisekarte. Eine Spezialität ist Schlangentopf *(sheguo)*.

ÜBERNACHTEN

Guilin Bravo
Am Ufer des Ronghu-Sees. *268 Zi., Ronghu Nanlu 14, Tel. 0773/ 282 39 50, Fax 282 21 01, www.glbravohtl.com, €€€*

Osmanthus
Nicht weit von Bahnhof und Busbahnhof. *214 Zi., Zhongshan Nanlu 451, Tel. 0773/383 43 00, Fax 383 53 16, €€*

Sheraton Guilin
Haus der Oberklasse mit allem Komfort, zentrale Lage am Flussufer. *430 Zi., Binjiang Nanlu, Tel. 0773/282 55 88, Fax 282 55 98, www.sheraton.com, €€€*

ZIEL IN DER UMGEBUNG

Yangshuo [171 E2]
Was die Reisegruppen für Guilin, sind die Rucksacktouristen für den kleinen Ort am Südende der berühmten Li-Jiang-Strecke. Viele kleine, billige Herbergen und Coffeeshops, in denen fast jeder ein paar Brocken Englisch spricht, haben die Atmosphäre der Stadt verändert. Dafür sind private Touren auf dem Li Jiang und in die Umgebung (z. B. in das flussaufwärts gelegene Dorf Xingping, ca. 3 Std. Bootsfahrt) von Yangshuo aus leichter zu organisieren. *Spartanische Unterkunft in den zahlreichen Travellerherbergen entlang der Hauptstraße. Etwas gehobene Alternative: Paradise Yangshuo (154 Zi., Xijie 116, Tel. 0773/ 882 21 09, Fax 882 21 06, €).*

HAINAN

[171 D–E 5–6] Im alten China galt diese Insel im äußersten Süden des Landes als Rand der zivilisierten Welt und Verbannungsort für unliebsame Beamte. Heute wird die Provinz Hainan mit Nachdruck zu einem internationalen Touristenzentrum aufgebaut. Die 34 380 km^2 große Insel liegt auf dem Breitengrad von Hawaii und ist im Landesinneren mit dichtem Regenwald bedeckt. Hier leben die Volksgruppen der Miao, Zhuang und Li, die jetzt noch einen erheblichen Teil der Bevölkerung ausmachen (Frühlingsfest der Li am 3. 3. des Mondkalenders). Entlang der Südküste gibt es weite, palmengesäumte Sandstrände; mittendrin liegt Sanya, die südlichste Stadt Chinas, deren Jahresdurchschnittstemperatur beträchtliche 26 Grad beträgt.

SEHENSWERTES

Haikou [171 E5]
Die Provinzhauptstadt am Nordrand der Insel ist mit ihren 270 000 Einwohnern das Wirtschaftszen-

trum der Region und ein Durchgangsziel für die meisten Reisenden nach Süden. Bei einem Spaziergang am Ufer des Flusses Haidian Xi haben Sie gute Chancen, die alten Fischerdschunken der Gegend zu Gesicht zu bekommen.

Lebendige Marktszenen bieten sich in der Altstadt um die Xinmin Lu herum. 4 km südlich der Stadt liegt der *Fünf-Herren-Tempel* (Wugongci), ursprünglich ein buddhistisches Kloster aus dem 11. Jh., in dem seit 1617 die in früherer Zeit nach Hainan verbannten Beamten verehrt werden.

Sanya **[171 E6]**
Eine fünfstündige Busfahrt führt von Haikou zur Südspitze der Insel. Hier liegen unter Kokospalmen die schönsten Sandstrände Chinas: die Buchten *Dadong Wan* und *Xiaodong Wan* an der bergigen Halbinsel Luhuitou und die lang gestreckte *Yalong-Bucht,* 25 km östlich der Stadt. Am westlichen Meeresufer liegt der Strand *Tianya Haijiao.* Hier befinden sich gewaltige Felsblöcke; der größte trägt die berühmte Kalligrafie *Nantian yizhu* (Pfeiler des Südens). Seit einigen Jahren wird Sanya, besonders mit Blick auf Reisende aus Hongkong, intensiv touristisch erschlossen.

Dschunke im südchinesischen Meer

Tongshi **[171 E6]**
Noch heute wird dieser Ort (90 000 Ew.) im Zentrum Hainans zu 60 Prozent von Mitgliedern der Miao- und Li-Nationalitäten bewohnt. Er ist umgeben von tropischem Regenwald mit rund 1400 verschiedenen Holzsorten. Landschaftlich besonders reizvoll sind der *Taiping-Shan-Wasserfall* (5 km von Tongshi entfernt) und das Gebiet um den *Fünf-Finger-Berg* (Wuzhi Shan), der mit seinen 1867 m die größte Erhebung der Insel ist.

ESSEN & TRINKEN

Hainan verfügt über keine alteingesessenen Lokale, dafür aber über viele einladende Kleinbetriebe. Fisch und Meeresfrüchte, Kokosfleisch und -milch werden in der regionalen Küche reichlich verwendet.

EINKAUFEN

Die Insel ist bekannt für ihre kunstvollen Schnitzereien aus Kokosnussschalen, die oft fein mit Einlegearbeiten aus Silber, Holz oder Perlmutt versehen sind und ein begehrtes Mitbringsel darstellen.

ÜBERNACHTEN

Nantian
184 Zimmer in Flughafennähe. *Haikou, Haikou Jichang Xilu, Tel. 0898/66 77 48 88, Fax 66 77 20 55,* €€

So tropisch kann China sein: Palmen am Strand von Sanya

Tongshi Holiday Resort
Unterkunft im regionalen Stil. *171 Zi., Tongshi, Haiyu Beilu, Tel. 0898/86 62 28 00, Fax 86 62 28 95,* €€

South China
Mit Sportanlagen (Tennis, Golf) und eigenem Strand. *238 Zi., Sanya, Dadonghai, Tel. 0898/88 21 98 88, Fax 88 21 40 05,* €€

KANTON

Karte auf Seite 174

[172 A5] Die Metropole am Perlfluss, Hauptstadt (3,6 Mio. Ew.) der Provinz Guangdong, war schon vor den Opiumkriegen erster Brückenkopf westlicher Handelshäuser ins Reich der Mitte. Handelsstadt ist Guangzhou, so der korrekte chinesische Name, geblieben, unübersehbar vom Hongkonger Chic beeinflusst, doch darüber hinaus mit einer erstaunlichen Zahl touristischer Sehenswürdigkeiten. Die vorzügliche kantonesische Küche zählt unter anderem auch Schlangenfleisch und -wein zu ihren Leckerbissen.

SEHENSWERTES

Chenjia Ci **[174 A1]**
Eigentlich ist der 1894 fertig gestellte *Tempel der Familie Chen* eine Privatakademie, erstellt aus Geldern von 72 Familienzweigen der Chen-Sippe in Guangdong. 19 prächtige Gebäude auf einer Fläche von 13 200 m^2 sind bedeckt mit Schnitzereien in Holz und Stein. Die größte Sehenswürdigkeit sind die mit bunt glasierten Keramikfiguren und -friesen verzierten Dachfirste, auf denen Szenen aus Geschichte, Mythologie und Alltagsleben abgebildet sind. Der Chenjia Ci enthält zusätzlich eine

Sammlung kantonesischer Volkskunst. *Tgl. 8.30–17.30 Uhr*

Guangxiao Si **[174 B1]**
In diesem Tempel wurde 676 der »6. Patriarch« Huineng zum Mönch geschoren – das war die Geburtsstunde des südchinesischen Zen-Buddhismus. Größte Kostbarkeit ist eine Eisenpagode aus dem Jahr 967. *Tgl. 8–17 Uhr*

Liurong Si **[174 B1]**
Im Zentrum des 537 gegründeten Tempels stehen nicht mehr die sechs Banyan-Bäume, nach denen er benannt ist, sondern eine 57 m hohe Pagode (11. Jh.). *Tgl. 8–17 Uhr, Eintritt 4 Yuan*

Qingping-Markt **[174 A3]**
★ Der große Straßenmarkt nördlich der Insel Shamian ist ein Fest für die Sinne – und eine harte Nuss für Tierfreunde. Hier wird die halbe chinesische Tier- und Pflanzenwelt angeboten, um in die Kochtöpfe zu wandern. Besonders lebhaft geht es am frühen Morgen zu.

Zhenhailou **[0]**
Der rote *Turm über dem Meer* (28 m Höhe), ein Teil der alten Stadtmauer, wurde 1380 erstmals und 1686 erneut errichtet. Er liegt im größten Kantoner Park, Yuexiu Gongyuan. Im Inneren befindet sich das Stadtmuseum mit einer Ausstellung zur Stadtgeschichte. *Tgl. 8.30–17.30 Uhr*

MUSEUM

Insider Tipp

Königsgrab der Nanyue-Dynastie **[174 B1]**
Die kurzlebige Dynastie Nanyue (203–111 v. Chr.) beherrschte bis zu ihrer Unterwerfung durch die Han das Gebiet der heutigen Provinzen Guangdong und Guangxi. 1983 wurde in Kanton das Grab des zweiten Nanyue-Königs Zhao Mo (regierte 137–122 v. Chr.) entdeckt. Die gut erhaltene Grabanlage ist begehbar, und im dazugehörigen Museum wird der reiche Grabschatz ausgestellt: Siegel aus Gold und Jade, feinster Jadeschmuck, ein Grabkleid aus 2291 zusammengenähten Jadeplättchen, Tripode, Schalen und Alltagsgegenstände. *Tgl. 9–17.30 Uhr, Eintritt 10 Yuan, mit Videoeinführung (Englisch), Jiefang Beilu 867*

ESSEN & TRINKEN

Caigenxiang **[174 B2]**
Hier bekommen Sie vegetarische Küche, vielfältig und reichhaltig. *Zhongshan Liulu 167, Tel. 020/81 88 68 35, €€*

Panxi Jiujia **[174 A2]** Insider Tipp
Klassisches Ambiente im Park, viel Stammkundschaft. Die Dim Sum zeigen, dass Frühstück auch in China schön sein kann. *Longjin Xilu 151, Tel. 020/81 81 57 77, €–€€*

Shewang Man Haixian Jiulou **[174 B3]**
Schlangenrestaurant! Wer Mut hat, bestellt den Drachen-Tiger-Phönix-Topf (Schlangen-, Katzen- und Hühnerfleisch) und nimmt am Ausgang noch ein Fläschchen Schlangenschnaps mit. *Jianglan Lu 41, Tel. 020/81 88 44 98, €€–€€€*

EINKAUFEN

Die Haupteinkaufsstraße ist die *Zhongshan Lu* **[174 B–C 1–2]**, die in

Auf dem Qingping-Markt bekommt man alles, was das Herz begehrt

ostwestlicher Richtung das Stadtzentrum durchläuft. Ein lebendiger, besuchenswerter Jademarkt liegt in den Altstadtgassen zwischen *Changshou Lu* und *Xiajiu Lu. Freundschaftsladen: Huanshi Donglu 369, gleich neben dem Bai Yun Hotel*

ÜBERNACHTEN

Achtung: In der zweiten April- und Oktoberhälfte findet jeweils die Kanton-Messe statt. Die Folge sind Probleme bei der Zimmersuche und erhöhte Hotelpreise.

China **[0]**
Großes Hotel der Oberklasse am Yuexiu-Park; gute Einkaufsmöglichkeiten und ein beliebter Tag-und-Nacht-Imbiss *(Tai Pai Dong Food Street, tgl. 7.30–1.30 Uhr)* im Haus. *888 Zi., Liuhua Lu, Tel. 020/86 66 68 88, Fax 86 67 72 88,* €€€

Guangzhou Youth Hostel **[174 A3]**
Die Herberge vor den Toren des White Swan ist traditionell die Adresse für Rucksacktouristen. *60 Zi., Insel Shamian, Sijie 2, Tel. 020/81 88 42 98,* €

Victory **[174 A3]**
Solides, ruhiges Haus auf der alten Kolonialinsel mit gutem Restaurant *(Chaozhouyuan);* Zimmer im Altbau noch preiswerter. *211 Zi. (Altbau 118 Zi.), Insel Shamian, Beijie 53, Tel. 020/81 86 26 22-89 und -13 (Altbau), Fax 81 86 10 62 und 81 86 24 13 (Altbau),* €

White Swan **[174 A3]**
Das Haus mit dem berühmten Wasserfall im Foyer ist seit Jahren eines der besten Hotels in China. Es bietet 852 Zimmer der Luxusklasse. *Insel Shamian, Nanjie 1, Tel. 020/81 88 69 68, Fax 81 86 11 88,* €€€

Abendstimmung am Perlfluss in Kanton

AM ABEND

Östlich von Shamian **[174 B3]**, Höhe Nanfang-Kaufhaus) liegt der Pier für die täglichen Bootsfahrten auf dem Perlfluss. *15 und 21.30 Uhr, ab 25 Yuan*

ZIEL IN DER UMGEBUNG

Insider Tipp **Zumiao** **[172 A5]**

★ 20 km südwestlich von Kanton liegt in der sonst reizlosen Handelsstadt Foshan einer der prächtigsten daoistischen Tempel des Landes. *Zumiao* ist etwa mit »Ahn aller Tempel« zu übersetzen. Seit der Song-Zeit wird hier Zhenwu verehrt, der kriegerische »Kaiser des Nordens«. Am südlichen Ende der lang gezogenen Anlage ist die Theaterbühne *Wanfutai* (1685) mit feinem Schnitzwerk in Schwarz und Gold zu sehen. Weiter nördlich ein Schmuckbogen aus der Ming-Zeit; im Teich eine steinerne Schlange mit Schildkröten, die symbolhaften Begleiter der Gottheit.

Die Firste der Haupthalle *Lingyingci* (1372/1429) sind verschwenderisch mit Keramikfiguren aus der späten Qing-Zeit (1899) verziert. Innen gibt es zwei große Schreine mit Figurenszenen – unter anderem werden Zylinder tragende Ausländer gedemütigt – in vergoldeter Holzschnitzerei, ebenfalls von 1899. Ferner sieht man 18 überlebensgroße Himmelsgeneräle (Lack mit Goldüberzug, 17. Jh.), altes Zeremonialgerät und endlich die Bronzestatue (1452) des Zhenwu selbst. *Tgl. 8.30–22.30 Uhr, Eintritt 10 Yuan, ab Kanton mit Bahn, Bus (Station Huangsha westlich von Shamian) oder Taxi (einfache Fahrt ca. 120 Yuan)*

QUANZHOU

[173 D4] ★ Ein kaum mittelgroßes Städtchen (150 000 Ew.) mit einer großen Vergangenheit: Im Mittelalter war Quanzhou unter dem Namen Zaytun neben Alexandria größter Hafen der Welt, bewundert von Weltreisenden wie Marco Polo und Ibn Battuta. Damals lebten hier mehrere 10 000 Ausländer, zumeist moslemische Kaufleute. Porzellan, Tee und Seide wurden von Quanzhou aus in alle Welt verschifft; im Wort »Satin« ist der alte Stadtname bis heute erhalten. Der Ort ist nicht mit der Eisenbahn zu erreichen und liegt wohl deshalb etwas abseits der Touristenströme; es gibt aber viele Busse von Xiamen und Fuzhou.

SEHENSWERTES

Laozi-Fels

Etwa 30 Fahrradminuten nördlich der Stadt befindet sich das aus einem massiven Felsklotz gehauene Abbild des daoistischen Philosophen. Die 5 m hohe und über 7 m breite Figur stammt aus der Song-Zeit und war früher Mittelpunkt einer inzwischen zerstörten Tempelanlage.

Kaiyuan Si

Ein buddhistischer Tempel aus dem 7. Jh. in einer Gartenanlage mit uralten Feigenbäumen. Zum Gelände gehört außerdem das prächtige Pagodenpaar *Zhenguo Ta* und *Renshou Ta,* erbaut 865 bzw. 916 und später häufig erneuert. In einer Halle am Rand des Tempels wird ein 1973 geborgenes Handelsschiff aus dem Jahr 1274 gezeigt. Das bis zum Bilgenrand erhaltene Wrack von 24 m Länge hatte einst eine Wasserverdrängung von 480 Tonnen.

Qingjing Si

Der größte Teil dieser 1009 erbauten Moschee, eines der ältesten islamischen Bauwerke Chinas, ist heute zerstört, doch lohnen die massiven Mauerreste und eine kleine Ausstellung zur Geschichte des Islam in Quanzhou den Besuch.

Tianhougong

Dieser Tempel in der Südstadt ist der Ahnmutter Mazu geweiht, die auch Tianhou (Himmelskaiserin) genannt und besonders in Fujian und Taiwan verehrt wird. Er enthält eine interessante Ausstellung zur Geschichte und Praxis des Mazu-Glaubens, der Elemente der drei großen chinesischen Religionen aufgreift und integriert.

EINKAUFEN

Die Nord-Süd-Achse der *Zhongshan Lu* verspricht einen angenehmen Einkaufsbummel in quirligem Treiben unter Arkaden. Hier finden Sie schöne Bambuswaren, handgearbeitete Marionetten und die winzigen Tongeschirre für Oolong-Tee in vielen geschmackvollen Variationen: typische Mitbringsel aus dieser Region.

ÜBERNACHTEN

Golden Fountain

In der Nähe der mittelalterlichen Moschee. *210 Zi., Baiyuan Qingchipan, Tel. 0595/228 50 78, Fax 228 16 76,* €€

Quanzhou

178 Zimmer in zentraler Lage. *Zhuangfuxiang 22, Tel. 0595/228 99 69, Fax 218 21 28,* €€

XIAMEN

[173 D4] Die auch unter ihrem Dialektnamen Amoy bekannte Hafenstadt (500 000 Ew.) liegt auf einer Insel, die ein 2 km langer Damm mit dem Festland verbindet. Direkt vor den Hafenanlagen des Stadtzentrums befindet sich die Insel Gulang Yu. Hier siedelten vor 150 Jahren, als Xiamen für den

Handel mit dem Ausland geöffnet werden musste, westliche Händler und Kolonialbeamte. Bis heute ist Gulang Yu das Schmuckstück des Orts, der 1981 zu einer der ersten chinesischen Sonderwirtschaftszonen erklärt wurde.

SEHENSWERTES

Gulang Yu

★ In wenigen Minuten erreicht das Fährschiff die nur 1,6 km^2 große Insel, deren Kolonialbauten und reiche Bepflanzung eine geradezu mediterrane Atmosphäre hervorrufen. Hier ist gut schlendern, im Sommer locken am Südufer Parks, Badestrände und Promenaden, und das Fehlen des Verkehrslärms wirkt außerordentlich erholsam. Im Zentrum der Insel ragt der *Sonnenscheinfels* (Riguang Yan) empor, dessen schmale Plattform einen zauberhaften Blick über Gulangyu und Xiamen bietet (besonders schön am späten Nachmittag). Von hier fällt sogleich die Kuppel des *Hauses der Acht Diagramme* (Bagualou) ins Auge, einer Villa aus den Vierzigerjahren des 20. Jhs., die jetzt ein Stadtmuseum beherbergt. Direkt unterhalb des Felsens befindet sich die Gedächtnishalle für den patriotischen Admiral Zheng Chenggong (auch Koxinga genannt, 1624 bis 62), den letzten großen Widersacher der mandschurischen Eroberer. Seine Statue steht an der Südspitze der Insel.

Hulishan-Festung

Zur Zeit der Opiumkriege erbaut und erst 1984 als Stützpunkt aufgegeben. *Tgl. 8–17 Uhr, Eintritt 25 Yuan*

Nanputuo Si

Der sehr gut besuchte buddhistische Tempel aus der Tang-Zeit liegt in der Südstadt unterhalb des *Gipfels der Fünf Alten* (Wulaofeng) in schöner Hanglage. Besonders auffällig ist die grazile achteckige *Halle des Großen Mitleids* (Dabeidian). Der Felshang über dem Tempel ist mit zahllosen Inschriften bedeckt, darunter ein mehrere Meter

Blick auf die Insel Gulang Yu mit ihrer fast mediterranen Atmosphäre

Schattenboxen

Einst Kampfkunst, heute populäres Fitnesstraining

Ein Park im Morgengrauen, irgendwo in einer chinesischen Stadt. Überall stehen Menschen und treiben fließende, konzentrierte Gymnastik im Zeitlupentempo: »Der goldene Hahn«, »Den Vogel am Schwanz packen«, »Die Wolkenhände« – kurz: *Taijiquan*. Dieses »Schattenboxen«, das vor rund 300 Jahren entwickelt wurde, ist im Kern tatsächlich eine Art der Selbstverteidigung, auch wenn es heute vorwiegend der Fitness dient. Bluthochdruck, Nervenschwäche und Haltungsschäden lassen sich auf diese Weise mindern oder ganz vermeiden. Jeder der vielen Varianten (etwa mit dem Schwert oder zu zweit) ist die Verwandtschaft mit den Kampfkünsten *Gongfu* (Kung-Fu) deutlich anzumerken.

hohes, vergoldetes Schriftzeichen *Fo* (»Buddha«), in dem man eine meditierende Figur erkennen kann. *Tgl. 8–17.30 Uhr, Eintritt 3 Yuan*

MUSEUM

Xiamen Museum
Exponate zur Geschichte der Stadt sind zu sehen, darunter Keramikfiguren aus einem Herrschergrab des 10. Jhs. *Tgl. 8.30–16.30 Uhr, Eintritt 15 Yuan, Bagualou*

ESSEN & TRINKEN

Xinnanxuan
Berühmt für Meeresfrüchte. *Siming Nanlu 17–19, Tel. 0592/202 39 79,* €€

EINKAUFEN

Einkaufsstraße ist die *Zhongshan Lu.* Dort auch der *Arts and Crafts Store (Nr. 143–152). Freundschaftsladen: Chenguang Lu 15–17.* Auf der Insel Gulang Yu werden vor allem feine Tonwaren als Souvenirs angeboten.

ÜBERNACHTEN

East Ocean
Im Stadtzentrum, in der Nähe des Fähranlegers. *111 Zi., Zhongshan Lu 1, Tel. 0592/202 11 11, Fax 203 32 63,* €€€

Gulangyu Guesthouse
Alter, aber renovierter Komplex, inmitten der Insel gelegen, mit persönlicher Atmosphäre. *40 Zi., Gulang Yu, Huangyan Lu 25, Tel. 0592/206 60 50, Fax 206 60 60,* €–€€

Lujiang
Perfekte Lage direkt am Fähranleger, dafür allerdings etwas laut. Dachbar mit recht schönem Hafenblick. *153 Zi., Lujiang Dao 54, Tel. 0592/202 29 22, Fax 202 46 44,* €€

Gebetsfahnen und Yakbutterlämpchen

Auf dem Dach der Welt ist man den Göttern nah

Tibet ist nicht China, auch wenn es heute zu China gehört. In Sprache, Kleidung, Sitten, Kultur gibt es kaum Gemeinsamkeiten. Auch der tibetische Buddhismus (Lamaismus) ist eigenständig.

Für Tibetreisen gelten spezielle Regeln; Sie dürfen nicht auf eigene Faust einreisen. Wenden Sie sich z. B. auf Deutsch an *Sichuan New Oriental International Travel Co., Tel. 028/624 86 43, Fax 669 62 94, www.snoit-exkursionen.com.* Das Büro besorgt auch die für Tibet nötige polizeiliche Genehmigung. Unbedingt von zu Hause mitnehmen: Arznei gegen Höhenkrankheit (z. B. das rezeptfreie Oyo).

Typisch für Tibet ist die Einheit von Kultur und Religion. Von der Inbrunst des Glaubens wird jeder Besucher ebenso fasziniert wie vom wilden tibetischen Hochland, wo bunte Gebetsfahnen auf jedem Bauernhaus die Wünsche der Menschen gen Himmel schicken: Blau steht für den Himmel, Weiß für die Wolken, Rot für die Sonne, Grün für das Wasser und Gelb für die Erde. Ein weiteres Symbol – eine liegende Sichel und ein darin schwebender Kreis mit Feuerschweif – ziert ebenfalls viele Bauernhäuser: Es verkörpert Mond und Sonne.

Der heutige Lamaismus ist vor allem durch die von Tsongkhapa (1357–1419) gegründete Schulrichtung der »Gelbmützen« (Gelugpa) geprägt, die die monastische Disziplin betont. Der »Gelben Kirche« entstammen auch die Institutionen von Dalai Lama und Panchen Lama.

Mönche im Jokhang Tempel von Lhasa, dem wichtigsten Heiligtum Tibets

LHASA

[157 D6] Tibets Hauptstadt ähnelt weithin einem beliebigen chinesischen Provinznest. Doch noch beherrscht der Potala das Weichbild der Stadt, noch immer ist Lhasa, der »Ort der Götter«, das Zentrum des religiösen Lebens. Erlebbar wird dies in der ★ Altstadt mit dem Jokhang und dem riesigen bunten Markt, auf dem sich Pilger aus allen Landesteilen drängen.

SEHENSWERTES

Jokhang

★ Tibets ältester Tempel, unter König Songtsen Gampo (617 bis 650) gegründet, ist das bedeutendste Heiligtum des Landes. Die Holzschnitzereien an den Pfeilern und den Kapelleneingängen des hinteren Hofs (vor allem der Ostwand) bilden den kunsthistorisch bedeutendsten Schatz der Anlage, seit ein Großteil der Innenausstattung der Kulturrevolution zum Opfer fiel; viele der Bildwerke sind daher Repliken.

Den hinteren Hof beherrschen vier Figuren (in der Mitte: Avalokiteshvara). Südlich des Durchgangs erzählt ein Wandbild die Gründungslegende des Jokhang. Alle Besucher streben aber zur Kapellennische gegenüber dem Eingang hin: Unter ihrem überreichen Schmuck verschwindet dort fast die heiligste Figur Tibets. Sie stellt den zwölfjährigen Shakyamuni dar und soll der Überlieferung nach von König Songtsen Gampos zweiter Frau, einer Tochter des Tang-Kaisers, die per Heiratspolitik nach Tibet kam, mitgebracht worden sein. *Tgl. 9.30 bis 18 Uhr, Eintritt 30 Yuan, in der Altstadt*

Norbulingka

Die parkartige Anlage im Westen der Stadt birgt die Sommerresidenzen mehrerer Dalai Lamas. Der Palast des jetzigen (14.) Dalai Lama wurde 1954–56 erbaut. Die Ausstattung der Wohnräume ist seit der Flucht des Hausherrn im Jahr 1959 nahezu unverändert. Wandbilder in der Audienzhalle stellen die Geschichte Tibets dar, angefangen von der legendären Entstehung der Menschheit bis hin zum Treffen des Dalai Lama mit Mao Zedong. *Tgl. 9–18 Uhr, Sa und So teilweise geschl., Eintritt 25 Yuan*

Potala-Palast

★ Die gewaltige Winterresidenz der Dalai Lamas, die sich in den Weißen Palast für die Verwaltung und in den höheren Roten Palast mit den Gebetshallen gliedert, gewann ihre heutige Form im 17. Jh. Bauliches Zentrum ist die Große Westhalle im Roten Palast. Man erreicht sie durch die Finsternis des rückwärtigen Palasteingangs. Die prächtige Ausmalung dokumentiert

Noch prägt der Potala-Palast das Bild von Lhasa

MARCO POLO Highlights »Tibet«

★ **Potala-Palast**
Der Winterresidenz der Gottkönige (Seite 128)

★ **Fahrt nach Shigatse**
Erleben Sie Tibets Landschaft! (Seite 129)

★ **Lhasas Altstadt**
Jokhang und Pilgermarkt (Seite 127, 129)

★ **Tashilhunpo**
Tibets prächtigstes Kloster (Seite 129)

u. a. die Geschichte der Palast- und Klosterbauten. Hinter dem Thron liegt die Halle des 5. Dalai Lama mit seinem Grabstupa und weiteren solchen Stupas seiner Nachfolger. Die anderen, nur von Kerzen erhellten Räume, die die Westhalle umgeben, bergen die größten Plastiken des Palasts. Zwei Etagen höher gelangt man zu einer Höhle, in der König Songtsen Gampo meditiert haben soll. Die Figuren zeigen ihn und seine Frauen. Der Rundgang führt über die Dachterrasse, die einen hervorragenden Ausblick bietet. *Mo–Fr 9.30–13 Uhr, winters 10–13 Uhr, Eintritt 45 Yuan*

EINKAUFEN

★ Bunt und exotisch ist der Pilgermarkt. Das Sortiment geht von Pferdesätteln und Fellmützen über alte Münzen und Schmuck bis zu Gebetsfahnen und Sutrentexten. *Rund um den Jokhang*

ÜBERNACHTEN

Lhasa
Beste Herberge der Stadt. 468 Zimmer. *Minzu Lu 1, Tel. 0891/ 683 22 28, Fax 683 57 96, €€*

SHIGATSE

[157 D6] Tibets zweitgrößte Stadt ist Sitz des Panchen Lama. ★ Die Hinfahrt aus Lhasa bietet großartige Landschaftsszenerien. Auf der Route durchs Tsangpo-Tal (ca. 4 Std.) folgen auf Ackerland eine Schlucht und Sandwüsten; für die Gebirgsstrecke, auf der man den Yamdrok-See passiert und das Kloster von Gyantse sieht, sind 9 Std. nötig. Man wohnt im *Xigaze Hotel (€).*

Insider Tipp

SEHENSWERTES

Tashilhunpo
★ Das prunkvolle Heiligtum, 1447 gegründet, ist eines der sechs Hauptklöster der Gelbmützen. Seit dem 17. Jh. residieren hier die Panchen Lamas. Hauptattraktion der weitläufigen Anlage sind ein um 1915 errichteter Schrein für eine 26 m hohe Figur des Buddha Maitreya und die Hauptversammlungshalle, die als ältester Bau des Klosters noch aus der Gründungszeit stammt. Mit frischem Gold blendet die 1993 fertig gestellte Grabstupahalle des 10. Panchen Lama. *Am Westrand der Stadt*

Gewaltige Natur – raffinierte Kultur

Die Touren sind in der Karte auf dem hinteren Umschlag und im Reiseatlas ab Seite 156 grün markiert

1 DURCHS LÖSSGEBIET ZU CHINAS WURZELN

Die Route beginnt in Taiyuan mit einem Tagesausflug in die historische Stadt Pingyao und führt danach per Bahn durch das Tal des Fen-Flusses mit Höhlendörfern in typischer Lösslandschaft. Am Abend des zweiten Tages erreichen Sie das Ziel der Route, Chinas alte Hauptstadt Xi'an.

In der schmutzigen Industriestadt *Taiyuan (S. 57)* wirkt China wie ein geschichtsloses Etwas aus einem schlechten Sciencefictionroman. Doch ein Tagesausflug per Taxi (die Kosten dafür liegen je nach Wagentyp bei 400 bis 600 Yuan) führt in eine andere Welt. Lassen Sie sich früh erst zum *Tempel Jin Ci (S. 58)* fahren, dessen Thema, die Leben spendende Kraft des Wassers und der Frauen, einen wenig beachteten Zug alter chinesischer Denktradition verkörpert.

Weiter geht's nach *Pingyao.* Der Ort ist eine Art chinesisches Rothenburg ob der Tauber. Pingyao ist bis heute eine kaum verfälschte mittelalterliche Stadt geblieben, verbirgt sich hinter einer mächtigen, 6,5 km langen Stadtmauer – und wurde 1997 in die Unesco-Liste des Weltkulturerbes aufgenommen. In den Gassen dieser mingzeitlichen Handelsmetropole hängen statt Neonreklamen noch die alten Gewerbesymbole an den Läden. Schmucktore überspannen die zum Stadtturm führenden Straße. Wegen ihres überreichen Bilderschmucks nicht zu versäumen sind die Tempel, allen voran der *Shuanglin Si (7 km südwestlich der Stadt)* sowie der *Zhenguo Si (15 km nördlich).*

Pingyao liegt zwar an der Bahnstrecke Richtung Süden, doch das nützt Ihnen wenig: Die Fernzüge nach Xi'an (Tickets unbedingt schon so früh wie möglich besorgen!) halten hier nicht, sodass Sie wieder zurück müssen nach Taiyuan. Am nächsten Morgen geht es per Bahn weiter. Noch einmal – nach eineinhalb Stunden Fahrt – sehen Sie Pingyao liegen, denn der Zug fährt nahe der Stadtmauer entlang. Eine halbe Stunde später endet die Ebene, durch die Sie bisher

Buddhistische Zeremonie im Labrang-Kloster

Auf kurzen Strecken ganz bequem: modernes Hartsitzer-Abteil

fuhren. Von nun an folgt die Strecke dem Fen-Fluss, passiert dabei immer wieder Höhlendörfer, wie sie in der Lössgegend weit verbreitet sind – obwohl die Höhlenwohnungen heute immer häufiger aufgegeben werden –, und lässt Einblicke in typische Schluchten mit terrassierten Hängen zu. Das im Winter graugelbe und wüstenhaft wirkende Land wird so intensiv genutzt, wie es irgend geht. Das Leben der Bauern, die es bewirtschaften, ist hart und entbehrungsreich. Hier lässt sich noch etwas erahnen von den uralten Wurzeln der chinesischen Zivilisation, von den Gründen für ihre Bodenständigkeit und für die Verehrung des Regen spendenden Himmels, der Wolken- und der Brunnendrachen.

Erst am Spätnachmittag erreicht der Zug den Schicksalsstrom des alten China, den Gelben Fluss, und folgt eine Weile dem Ufer, ehe er seine ockerfarbenen Wasser überquert. Gegen neun Uhr abends endet die Fahrt schließlich in *Xi'an* *(S. 66)*, dem alten Herz des Reichs der Mitte.

2 NATURWUNDER UND ABENTEUER

Diese Fahrt, nur von Mitte April bis Ende Oktober durchführbar, ist etwas für Hartgesottene. Per Bahn fahren Sie von Xi'an nach Lanzhou, von dort per Bus nach Xiahe mit dem großen Labrang-Kloster. Dann wird es abenteuerlich: Per Bus geht es durch die Randgebiete Tibets. Die Herbergen sind schlicht, doch als Belohnung winken Naturwunder von unglaublicher Schönheit. Nach knapp zwei Wochen ab Xi'an erreichen Sie Chengdu.

Der Anfang ist – sofern Sie sich früh genug um Bahntickets bemüht haben – am bequemsten, dazu noch schön und interessant: Etwa 470 km weit folgt der Zug dem Wei-Fluss. Sie blicken auf Dörfer, sehen Fähren über den ockerfarbenen Strom setzen und erheischen durch Seitentäler immer wieder Blicke auf schon recht hohe Berge. Sind Sie morgens gegen halb sieben abgefahren, erreichen Sie abends gegen acht Uhr *Lanzhou.* Hier können Sie überraschend preiswert und angenehm im staatlichen *Gästehaus Ningwozhuang* übernachten *(Tianshui Lu 365, Tel. 0931/ 8416221, Fax 8417639, dieses und alle weiteren Hotels €).* Bleiben Sie einen Tag, um sich zeitig (!) die Fahrkarte für den Bus nach Xiahe zu besorgen, der frühmorgens vom Busbahnhof West abfährt.

Xiahe ist durch das *Labrang-Kloster* berühmt, eines der sechs tibetischen Hauptklöster *(tgl. 9–12, 14–17 Uhr, winters geschl., Eintritt ab 23 Yuan).* Seit seiner Gründung (1709) wurde es immer weiter ausgebaut und bedeckt heute 40 ha. Die Haupthalle brannte 1985 ab und wurde bis 1990 mit staatlichen Mitteln neu errichtet. Eine Besichtigung von Innenräumen ist nur mit Führung möglich. Im Kloster leben 1800 Mönche. Beachten Sie den Rundweg mit den Gebetsmühlen. Am nettesten wohnen Sie im *Labrang Hotel (3 km westlich des Ortes, Tel. 0941/7121849, Fax 7121328):* 38 Zimmer, alle ebenerdig, in tibetischem Stil, ruhig, mit guter Küche und vorbeiplätscherndem Flüsschen. Xiahe ist gut für zwei Tage Aufenthalt. Doch auch hier müssen Sie sich wieder rechtzeitig um Busfahrkarten kümmern. Das nächste Ziel, die Kreisstadt *Songpan,* liegt bereits in Sichuan und ist nicht auf direktem Weg zu erreichen. Über *Hezuo* und *Zoigê/ Ruo'ergai* (Übernachtung im Gästehaus des Getreideamts) sind es 440 km oder zwei Tage unbequemer Fahrt, die Ihnen die Hochgebirgslandschaft freilich nicht lang werden lässt. Ab Songpan (Übernachtung im *Taiyang He Hotel)* verkehren Busse zu den eigentlichen Zielen dieser Route: den Naturschutzgebieten Huanglong und Jiuzhaigou.

Huanglong, »Gelber Drache«: Insider Tipp So heißt eine etwa 7,5 km lange Folge von Kalksinterterrassen in einem abgelegenen Hochgebirgstal nördlich von Songpan. Das kristallklare Wasser in den Teichen ist durch Bakterien und Algen mal giftgrün, mal gelb, mal blau oder weiß gefärbt. Holzstege führen über das bunte, gelb gerandete Geriesel hinweg, und an einem ockergelben Wasserfall beginnen Sie zu begreifen, woher der Ort seinen Namen hat: Von hier aus zieht sich eine 2,5 km lange und rund 100 m breite Travertinfläche bergan, die voll-

Huanglong-Nationalpark

ständig mit einer dünnen Schicht fließenden Wassers bedeckt ist und als Rücken eines gewaltigen gelben Wasserdrachen gelten könnte. Ein Stück oberhalb davon geht es weiter mit den bunten Teichterrassen. Seinen Höhepunkt erreicht das Farbspiel, zu dem im Herbst auch die Vegetation beiträgt, in den *Fünffarbenteichen* am oberen Ende des Besucherwegs.

Wenn Sie wollen, können Sie in Huanglong übernachten, vorteilhafter ist es allerdings, wenn Sie nach Songpan zurückfahren, um von dort am nächsten Tag einen Bus nach *Jiuzhaigou* zu nehmen.

Dieses Naturschutzgebiet, das ebenso wie Huanglong von der Unesco zum Weltnaturerbe erklärt wurde, grenzt zwar nördlich an das Gebiet von Huanglong an, ist von dort aus jedoch nicht direkt zu erreichen. Die Wunderwelt des *»Neun-Dörfer-Tals«,* das von Tibetern besiedelt ist, lässt sich hier nur andeuten. Das Areal ist so groß, dass Sie nicht alles ablaufen können und sich zwischendurch fahren lassen müssen. Denkwürdig sind vor allem die im fließenden Wasser stehenden Bäume und Sträucher und die schwimmenden Grasinseln des *Duftgras-Sees,* schön die Kalktuffdämme mit ihren Kaskaden, wo das Wasser unter den Holzstegen für die Besucher hindurchsprudelt, imposant die Wasserfälle, erstaunlich die Farbspiele, die es in mehreren Seen zu beobachten gibt. Mehr noch als im höher gelegenen Huanglong beglückt hier auch eine üppige Vegetation (staunenswert: die Flechtenvielfalt), und hier wie dort geht der Blick hinauf bis zu schneebedeckten Gipfeln. Zwei Tage Aufenthalt (billig in einem der tibetischen Gasthöfe im Park selbst) sind mindestens nötig, um die Schönheiten zu genießen, besser sind drei Tage. Der weitere Weg nach *Chengdu (S. 97)* führt noch einmal durch großartige Bergszenerien und macht meist eine weitere Übernachtung nötig.

Für teures Geld können Sie diese Tour auch bequemer und mit weniger Zeitaufwand unternehmen: nämlich per Geländewagen mit Fahrer, vorher zu arrangieren über chinesische Reisebüros (z. B. CITS). Eine fünftägige Kurzversion Chengdu – Huanglong – Jiuzhaigou – Chengdu, ebenfalls per Jeep, lässt sich bei *Sichuan New Oriental International Travel (S. 127)* buchen.

3 AUSFLUG ZUM KAISERKANAL

Von der »südlichen Hauptstadt« Nanjing aus erkunden Sie auf dieser Route Zhenjiang und Yangzhou – zwei Orte am alten Kaiserkanal, deren Gärten und Tempelklöster auf eine glanzvolle Vergangenheit verweisen. Drei bis vier Tage sollten Sie sich dafür schon Zeit nehmen.

Von *Nanjing Hauptbahnhof* geht es zunächst mit dem Bummelzug durch eine angenehme Hügellandschaft, den Yangzi stets – jedoch meist unsichtbar – zur Linken. Nach einer geruhsamen Stunde ist die alte Garnisonsstadt *Zhenjiang* erreicht, in deren Nähe der Kaiserkanal den Yangzi kreuzt. Von fern grüßt das markanteste Bauwerk der Stadt, die *Pagode Cishou Ta* auf dem Goldenen Hügel. Der sie umgebende Tempel ist ebenso sehenswert wie die beiden anderen Hügel, die vom Fluss her das Weichbild der Stadt bestimmen: der *Beigu Shan,* in dessen Pavillons man grünen Tee mit Yangzi-Blick serviert, und der nur mit einer kleinen Fähre zu erreichende *Jiao Shan* mit seinen Tempelanlagen und alten Steininschriften. Schlendern Sie auch durch die betriebsame Altstadt: Östlich des *Boxian-Parks* finden Sie noch Kolonialbauten aus der Zeit der Wende zum 20. Jh. Für die Unterkunft empfiehlt sich das *Zhenjiang Hotel (186 Zi., Zhongshan Xilu 92, Tel. 0511/523 38 88, Fax 523 64 25, €€).*

Für die nächsten 30 km vertrauen Sie sich einem der Kleinbusse an, die am Busbahnhof warten. Sind alle Plätze besetzt, geht es los – und erst einmal auf die Fähre, die den hier schon gewaltigen Yangzi überquert. Das flache Schwemmland nördlich des Flusses bietet wenig Abwechslung, aber schon nach etwa einer Stunde erreichen Sie die ehemalige Handelsmetropole und Künstlerstadt *Yangzhou,* deren Salzhändler in der späten Kaiserzeit über legendären Reichtum verfügten. Vor allem empfiehlt sich jetzt ein Spaziergang durch die Gärten des *Schmalen Westsees* (eigentlich ein aufgegebener Kanalabschnitt), die zu den schönsten des Landes zählen. Besonders anmutig: die *Fünf-Pavillon-Brücke,* erbaut 1757 anlässlich einer kaiserlichen Visite. Die *Weiße Pagode* daneben gleicht der im Pekinger Beihai-Park. Kein Wunder: Auch sie wurde auf kaiserlichen Wunsch errichtet – der Legende nach aus Säcken voller Salz, von steinreichen Kaufleuten zur freudigen Überraschung des Herrschers über Nacht aufgetürmt.

In der Altstadt sollten Sie zwei Literatengärten besuchen: den *Garten des Herrn He (Heyuan)* mit seinen alten Wohngebäuden und Wandelgängen sowie den *Bambusgarten (Geyuan),* dessen Pflanzen und künstliche Felsen auf raffinierte Weise die vier Jahreszeiten symbolisieren. Anschließend wird es Zeit für einen Imbiss im traditionsreichen Restaurant *Üppiger Frühling (Fuchun Chashe, Tel. 0514/733 25 72, €€)* – die hausgemachten *dim sum* sind vorzüglich. Auch eine Portion gebratenen Reis – in ganz China nur als »Yangzhou-Bratreis« bekannt – sollten Sie sich nicht entgehen lassen. Zentrale und recht bequeme Unterkunft bietet das *Yangzhou Hotel (147 Zi., Fengle Shangjie 5, Tel. 0514/734 26 11, Fax 734 35 99, €€).* Einen Bahnhof besitzt Yangzhou zwar nicht, aber gute Busverbindungen. Wenn Sie nicht nach Nanjing zurückkehren sollten, können Sie sich von hier aus wieder nach Süden wenden und über Wuxi in wenigen Stunden zur nächsten Gartenstadt gelangen: ins »paradiesische« *Suzhou* *(S. 83).*

Den Lotos findet man im Süden oft

Fahrradtouren und Kung-Fu-Kurse

China bietet Entdeckungsreisen für Körper und Geist

China ist das Mutterland der Fitness – und das seit Jahrtausenden. Schon in den Fürstengräbern der Zeitenwende fanden sich Tafeln, die altchinesische Bewegungsübungen darstellen. Diese Tradition ist heute wieder quicklebendig: Galt – und gilt – es doch, den Energiefluss des Körpers (das *qi*, gesprochen: »tchi«) zu regulieren und die innere Harmonie von Yin und Yang zu pflegen.

Ein wichtiger Teil der Körperkultur sind die Kampfkünste, von denen das Kung-Fu die berühmteste ist. Am berühmten Shaolin-Kloster bei Luoyang können Sie einen Ein-Tages-Schnellkurs in Kung-Fu buchen, pauschal mit Übernachtung und Mahlzeiten. Wenden Sie sich an *wushu@shaolinkungfu.com.*

Auch in Deutschland wächst das Interesse an den östlichen Bewegungskünsten. Das Institut für Bewegungslehre und Bewegungsforschung in Immenhausen beispielsweise hat Taiji-Reisen im Angebot *(Tel. 05673/92 50 67, Fax 59 50, www.ifbub.de).* Wer sich dagegen für die traditionelle Atem- und Bewegungstechnik Qigong oder für Kalligrafie interessiert, sollte sich nach dem aktuellen Angebot von China-Spezialreisen in Bonn erkundigen *(Tel. 0228/ 973 86 27, Fax 973 86 28, www. china-spezialreisen.de*).

China ist auch das Land der Radfahrer – was läge näher, als sich selbst auf den Drahtesel zu schwingen? Fahrradverleihe gibt es in vielen Touristenzentren und manchen Hotels. Und zumindest die etwas ruhigeren Orte sind wunderbar dazu geeignet, sich im bimmelnden Strom der Pedalisten treiben zu lassen. Für Peking mit seinem ausgedehnten Stadtzentrum gilt das ganz besonders. Fahrten auf Überlandstraßen sind dagegen meist nicht besonders erholsam: Sie erfordern ob der haarscharf vorbeibrausenden und dauerhupenden Brummis starke Nerven.

Wer sich mit dem Mountainbike für längere Zeit in die Natur traut, für den ist das Angebot des Berliner Informations- und Studienservices möglicherweise das Richtige: Die Touren reichen von Peking bis durch die legendäre Tigersprungschlucht in West-Yunnan. Informationen und Kataloge gibt's unter *Tel. 030/693 65 30, Fax 691 18 51, www.biss-reisen.de.*

Das Schattenboxen umfasst auch Techniken mit dem Schwert

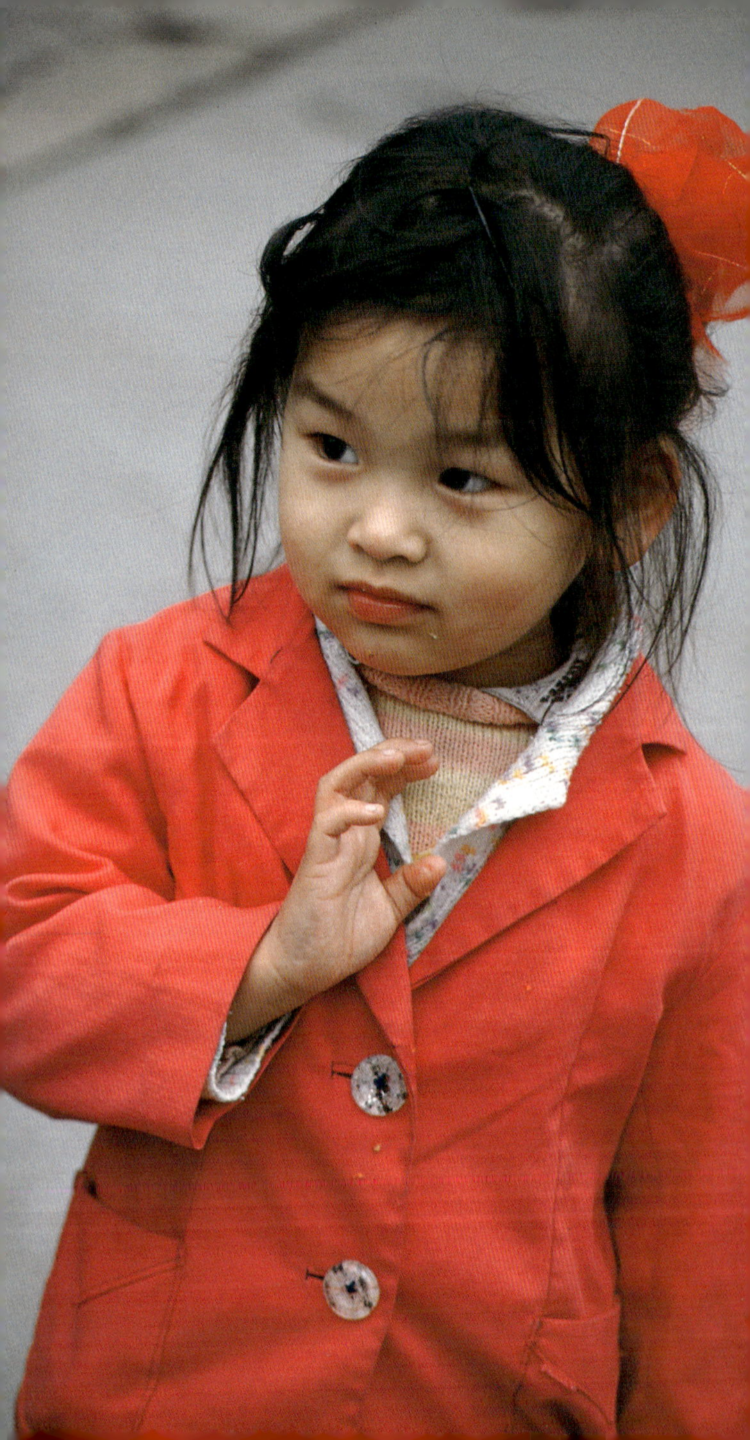

Wenn der Panda zweimal brummelt

Plüschige Bären, gemächliche Kamele und jede Menge Comics

Nein, China ist kein Kinder-Reiseland par excellence. Zwar haben die Chinesen wohl zu Recht den Ruf, ein ausgesprochen kinderfreundliches Volk zu sein. Aber die weiten Entfernungen, das Sightseeing in den großen Metropolen und mitunter doch recht strapaziöse Ausflüge mit Bus und Bahn können die Geduld der Kleinen auf die Probe stellen. Wer sich und seinen Sprösslingen die Reise dennoch zutraut, tut gut daran, ein langsameres Reisetempo mit häufigen Erholungspausen einzuplanen und bei Speisen und Getränken ganz besonders auf ordentliche Hygiene zu achten.

A propos Essen: Leckere Nudeln und Teigtaschen dürften bei Kindern immer gut ankommen, und bei Anflügen von kulinarischem Heimweh findet sich bestimmt ein Cola-Stand oder ein westlicher Schnellimbiss. Aber probieren Sie auch mal gemeinsam eine Stange Zuckerrohr direkt vom Markt: An Ort und Stelle entrinden lassen, ein Stück abbeißen und darauf herumkauen – der Saft ist süß und richtig erfrischend.

Rot bringt Glück – auch für diese »kleine Kaiserin«

Bei nagender Langeweile empfiehlt sich dagegen der Besuch eines Buchladens, um in der Fremdsprachenabteilung nach chinesischen Comics zu kramen. Mit klassischen Geister- und Abenteuergeschichten (oft in englischer, teils auch in deutscher Übersetzung zu haben) lässt sich dann auch eine längere Bahnfahrt überstehen.

Die könnte zum Beispiel nach Dunhuang in Chinas Westen führen. Wenn die Erwachsenen sich an den Höhlenmalereien und -skulpturen delektiert haben, darf der Nachwuchs in den riesigen Sanddünen am Südrand der Oase einen Rundritt auf Kamelen unternehmen. Keine Angst: Das Tempo ist sehr gemächlich und der Spaß für Groß und Klein geeignet. Nicht minder seltsam sind die dortigen Sandrodelstrecken – erst steil, dann richtig anstrengend, wenn es durch den rutschigen Sand wieder bergauf geht.

Insider Tipp

Wollen Sie in China gewesen sein, ohne Ihren Kindern einen echten Pandabären gezeigt zu haben? Falls nicht, sollten Sie einen Besuch im Zoo einplanen; am besten in Peking, wo außerdem die neue »Unterwasserwelt« nicht nur die Junioren fasziniert.

Angesagt!

Was Sie wissen sollten über Trends, die Szene und Kuriositäten in China

Chinesische und Hongkong-Schlager

Gewiss: Madonna, Michael Jackson & Co. sind auch in China ein Begriff. Aber lieber hören Teens und Twens chinesische Schlager. Die im Westen bekannt gewordenen chinesischen Rockstars – allen voran Cui Jian – haben zwar auch bei Chinas Jugend einen Namen. Viel populärer sind jedoch Herz-Schmerz-Texte, die dann in den Videoclips meist ziemlich schwülstig bebildert werden. Vorbild für Chinas Schlagerkultur war der Hongkong-Kanton-Pop. Da dessen Texte für die meisten Chinesen unverständlich sind, singen Hongkonger und taiwanische Schlagerstars heute auch auf Hochchinesisch. Ein reiches Angebot an CDs und Tonbandkassetten findet sich überall.

Karaoke

Kein neuer Trend, aber auch nach zehn, fünfzehn Jahren immer noch in Mode ist Selbersingen in Karaokebars, am liebsten in einer Mietkabine mit guten Freunden.

Mode

Es ist immer wieder erstaunlich, wie sich die meisten westlichen Modetorheiten fast ohne Zeitverzögerung auch in China ausbreiten. Derzeit sind etwa Plateauschuhe »in«. Aber die meisten Jugendlichen möchten anderen keinen zu großen Schrecken einjagen. Piercings und Tätowierungen sieht man daher praktisch nie. Auch Punkfrisuren sind selten.

Fastfood

Amerikanisches Fastfood verdrängt auch in China die angestammte Esskultur. In den entsprechenden Schnellimbissketten, die Hühnerflügel und Fleischklopse im Brötchen servieren – durchweg Original-Lizenzbetriebe, die so aussehen wie überall –, brummt der Laden. Es gibt solche Filialen aber nur in den großen Städten, Kentucky Fried Chicken immerhin auch an der Großen Mauer bei Badaling. Über Amerika kam auch die Pizza nach China und gewinnt immer mehr Liebhaber.

Von Anreise bis Zoll

Hier finden Sie kurz gefasst die wichtigsten Adressen und Informationen für Ihre Chinareise

ANREISE

Flugzeug

Lufthansa fliegt direkt von Frankfurt tgl. nach Peking, Hongkong und Shanghai (im Sommer: rund 810, 820 bzw. 860 Euro) sowie von München tgl. nach Hongkong (ca. 820 Euro), Mi, Fr nach Shanghai (ca. 850 Euro). Spezialveranstalter bieten Flüge oft billiger, aber mit Zwischenstopp an. Von Hongkong aus kommen Sie mit Bahn, Fähre oder Anschlussflug ins Inland. Chinesische Flughäfen erheben beim Abflug Gebühren: bei Inlandflügen ca. 30 bis 60 Yuan, bei internationalen Flügen 90 Yuan; in Hongkong: 100 Hongkong-Dollar.

Bahn

7 Tage braucht die Transsibirische Eisenbahn für die fast 10 000 km von Berlin über Moskau nach Peking. Die Strecke durch die Mongolei ist kürzer und landschaftlich reizvoller als durch die Mandschurei. Sie fahren im 4-Bett-Abteil (2. Klasse) oder 2-Bett-Abteil (1. Klasse). Grundpreis Moskau–Peking in der 2. Klasse: 370 bis 420 Euro ohne Visagebühren, Verpflegung und Kosten für eine Fahrtunterbrechung in Russland. Information: *Olympia Reisen (Bonn), Tel. 0228/40 00 30, Fax 400 03 12.* Buchen Sie zwei Monate im Voraus. Preiswerter und praktisch (keine Probleme mit dem Gepäck!) ist die Fahrt in umgekehrter Richtung. Buchen Sie am besten schon bei Ankunft in China (Kartenverkauf in Peking: Jianguomenwai Dajie 28, beim New Otani Hotel, oder am Hauptbahnhof). Für die Beschaffung der Transitvisa (für Russland inkl. Weißrussland und ggf. die Mongolei, in dieser Reihenfolge) in den Pekinger Botschaften benötigen Sie mindestens eine Woche Zeit und zahllose Passbilder. Einfacher ist es, Rückfahrt inkl. Visa gleich in Deutschland zu buchen.

AUSKUNFT

Chinesisches Fremdenverkehrsamt

– *Ilkenhansstr. 6, 60433 Frankfurt/Main, Tel. 069/52 01 35, 951 40 30, Fax 52 84 90, www.fac.de*

– *Genfer Str. 21, 8002 Zürich, Tel. 01/201 88 77, Fax 201 88 78*

CITS Peking

CITS Building, 103 Fuxingmen Jie, Peking, Tel 010/66 01 30 13, Fax 66 01 20 14, www.cits.net

Wer in China unterwegs ist, besorgt sich alle nötigen Informationen am besten am Hotelschalter – dort kann man in der Regel auch Fahrkarten bestellen, Ausflüge buchen und so weiter. Lokale Adressen von CITS lassen sich über das Büro Peking erfragen – allerdings wird in den Zweigstellen nicht immer Deutsch oder Englisch gesprochen.

BAHN

Es gibt vier Klassen: 1. *Ruanwo (Soft Sleeper)*, teure Schlafwagen mit 4-Bett-Abteilen. 2. *Yingwo (Hard Sleeper)*, Liegewagen mit zum Gang hin offenen 6-Bett-Abteilen. Nicht sehr ruhig, aber geeignet, um preiswert längere Strecken zurückzulegen. 3. *Ruanzuo (Soft Seater)*, Großraumabteile mit bequemen Sesseln. Nur auf Strecken ohne Übernachtung. 4. *Yingzuo (Hard Seater)*, die Billigklasse, oft überfüllt, verqualmt und laut. Es gibt allerdings auch Hartsitzer-Waggons mit Klimaanlage und Platzreservierung, in denen es sich einige Zeit gut aushalten lässt. Fahrkarten sollten Sie zwei Tage im Voraus bestellen (am besten im Hotel). Größere Bahnhöfe haben Schalter, die kurzfristig Soft-Seater-Karten verkaufen. Vor normalen Schaltern stehen oft endlose Schlangen; hier bekommt man nur Hard-Seater-Tickets.

BANKEN & GELDWECHSEL

Geld wechseln können Sie bei den örtlichen Filialen der *Bank of China* (Öffnungszeiten: Mo–Fr 8–12 und 13.30–17 Uhr) oder, was meist praktischer ist, im Hotel. Der Kurs ist überall gleich, aber Achtung: Einige Hotels verlangen über die übliche Wechselgebühr (0,75 Prozent) hinaus Sondergebühren.

Falls Sie bei Ihrer Ausreise aus China Geld zurücktauschen wollen, müssen Sie eine alte Umtauschquittung über mindestens denselben Betrag vorlegen. Kreditkarten sind in Hotels der mittleren/oberen Preisklasse üblich (akzeptierte Karten: American Express, Bank Americard/Visa, Diners Club, Eurocard). Ansonsten nehmen Sie am besten Reiseschecks mit.

BUS

Meist überfüllt und auf Langstrecken strapaziös, ist der Bus doch oft das einzige Mittel, um zu einem interessanten Ziel zu gelangen. Auf viel befahrenen Strecken gibt es Kleinbusse, die losfahren, wenn alle Plätze belegt sind. Fahrkarten bekommen Sie direkt am Busbahnhof (am Vortag besorgen) oder bei kürzeren Strecken im Bus selbst.

DIPLOMATISCHE VERTRETUNG

Deutsche Botschaft in Peking
Dongzhimenwai Dajie 17, Chaoyang Qu, Tel. 010/65 32 21 61, Fax 65 32 53 36

Deutsches Konsulat in Kanton
Guangdong International Hotel, 19th Floor, Huanshi Lu 339, Tel. 020/83 30 65 33, Fax 83 31 70 33

Deutsches Konsulat in Shanghai
Yongfu Lu 181, Tel. 021/64 33 69 53, Fax 62 18 00 04

Österreichische Botschaft in Peking
Jianguomenwai Xiushui Nanjie 5, Tel. 010/65 32 20 61, Fax 65 32 15 05

Schweizerische Botschaft in Peking
Sanlitun Dongwu Jie 3, Tel. 010/65 32 27 36, Fax 65 32 43 53

EINREISE

Frühestens 50 Tage vor der Einreise sind der chinesischen Botschaft bzw. dem Konsulat vorzulegen: ein ausgefülltes Antragsformular, ein Passfoto, der Reisepass (6 Monate gültig ab Einreisedatum), eine Buchungsbestätigung des Reisebüros und die Visumgebühr. Die Gebühr beträgt bei den üblichen 4 Tagen Bearbeitungszeit 20 Euro, bei kurzfristiger Ausstellung sind Zusatzgebühren fällig. Wichtig: Der Antrag muss in jedem Fall persönlich oder durch eine(n) Bevollmächtigte(n) gestellt werden; Antragsformulare werden auf Wunsch per Post versandt. Aktuelle Visuminfos und ein Antragsformular zum Ausdrucken finden Sie im Internet unter *www.china-botschaft.de*. Einen Visum-Beschaffungsservice bietet auch das chinesische Reisebüro *Goldener Drachen* an: *Tel. 069/59 67 87 50, Fax -87 52, www.goldenerdrachen.de*

Diplomatische Vertretungen der Volksrepublik China in Deutschland
Botschaft: *Märkisches Ufer 54, 10179 Berlin, Tel. 030/27 58 80, Visumabt. Tel. 48 83 97 21, Fax 48 83 97 31, Visum-Infodienst Tel. 0190/92 32 50, 0190/92 32 60*
Außenstelle der Botschaft in Bonn: *Kurfürstenallee 12, 53177 Bonn, Tel. 0228/95 59 70, Visumabt. Tel. 955 97 22, Fax 36 23 50*
Generalkonsulat in Hamburg: (für Bremen, Hamburg, Niedersachsen und Schleswig-Holstein) *Elbchaussee 268, 22605 Hamburg, Tel. 040/822 76 00, 82 27 60 13, Visumabt. Tel. 82 27 60 18, Fax 82 27 60 22*
Generalkonsulat in München: (für Bayern) *Romanstr. 107, 80639 München, Tel. 089/17 30 16 11, Visumabt. Tel. 17 30 16 12, Fax 17 30 16 19*

Botschaft der Volksrepublik China in Österreich
Strohgasse 22, 1030 Wien, Tel. 01/71 43 14 92 12, Visumabt. Tel. 710 36 48, Fax 710 37 70

Diplomatische Vertretungen der Volksrepublik China in der Schweiz
Botschaft: *Kalcheggweg 10, 3006 Bern, Tel. 031/352 73 33, Visumabt. Tel. 351 45 93, Fax 351 45 73*

Was kostet wie viel?

Tee	**1,50 Euro** für eine Kanne im Teehaus
Bier	**6 Euro und mehr** für ein Glas im Hotel
Kaffee	**3,90 Euro** für eine Tasse im Hotel
Nudeln	**75 Cent** für eine Schale in der Garküche
Bus	**20 Cent** für eine Fahrt mit dem städtischen Linienbus
Taxi	**20 bis 30 Cent** pro gefahrenem Kilometer, Starttarif meist 1,30 Euro

Generalkonsulat: *Bellariastr. 20, 8002 Zürich, Tel. 01/201 10 05, Visumabt. Tel. 201 10 73, Fax 201 77 12*

Bei Einreise über Hongkong werden Touristenvisa kurzfristig ausgestellt bei:

CITS (China International Travel Service)
13th Floor, Tower A, New Mandarin Plaza, 14, Science Museum Road, Tsim Sha Tsui East, Kowloon, Tel. 27 32 59 55, Fax 26 37 67 85

Touristenvisa sind drei Monate ab dem Tag der Einreise gültig. Sie können in China zweimal um je einen Monat verlängert werden. Hierfür zuständig sind die Ausländerbüros des Amts für öffentliche Sicherheit (Gong'anju) in jedem größeren Ort.

FAHRRÄDER

Sie sind in vielen Hotels, manchmal auch am Bahnhof zu leihen. Als Regel gilt: Langsam fahren, lieber einmal zu häufig klingeln und immer nach vorne sehen! Letzteres ist besonders wichtig, denn wer zuerst kommt, fährt zuerst. Und prüfen Sie vor der Fahrt die Bremsen!

FOTOGRAFIEREN

Außerhalb militärischer Anlagen (dazu zählen auch Flugplätze) kein Problem. Beachten Sie Verbotsschilder in Tempelanlagen. Diafilme sind teuer und oft gar nicht zu bekommen.

GESUNDHEIT

Empfehlenswert ist die Vorsorge gegen Hepatitis, bei Reisen nach

Südchina gegebenenfalls gegen Malaria, Cholera und Typhus (rechtzeitig beim Hausarzt oder dem nächsten Tropeninstitut erkundigen; Informationen im Internet: *www.fit-for-travel.de*). In die Reiseapotheke gehören Magen-Darm- und Grippetabletten, Schmerzmittel, Pflaster, Wundsalbe und Sonnencreme. Gegen Infektionen schützen Einwegspritzen (auf dem Land Mangelware). Bei kleineren Beschwerden helfen chinesische Heilmittel auf pflanzlicher Basis.

HONGKONG & MACAU

Hongkong gehört seit 1997 wieder zu China, Macau seit 1999. Für beide Orte gelten aber weiterhin gesonderte Einreisebestimmungen, und beide besitzen eigene Währungen. Alles Weitere erfahren Sie im MARCO POLO Reiseführer »Hongkong/Macau«.

INLANDSFLÜGE

Buchung über Hotel, China International Travel Service (CITS) oder direkt über die Fluglinie. An den meisten Orten gibt es billige Zubringerbusse vom und ins Stadtzentrum (Abfahrtszeiten im Büro der Fluglinie erfragen). Die Flugzeuge sind großteils modern; trotzdem müssen Sie, besonders im Landesinneren, bei schlechtem Wetter mit deutlichen Verspätungen rechnen.

INTERNET

Flott gemachte Reise- und Ausgehtipps für die chinesischen Metropolen: *www.chinanow.com*. Brauchbare Portale sind *www.cbw.com* und *www.travel library.com*. Hotels finden Sie unter *www.hotelschina.com* (viele Adressen, wenige Links) und *www.travelweb.com* (Hotelsuche mit Online-Reservierung).

INTERNETCAFÉS

Die Preise sind unterschiedlich, sie liegen meist zwischen 5 und 30 Yuan pro Stunde, in Hotels kostet auch schon einmal die halbe Stunde 30 Yuan. Die Hauptpostämter der meisten größeren Städte haben Internetzugang.

Chengdu
HighFly, Renmin Nanlu 18/Section 3, Tel. 028/550 15 72, highfly@mail.sc.cninfo.net

Peking
Sparkice, Capital Stadium Building/West Wing, 1st Floor, Baishiqiao Jie 54, Tel. 010/68 33 53 35, info@sparkice.co.cn; Sparkice Internet Cafe, Vontone Shopping Center, 1st Floor, Fuchengmenwai Dajie
Kinko's Inc., Dongsanhuan Lu 11 A, Tel. 010/65 95 80 50, beijing01@kinkos.com.cn

Shanghai
Internet Cafe, Hao Du Plaza 3/F, Jinling Xilu 400, Tel. 021/63 55 70 70
O'Richard's Bar and Restaurant, Pujiang Hotel 2/F, Huangpu Lu 15, Tel. 021/63 24 63 88

Yangshuo
On Line Cafe, Xijie 84, Tel. 0773/882 29 81, bklbilly@public.glptt.gx.cn

KLEIDUNG

Sie sollte schlicht und strapazierfähig sein, Frauen sollten sich nicht zu offenherzig kleiden. Die Hotels bieten einen verlässlichen Wäschedienst an. Was Sie morgens abgeben, erhalten Sie am Spätnachmittag zurück.

LITERATUR

3000 Jahre literarische Tradition – da gibt es schon einiges zu lesen. Wer keine Bibliothek mit auf die Reise nehmen will, begnügt sich vielleicht mit einem Bändchen klassischer Gedichte, vorzüglich übersetzt von Günther Debon: »Herbstlich helles Leuchten überm See«. Schon fast ein Jahrhundert alt, doch immer noch unerreicht: Richard Wilhelms Übersetzungen der »Lehrgespräche (Lun Yü)« des Konfuzius sowie der daoistischen Klassiker »Dschuang Dsi« und »Liä Dsi«. Genüssliches Gruseln versprechen die Geistergeschichten von Pu Sung-ling; die tragische Liebesgeschichte »Traum der Roten Kammer« rührt die Chinesen seit mehr als zwei Jahrhunderten. Lust auf einen altchinesischen Krimi? Die Richter-Di-Romane des holländischen Sinologen Robert van Gulik sind nicht nur spannend, sondern stimmen bis ins letzte Detail. Lu Xun mit seinen kritischen und satirischen Erzählungen ist der wichtigste Repräsentant der modernen chinesischen Literatur (Auswahlband: »Die Große Mauer«). Ein erschütterndes Bild der Kriegsgräuel in den 1930er-Jahren – und zugleich fesselnde Lektüre – bietet »John Rabe. Der gute Deutsche von Nanking« (Hg. Erwin Wickert). Zu ernsthaft? Kein Problem: Die jungen wilden chinesischen Autor(inn)en der Jahrtausendwende werden im Heimatland zensiert, hier zu Lande erscheinen ihre Storys zwischen Sehnsucht und Skandal mit allen Zutaten. Probieren Sie neue Literatur von Wang Shuo (»Oberchaoten«), Mianmian (»La la la«) und Wei Hui (»Shanghai Baby«).

POST

Eine Postkarte nach Deutschland kostet 4,20 Yuan, der billigste Luftpostbrief 6,40 Yuan. Laufzeit 1 bis 2 Wochen, von abgelegenen Orten aus auch länger. Briefmarken erhalten Sie im Hotel. Pakete müssen offen ins Postamt gebracht und dort kontrolliert werden.

PREISE & WÄHRUNG

In China gilt das »Volksgeld« Renminbi (RMB). Sein Außenwert ist an den Dollar gekoppelt; wird also der Euro gegenüber dem Dollar stärker, reisen Bürger des Euroraums in China automatisch preiswerter – und umgekehrt. Die Einheiten des RMB sind: 1 Yuan = 10 Jiao = 100 Fen. Im Alltag wird der Jiao fast immer Mao genannt (frei übersetzt: »Groschen«).

Für eine große Flasche inländisches Bier zahlen Sie im Straßenrestaurant 4 Yuan; dieselbe Marke kann, im Hotel gezapft, mehr als das Zehnfache kosten. Für ca. 40 Yuan pro Person können Sie ordentlich, für das Dreifache ausgezeichnet essen. Sehr preiswert kommen Sie mit öffentlichen Verkehrsmitteln voran: 100 km mit dem Überlandbus kosten etwa 10 Yuan. Eine Fahrt mit dem städtischen Linienbus kostet höchstens 1 Yuan, Sammeltaxis verlangen je nach Entfernung 0,50 bis 5 Yuan.

Die Eintrittspreise für Sehenswürdigkeiten liegen meist zwischen 10 und 30 Yuan, bei Spitzenattraktio-

€	Yuan
1	7,28
3	21,84
5	36,40
9	65,52
10	72,80
25	181,99
80	582,36
100	727,95
500	3639,77

Yuan	€
1	0,14
10	1,38
25	3,45
30	4,14
50	6,89
80	11,03
90	12,41
100	13,79
500	68,93

nen erreicht der Preis gelegentlich 50 bis 60 Yuan. Der Besuch des Kaiserpalastes in Peking kostet 80 Yuan inklusive Schatzkammer und Tonbandführung.

REISEZEIT

Die angenehmsten Temperaturen herrschen im Mai und Oktober. In Südchina sind zwischen April und September viele Regentage zu erwarten, im Norden konzentriert sich der Regen auf die Monate Juli und August. Die Winter im Norden sind sehr kalt und oft staubig. Südlich des Yangzi wird (außerhalb der Touristenhotels) im Winter nicht geheizt, obwohl die Temperaturen (z. B. in Shanghai) unter null Grad sinken können. Im äußersten Westen (Xinjiang, Tibet) müssen Sie mit hohen Temperaturunterschieden zwischen Tag und Nacht rechnen.

STROM

220 Volt/50 Hertz Wechselstrom. Probleme bereiten die unterschiedlichen Steckerformen, die oft nur mit einem internationalen Steckerset zu bewältigen sind. In die Hotelsteckdosen passen jedoch meist auch deutsche Zweipolstecker.

TAXI

Die meisten Großstädte sind mit Taxis recht gut versorgt, aber die Fahrer sprechen oft kein Englisch. Meist haben Taxis ein Taxameter und einen festgelegten Kilometerpreis (etwa 1,50 bis 2,50 Yuan), der im Seitenfenster angebracht sein muss. Der Starttarif liegt bei etwa 10 Yuan, er hängt wie auch der Kilometerpreis von der Wagenklasse ab. Handeln Sie für Ausflüge ins Umland einen Pauschalpreis aus. In kleinen Orten stehen zuweilen nur Dreiradrikschas oder Motorradtaxis zur Verfügung. Hier heißt es: Erst handeln, dann einsteigen.

TELEFON & HANDY

Die größeren Hotels verfügen über internationale Direktwahl und meist auch über Telefax. Woanders können Auslandsgespräche meist rasch vermittelt werden. Nur in abgelegenen Orten ist Telefonieren manchmal noch ein Problem.

E-Netz-Telefone funktionieren in China nicht, D1-Geräte dagegen problemlos. Die Apparate suchen sich das passende Netz zwar automatisch, mit der eigenen Karte aus China mobil in die Heimat zu telefonieren ist jedoch mit bis zu 5 Euro pro Minute sehr teuer. Als Angerufener muss man die Verbindung ab Deutschland bezahlen. Im Normalfall ist es günstiger, vom Hotel aus zu telefonieren. Außerdem gibt es öffentliche Telefonkioske, von denen aus man relativ preisgünstig Auslandsgespräche führen kann.

Vorwahl nach Deutschland: 0049, nach Österreich: 0043, in die Schweiz: 0041

Vorwahl für China: 0086

TRINKGELD

Trinkgeld zu geben oder auch anzunehmen ist offiziell unerwünscht, wird aber in den großen internationalen Hotels zunehmend üblich. Ein bis zwei US-Dollar, je nach Dienstleistung, erscheinen dort angebracht. Verfahren Sie andernorts weiterhin sehr zurückhaltend, vor allem in Gegenwart von Dritten. In Restaurants gibt man nie Trinkgeld.

ZEIT

In China gilt das ganze Jahr über Pekinger Zeit: Mitteleuropäische Zeit (MEZ) plus 7 Stunden, während der europäischen Sommerzeit plus 6 Stunden.

ZEITUNGEN

Mit der freien Berichterstattung ist es in China so eine Sache. Nur in den Großstädten ist daher eine begrenzte Zahl englisch- oder deutschsprachiger Zeitungen aus dem Ausland zu haben. Die offiziöse »China Daily« mit ihrem Gemisch aus Politik, internationalen Nachrichten und Tourismus findet man dagegen an jeder Hotelrezeption – und das auch noch kostenlos.

ZOLL

Eingeführt werden dürfen zwei Flaschen Spirituosen und 400 Zigaretten, dazu Devisen in unbegrenzter Menge. Nicht ausgeführt werden dürfen Geldbeträge über 6000 Yuan und Gegenstände des kulturellen Erbes (Antiquitäten), sofern nicht mit rotem Siegel freigegeben.

Zollfreie Mengen in die EU und die Schweiz: 200 Zigaretten oder 50 Zigarren oder 250 g Tabak, 1 l Alkohol über und 2 l Alkohol unter 22 (Schweiz: 15) Prozent, 50 g Parfum oder 250 g Eau de Toilette, Geschenkartikel im Wert bis zu 175 Euro (Schweiz: 100 Franken).

Wetter in Peking

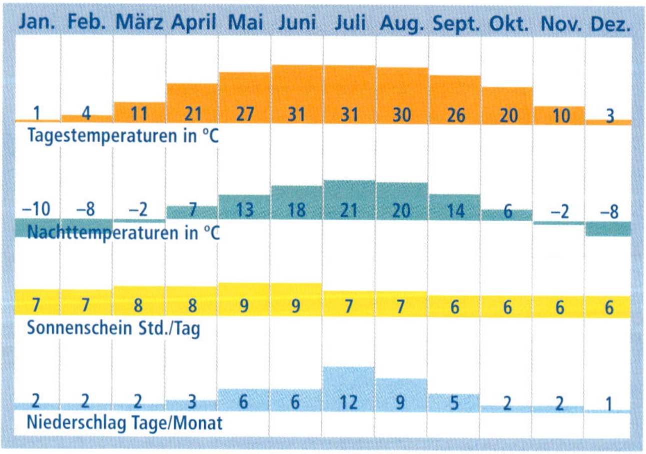

你会说汉语吗？

»Sprichst du Chinesisch?«
Dieser Sprachführer hilft Ihnen, die wichtigsten Wörter und Sätze auf Chinesisch zu sagen

Die wichtigsten Besonderheiten der Standardumschrift (linke Spalte, kursiv) und wie wir sie im Sprachführer wiedergeben.

ao wie au. Wir schreiben au.
c wie tz in »Platz.« Wir schreiben tz.
ei wie eh in »Weh«. Wir schreiben eh.
ch wie tsch in »deutsch«. Wir schreiben tsch.
i nach *c, ch, r, s, sh, z, zh:* verlängert nur den Anlaut, stimmhaft. Wir schreiben i.
j wie dj in »Django«. Wir schreiben dj.
h wie ch in »ach«. Wir schreiben h.
q wie tch in »Lottchen«. Wir schreiben tch.
r am Silbenanfang wie g in »Genie«, sonst wie englisches r. Wir schreiben r.
s wie ß. Wir schreiben ß.
sh wie sch. Wir schreiben sch.
x wie ch in »ich«. Wir schreiben ch.
z wie s in »Sonne« mit einem d davor. Wir schreiben ds.
zh wie dsch in »Dschungel«. Wir schreiben dsch.

Bitte beachten: Doppel- und Dreifachvokale sind nicht getrennt, sondern in eins zu sprechen, so ist z. B. »schuang« oder »liau« jeweils nur eine Silbe.

Die vier verschiedenen Silbenakzente in der chinesischen Hochsprache sind nicht in jedem Fall zum Verständnis wichtig. Falls Sie es dennoch probieren wollen:

¯ 1. Ton: gleichbleibend hoch
´ 2. Ton: ansteigend
ˇ 3. Ton: absinkend-ansteigend
` 4. Ton: fallend

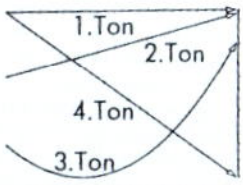

hohe Tonlage
tiefe Tonlage

AUF EINEN BLICK

Ja, richtig.	duèh.	对。
Ja, einverstanden.	hău.	好。
Nein, falsch.	bú duèh.	不对。
Nein, ich lehne ab.	bù hău.	不好。
Danke.	chiàchià.	谢谢。
Bitte, nichts zu danken!	bú chià!	不谢！
Bitte! (Aufforderung)	tchĭng!	请！
Entschuldigung!	duèh bù tchĭ!	对不起！
Wie bitte?	nĭ schuō schémmo?	你说什么？
Ich verstehe Sie nicht.	uŏ bù dŭng?	我不懂。
Ich möchte …	uŏ yàu …	我要…
Das gefällt mir.	uŏ hĕn chĭ huan.	我很喜欢。
Das gefällt mir nicht.	uŏ bù chĭ huān.	我不喜欢。
Bitte nicht/bitte kein!	bú yàu!	不要！
Wo ist die Toilette?	tzè ßuŏ dsài năli?	厕所在哪里？
Eine Quittung, bitte!	yàu fā piàu.	要发票。

KENNENLERNEN

Guten Morgen!	dsǎu!	早！
Guten Tag/Abend!	nǐ hǎu!	你好！
Wie heißen Sie?	nín guèh chìng!	您贵姓？
Wie geht es Ihnen/dir?	nǐ hǎu ma?	你好吗？
Auf Wiedersehen!	dsài djiàn!	再见！
Bis morgen!	míngtiān djiàn!	明天见！

UNTERWEGS

Auskunft

links/rechts	dsuǒ/yòu	左/右
geradeaus	uǎng tchián	往前
nach Osten/Westen	uǎng dūng/chī	往东/西
nach Norden/Süden	uǎng běh/nán	往北/南
Ist es weit?	yüǎn bù yüǎn?	远不远？
Bitte, wo ist …	huǒ tschē dschàn	
… der Bahnhof?	dsài nǎli?	火车站在哪里？
… die U-Bahn?	dì tiǎ dsài nǎli?	地铁在哪里？
… die Bushaltestelle?	tschē dschàn dsài nǎli?	车站在哪里？
Welcher Bus fährt nach…?	dàu … dsuò djǐ lù?	到 ... 坐几路？

Fahrradfahren

Ich möchte ein Rad mieten.	uǒ yàu dsū í liàng dsì chíng tschē.	我要租一辆自行车.
Was kostet es pro Tag?	ì tiān duō schǎu tchián?	一天多少钱？
Die Bremse funktioniert nicht richtig.	schā tschē huàile.	刹车坏了.

Taxi fahren

Bitte nach/zu …	dàu …	到 ...
Was kostet es nach …?	dàu … duō schǎu tchián?	到 ... 多少钱？
Halten Sie dort!	tchián miàn tíng tschē!	前面停车！
Ich steige hier aus.	dschè lǐ chià tschē.	这里下车.
Bitte warten Sie.	tjǐng nǐ děng uǒ.	请你等我.

Fernverkehr

Eine Karte nach …	ì dschāng piàu dàu …	一张票到 ...
Wann fahre ich ab?	schémmo schíhou fā tschē?	什么时候发车？
Wann fliege ich ab?	schémmo schíhou tchǐfēh?	什么时候起飞？
Wann komme ich an?	schémmo schíhou dàu?	什么时候到？
Schlafwagen bitte.	uǒ yàu ruǎn uò.	我要软卧.
Liegewagen bitte.	uǒ yàu ìng uò.	我要硬卧.
Weiche Sitzklasse bitte.	uǒ yàu ruǎn dsuò.	我要软座.
Harte Sitzklasse bitte.	uǒ yàu ìng dsuò.	我要硬座.

Essen/Unterhaltung

Wo gibt es hier ein gutes Restaurant?	fù djìn nǎlǐ yǒu hǎu fànguǎn?	附近哪里有好饭店?
Reservieren Sie uns bitte für heute Abend einen Tisch für … Personen.	uǒmen djīn tiān uǎnschàng dìng … ge rén de uèh dsì.	我们今天晚上订 … 个人的位置。
Bitte bringen Sie uns …	tjǐng lái …	请来 …
Bitte noch etwas Reis.	tjǐng dsài lái mǐfàn.	请再来米饭。
Bitte noch eine Flasche Bier.	tjǐng dsài lái ì píng pídjiǒu.	请再来一瓶啤酒。
Danke, genug!	gòule, chiǎchiä.	够了, 谢谢。
Prost!	gān bēh!	干杯。
Bezahlen bitte.	uǒ yàu fù tchiấn.	我要付钱。

Einkaufen

Wo bekomme ich …	nǎlǐ néng mǎi dàu …	哪里能买到 …
… Filme?	… djiāudjüǎn?	… 胶卷?
… Obst?/Kekse?	… schuěhguǒ?/bǐnggān?	… 水果/饼干?
… Medizin?	… yàu?	… 药?
… Zigaretten?	… chiāng yǎn?	… 香烟?
Haben Sie …?	yǒu méh yǒu …?	有没有 … ?
Haben wir/nicht.	yǒu/méh yǒu.	有/没有。
Was kostet das?	duō schǎu tchiấn?	多少钱?
Bitte zeigen Sie mir das da.	uǒ chiǎng kànkan nèhge.	我想看看那个。
Das ist mir zu teuer.	tài guèh le.	太贵了。
Ich möchte es …		
… kaufen.	uǒ mǎile.	太贵了。
… nicht kaufen.	uǒ bù mǎi.	/我不买。

Übernachtung

Wo kann man hier übernachten?	fù djìn yǒu méh yǒu lǚguǎn?	附近有没有旅馆?
Haben Sie noch Zimmer frei?	hái yǒu méh yǒu fáng djiān?	还有没有房间?
Ich bleibe	uǒ dschù	我住
… eine Nacht.	… íge uǎnschàng.	… 一个晚上。
… drei Tage.	… ßān tiān.	… 三天。
… eine Woche.	… íge chīngtjī.	… 一个星期。
Was kostet eine Nacht?	íge uǎnschàng duō schǎu tchiấn?	一个晚上多少钱?
Haben Sie ein Zimmer mit Bad?	yǒu méh yǒu dài uèh schēng djiān de fáng djiān?	有没有带卫生间的房间?

PRAKTISCHE INFORMATIONEN

Arzt

Ich brauche einen Arzt.	uǒ yàu kàn īschēng.	我要看医生。
Ich habe hier Schmerzen.	dschèlǐ téng.	这里疼。
Ich habe Durchfall.	uǒ lā dùdsi.	我拉肚子。
Ich habe Fieber.	uǒ fā schāu.	我发烧。
Haben Sie eine Kopfschmerztablette?	yǒu méh yǒu tóuténg yàu?	有没有头疼药？

Geldwechsel

Wo kann man hier Geld tauschen?	fù djìn nǎlǐ duèh hùan uài bì?	附近哪里兑换外币？
Wie hoch sind die Gebühren?	schǒu chǔ fèh duō schǎu?	手续费多少？

Post

Nach …	djì uǎng …	寄往 …
… Deutschland.	… Déguó.	… 德国.
… Österreich.	… Àudìlì.	… 奥地利/.
… Schweiz.	… Ruèhschì.	… 瑞士.
Mit Luftpost.	hángūkng.	航空.
Ansichtskarte	míngchìnpiàn	明信片

ZAHLEN

0	líng	零	18	schí-bāh	十八
1	ī	一	19	schí-djiǔ	十九
2	èr*	二	20	èr-schí	二十
3	ßān	三	21	èr-schí-ī	二十一
4	ßì	四	22	èr-schí-èr	二十二
5	ǔh	五	30	ßān-schí	三十
6	liù	六	40	ßì-schí	四十
7	tchī	七	50	ǔh-schí	五十
8	bāh	八	60	liù-schí	六十
9	djiǒu	九	70	tchī-schí	七十
10	schí	十	80	bāh-schí	八十
11	schí-ī	十一	90	djiǔ-schí	九十
12	schí-èr	十二	100	ì-bǎi	一百
13	schí-ßān	十三	101	ì-bǎi-líng-ī	一百零一
14	schí-ßì	十四	200	èr-bǎi	二百
15	schí-ǔh	十五	1.000	ì-tchiān̄	一千
16	schí-liù	十六	10.000	í-uàn	一万
17	schí-tchī	十七	1.000.000	ì-bǎi-uàn	一百万

* Zählt man Gegenstände, Personen etc., wird statt »èr« liǎng-gè« verwendet.

Reiseatlas China

Die Seiteneinteilung für den Reiseatlas finden Sie auf dem hinteren Umschlag dieses Reiseführers

Kartenlegende Reiseatlas

Deutsch / English	Symbol	Français / Nederlands
Autobahn, mehrspurige Straße - in Bau Highway, multilane divided road - under construction		Autoroute, route à plusieurs voies - en construction Autosnelweg, weg met meer rijstroken - in aanleg
Fernverkehrsstraße - in Bau Trunk road - under construction		Route à grande circulation - en construction Weg voor interlokaal verkeer - in aanleg
Hauptstraße Principal highway		Route principale Hoofdweg
Nebenstraße Secondary road		Route secondaire Overige verharde wegen
Fahrweg, Piste Practicable road, track		Chemin carrossable, piste Weg, piste
Straßennummerierung Road numbering	E20 11 70 26 5 40 9	Numérotage des routes Wegnummering
Entfernungen in Kilometer Distances in kilometers	259 130 129	Distances en kilomètres Afstand in kilometers
Höhe in Meter - Pass Height in meters - Pass	1365	Altitude en mètres - Col Hoogte in meters - Pas
Eisenbahn - Eisenbahnfähre Railway - Railway ferry		Chemin de fer - Ferry-boat Spoorweg - Spoorpont
Autofähre - Schifffahrtslinie Car ferry - Shipping route		Bac autos - Ligne maritime Autoveer - Scheepvaartlijn
Wichtiger internationaler Flughafen Major international airport		Aéroport importante international Belangrijke internationale luchthaven
Flughafen Airport		Aéroport Luchthaven
Internationale Grenze - Provinzgrenze International boundary - Province boundary		Frontière internationale - Limite de Province Internationale grens - Provinciale grens
Unbestimmte Grenze Undefined boundary		Frontière d'Etat non définie Rijksgrens onbepaalt
Zeitzonengrenze Time zone boundary		Limite de fuseau horaire Tijdzone-grens
Hauptstadt eines souveränen Staates National capital	MANILA	Capitale nationale Hoofdstad van een souvereine staat
Hauptstadt eines Bundesstaates Federal capital	Kuching	Capitale d'un état fédéral Hoofdstad van een deelstaat
Sperrgebiet Restricted area		Zone interdite Verboden gebied
Nationalpark National park		Parc national Nationaal park
Sehenswerter Ort Place of interest	Tagaytay	Localité remarquable Bezienswaardige plaats
Besondere Sehenswürdigkeit Object of particular interest	Ko Phuket	Curiosité intéressante Bijzonder bezienswaardigheid
Große Mauer The Great Wall		Le Grand Mur De Groot Muur
Sonstige Sehenswürdigkeit Other object of interest		Autres curiosités Overige bezienswaardigheden
Brunnen Well		Puits Bron
Ausflüge & Touren Excursions & tours		Excursions & tours Uitstapjes & tours

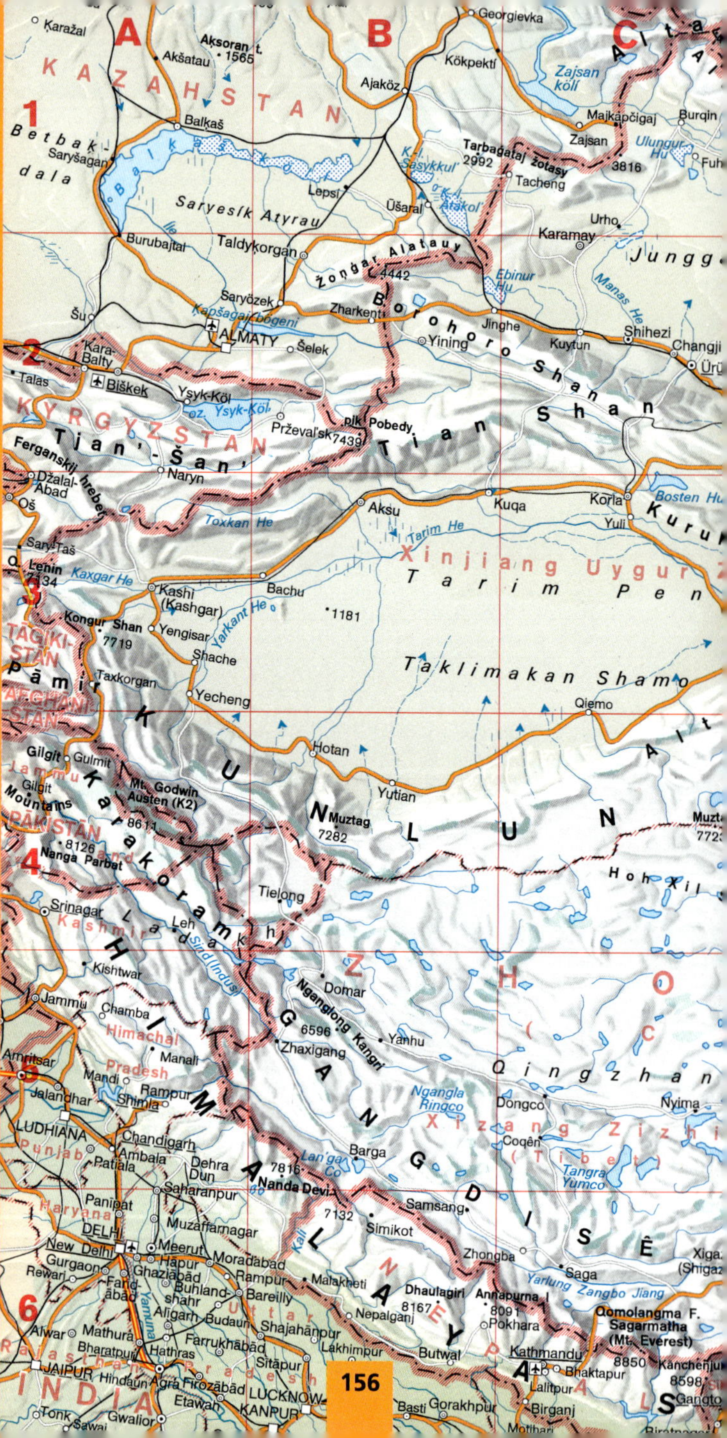

A
B
C
1
2
3
4
5
6
KAZAHSTAN
Karažal
Akšatau
Aksoran t.
1565
Georgievka
Kökpektí
Ajaköz
Zajsan kölí
Majkapčigaj
Burqin
Zajsan
Ulungur Hu
Fuh
Balkaš
Betbak-dala
Saryšagan
Tarbaġataj žotasy
2992
Tacheng
3816
Lepsí
Sasykkul'
Ūšaral
Alakol'
Saryesík Atyrau
Urho
Karamay
Jungg
Burubajtal
Ile
Taldykorgan
Žoṅġar Alatauy
4442
Ebinur Hu
Manas He
Saryözek
Kapšagaj bogeni
Šu
Zharkent
Borohoro Shan
Jinghe
Shihezi
Changji
Ürü
ALMATY
Šelek
Yining
Kuytun
Kara-Balty
Talas
Biškek
Ysyk-Köl
oz. Ysyk-Köl
KYRGYZSTAN
Prževal'sk
plk Pobedy
7439
Tian Shan
Tjan'-Šan'
Ferganskij hrebet
Naryn
Džalal-Abad
Oš
Toxkan He
Aksu
Kuqa
Korla
Bosten Hu
Yuli
Kuruk
Tarim He
Sary-Taš
Lenin
7134
Kaxgar He
Xinjiang Uygur Z
Tarim Pen
Kashi (Kashgar)
Bachu
1181
Yarkant He
Kongur Shan
7719
Yengisar
TADŽIKISTAN
Shache
Taklimakan Shamo
Pāmir
Taxkorgan
AFGHANISTAN
Yecheng
Qiemo
KUNLUN
Alt
Hotan
Gilgit
Gulmit
Jammu
Gilgit Mountains
Mt. Godwin Austen (K2)
8611
Karakoram
Yutian
Muztag
7282
Muzta
7723
PĀKISTĀN
8126
Nanga Parbat
Hoh Xil
Tielong
Srinagar
Kashmir
Leh
Ladakh
Sind (Indus)
HIMALAYA
Kishtwar
Domar
ZHONGGUO
Jammu
Chamba
Ngangiong Kangri
6596
Himachal Pradesh
Yanhu
Manali
Zhaxigang
GANGDISÊ
Amritsar
Mandi
Qingzhan
Rampur
Shimla
Jalandhar
Ngangla Ringco
Dongco
Nyima
LUDHIANA
Xizang Zizhi (Tibet)
Chandigarh
Punjab
Coqên
Ambala
Patiala
Barga
Dehra Dun
7816
Lan'ga Co
Tangra Yumco
Saharanpur
Nanda Devi
Panipat
Haryana
7132
Samsang
Muzaffarnagar
Simikot
DELHI
New Delhi
Meerut
Moradabad
Kali
Zhongba
Xiga (Shigaz
Gurgaon
Hapur
Saga
Rewari
Ghaziabad
Rampur
Malakheti
Faridabad
Buhlandshahr
Bareilly
Dhaulagiri
8167
Annapurna I
8091
Yarlung Zangbo Jiang
Aligarh
Budaun
Nepalganj
Pokhara
Qomolangma F. Sagarmatha (Mt. Everest)
8850
Alwar
Mathura
Shajahanpur
Yamuna
Bharatpur
Hathras
Farrukhabad
NEPAL
Lakhimpur
Butwal
Kathmandu
Bhaktapur
Kanchenju
8598
Rajasthan
JAIPUR
Hindaun
Agra
Firozabad
Sitapur
Uttar Pradesh
Lalitpur
INDIA
Etawah
LUCKNOW
Tonk
Sawai
Gwalior
KANPUR
Basti
Gorakhpur
Birganj
Gangto
Motihari
Biratnagar

Türgen
3978
Ölgij
Hjargas nuur
Zur
Bulgan
Orhon gol
Ulaanbaatar
(1325)
Tuul gol
Har Us nuur
Hovd
Zavhan gol
Döröö nuur
Uliastaj
Hangajn Nuruu
Cècèrlèg
3539
MONGOL ARD ULS
Arvajhèèr
Bajanhongor
Altaj
Mandalgov'
Mongol Altajn nuruu
Ertai
3479
Äz Bogd
3802
3957
Gov' Altajn nuruu
2809
Dalanzadgad
Altajn Caadah Gov'
Gov' (Gobi)
Karlik
4925
Hami
Gongpoquan
Alxa Gaoyuan
Huxi Xincun
Bayan
Bei Shan
Liuyuan
Anxi
Yumenguan
Dunhuang
Lop Nur
Jiayuguan
Yumen
Jiuquan
Zhangye
Qilian Shan
5547
Jinchang
Wuwei
Aksay
5808
Huatugou
Youdunzi
Iqe
Da Qaidam
Delingha
Tianjun
Gangca
Datong
Xining
Qinghai Hu
Ulan
Honggu
Huangyuang
LANZHOU
Quimantag
5254
Qaidam Pendi
Golmud
Dulan
Huang He
Linxia
Xiahe
6860
6300
Budongquan
Qumar Heyan
Bayan Har Shan
Huashixia
6067
Tuotuo Heyan
Yushu
Kili Bulak
6241
Tanggula (Dangla) Shan
Amdo
Sog Xian
Garzê
6168
Barkam
Sichuan
Qamdo
Shaluli Shan
Dawu
Daxue
Nagqu
Ya'an
Nyainqentanglha Shan
Bangda
Jinsha Jiang
6705
Batang
Litang
7556
Gongga Shan
Yangbajain
Lhasa
Bayizhen
Nyingchi
7756
Rawu
Tanian Taweng Shan
Nu Jiang
Markam
Yalong Jiang
Conggar
6740
Hengduan Shan
Xichang
7739
7102
Arunachal Pradesh
BHUTAN
Punakha
Thimphu
Tashigang
Itanagar
North Lakhimpur
Dibrugarh
Brahmaputra
Assam
Chukhoa Ghat
5881
Pulao
MYANMAR
Zhongdian
200 km
5590
Lijiang
Panzhihua
3410
4379
D E F
1 2 3 4 5 6

157
168

A
B
C
Borzongijn
MONGOL ARD U
G
100 km
1
1315
320
834
ALXA GAOYUAN
960
Ulan Tohoi
Bayan
2
Ruo Shui
Badain Jaran Shamo
(Alashan Shamo)
78
1347
Bayan Olji
Hei He
Hongliuyuan
N
Heihe Z.B.
Suhait
Gaotai
1660
Yaibrai
119
Quan
170
Linze
Alxa Youqi
QILIAN SHAN
3616
3
Zhangye
1586
Sunan
Shandan
Longshou Shan
Alxa
128
Minqin
484
1478
Minle
Tengger Shamo
227
144
Jinchang
4731
70
Qilian
Yongchang
312
60
Obo
Wuwei
Datong He
Lenglong Ling
5254
Lenglong Ling
Dahequ
Luanjing
338
4843
59
Cêtar
1880
Datong Shan
Qingshizui
Shapotou
Zho
4
Gangca
Gulang
Dajing
Gantang
116
Menyuan
134
2954
Ningx
Sitang
103
107
92
Wushao Ling
4070
Liao Dao
227
4004
Jingtai
Qinghai Hu
3610
Xueshan
Zakou Shankou (3731)
3268
Haiyan
Xijishui
2780
546
109
Heimahe
Huzhu Tuzu Zizhixian
Tianzhu
Xir
3200
44
Datong
Qu
39
77
123
109
Huangyuan
50
XINING
85
Yongdeng
Tangjiatai
250
35
(2244)
312
Qinghai Nanshan
4720
Ta'er Si
Huangzhong
Ledu
BAIYIN
116
20
4469
231
118
Hongguqu
48
Jingyuan
Daotanghe
Ping'an
109
Minhe Huizu Tuzu Zizhixian
2858
Huang Shui
106
Dalu
Gonghe
68
Gaolan
2
Hualong
Hekou
81
Daheba
214
4332
LANZHOU
Guocheng
163
Yongjing
(1508)
124
5
Binglingsi Shiku
309
85
Huang He
212
252
Xunhua
Tao He
120
Liujiaxia Sk.
Xinglong Shan Z.B.
39
93
Huining
Linxia
Dingxi
96
Tongren
109
25
113
Tongde
Xiahe
77
Lintao
78
Maying
316
Tongw
Niaoshu Sh.
Weiyuan
Huichuan
2609
Labrang Si
Hezuozhen
118
Zêkog
Longxi
349
126
A'nyêmaqên Shan
213
119
Golog Maqên
Jonê
Wushan
124
Luqu
6
2
TIAN
123
Min Xian
610
Li Xian
115
Lang
Têwo
Dangchang
Huang He
Maqu
74
Zhugqu
43
Chen

164

D
E
F
160
Galbyn Gov'
(GOBI)
NEI MONGOL GAOYUAN
YIN SHAN
Lang Shan
Urad Houqi
Urad Zhongqi
Bayan Obo
Darhan Muminggan Lianheqi
Bailingmiao
Gegentala Caoyuan
Xilamuren Caoyuan
Siziwa
Wuyunan
Hanggin Houqi
LINHE
Urad Qianqi
Ulansuhai Nur
BAOTOU
Guyang
Wudang Zhao
Donghe Qu
Tumd Youqi
Tumd Zuoqi
Wuchuan
Daqing Shan
Dalad Qi
Xiangsha Wan
Huang He
Togtoh
Hodq Shamo
Dengkou
Dongsheng
Dafanpu
Lamadong-ahao
Hanggin Qi
Sishiliang
Ejin Horo Qi
Cenghis Khan Ling
Jungar Qi
Pianguan
Jartai
WUHAI
Wuda
Zhuozi Shan
Xinzhao Shan
Sanbei Yangchang
Narin Nur
Qagan Nur
Bag Nur
MU US SHAMO
ORDOS
The Great Wall
Sancha
SHIZUISHAN SHI
Shizuishan Qu
Huinong
Otog Qi
Uxin Ju
Tugo
Fugu
Baode
Wuzhai
Shenmu
Pingluo
Helanshan Z.B.
Qab
Helan
YINCHUAN
Uxin Qi
Gaojiabu
Xing Xian
Bulanghe
Yulin
Lan Xian
Otog Qian Qi
Lingwu
Wuzhong
Wuding He
Jia Xian
Lin Xian
Pangquangou Z.B.
Xarlag
Nong-chang
Yuhe
Baiyan Temple
Mizhi
Madihui
Juh
Yanchi
Dingbian
Jingbian
Haotan
Zizhou
Suide
Wubu
Liulin
Lishi
Hui'anpu
Dashuikeng
Shigong Temple
Zichang
Qingjian
Huang He
Yang-quangu
Jiaokou
Tongxin
Yuwang
Fanxue
Wuqi
Long'an
Yongping
Ansai
Zhidan
Yanchuan
Hongde
Qiaozhen
Yaodian
Daning
Pu Xian
Qingshui He
Huan Xian
Huachi
Yan'an
Baota Shan
Yanchang
Maojing
Mubo
HUANGTU GAOYUAN
Ganquan
Linzhen
Ji Xian
Guyuan
Qianhes-hangyuan
Xiangning
Qingyang
Yichuan
Hukou Pubu
Liupanshan Z.B.
Ziwu L.
Fu Xian
Huangdi Ling
Luochuan
Jishan
Zhenyuan
Xifeng
Huanglong
Houma
Pingliang
Kongtongshan
Hongzhi Liang
Ning Xian
Huangling
Chanhe Temple
Hancheng
Hejin
Yijun
Jingchuan
Yaodian
Heyang
Wenxi
Baishui
Xia Xian
Lingtai
Xunyi
TONGCHUAN
Yuncheng
Chengcheng
Long Xian
Bin Xian
Pucheng
Xiezhou Guandi Miao
Yao Xian
Yaowang Hill
Guoguo Wenwu
Dali
Yongle Gong
Ruicheng
Sanmenxia
Qianyang
Fuping
Zhao Ling
Qian Ling
Sanyuan
WEINAN
Fengxiang
Famen Si
Qian Xian
Huayin
Fushui
Tong'guan
Lingbao
Huashan
BAOJI
Fufeng
XIANYANG
Qin Bingmayong
Huaqingchi
Mao Ling
Xingping
Lintong
Lantianyuanre Yizhi
Mei Xian
Taibai
Zhouzhi Z.B.
XI'AN
Lantian
Luonan
Lushi
Zhouzhi
Hongmenhe
Taibaishan Z.B.
Taibai Shan
QINLING
Feng Xian
Shangzhou
Danfeng
Foping
159
165

A
B
C
1
2
3
4
5
6
Baruun-Urt
Bujant
Sèrgèlèn
MONGOL ARD ULS
Hongor
Širéét
Čonogol
1316
1777
Dong Ujimqin Qi
Havirga
Hongor
N
A
U
Y
O
A
G
N
O
L
O
I
o
g
H
N
Xi U
118
1168
151
1435
Abag Qi
Xilinhot
102
Sonid Zuoqi
89
87
303
Borhojn-Tal
Erenhot
Qagan Nur
179
195
Dalai Nur
104
206
555
299
207
Sonid Youqi
Nart
175
1150
104
Yuanshangdu Yizhi
64
Sandian He
Xianghuang Qi
231
95
Zheng-xiangbai Qi
Habirag
138
Duolun
294
1820
56
1828
Taibus Qi
minggan
Huade
63
174
38
Guyuan
Gegentala Caoyuan
Siziwang Qi
Qahar Youyi Houqi
Shangdu
108
80
207
Luan He
122
Xilamuren Caoyuan
50
185
72
83
327
Qahar Youyi Zhongqi
2130
116
76
Wuchuan
2174
138
Shan
Zhangbei
The Great Wall
Fengni
Yunwu Sh 2047
36
110
JINING
38
Damaqun Shan
HOHHOT
Zhuozi
208
Huangqi Hai
169
ZHANG-JIAKOU
Chicheng
69
Tumd Zuoqi
Youqi
209
Liangcheng
Dai Hai
68
119
35
Huai'an
Xuanhua
62
2285
57
2100
Songshan Z.B.
Horinger
Fengzhen
59
177
Huailai
Mutianyu
Miyun
Ogtoh
51
208
Sanggan He
Yanqing
Sishan Ling
75
83
Yungang Shiku
DATONG
Huashaoying
Badaling
Miyun
Zuoyun
109
64
76
45
41
124
Changping
Beijing Sh
Qingshuihe
Yangyuan
2882
BEIJING
Dalanpu
109
Xiaowutai Shan
40
Amadong-ahao
85
Huairen
58
Yuxian
Zhoukoudian
Jinshatan
Monastery
Hengshan 2017
107
84
171
142
56
84
Hunyuan
207
108
Yesanpo
65
69
Zhuozhou
62
Pinglu
Shanyin
Ying Xian
Lingqiu
Qing Xiling
24
30
LANGF
Pianguan
Yingxian Muta
2375
Laiyuan
42
Shuozhou
40
Yanmen G
487
147
Yi Xian
Xin-cheng
Gu'an
TIANJIN
25
60
2322
279
Sancha
66
Fanshi
165
Xushui
Baode
Wuzhai
Ningwu
58
25
Dai Xian
Wutaishan 3058
150
112
Mancheng Hanmu
Bazhou
208
104
105
Dongzhai
Kelan
113
2783
Fuping
BAODING
106
96
Yuanping
Wutai
856
Renqiu
209
80
187
63
Shan
Quyang
107
Jingle
Xinzhou
203
Dingzhou
77
Ziya He
g Xian
34
85
Dingxiang
Xingtang
Hejian
Anguo
Lan Xian
1
62
76
Wuji
363
77
CA
Pangquangou Z.B.
TAIYUAN
Xiaxiyu
Yu Xian
81
Pingshan
Dachenzhuang
Shen Xian
hui
2831
Gujiao
55
Dongling
Shouyang
SHIJIA-ZHUANG
307
Botou
112
Xuanzhong Si
Jin Ci
237
107
Xinji
156
122
YANGQUAN
Zhao Xian
Fucheng
381
Hebei
Shanxi
Han
166

D
E
F
1
2
4
5
6
Solon
Jalaid Qi
Tailai
ULANHOT
Zhenlai
BAICHENG
TAONAN
Tuquan
Horqin Youji Zhongqi
Huolingol
Xar Obot
Da Hinggan Ling
Tongyu
Taipingchuan
Jarud Qi
Horqin Zuoyi Zhongqi
Xebert
Bairin Zuoqi
Ar Horqin Qi
Liao Shangjingcheng Yizhi
Linxi
Bairin Youqi
Kailu
TONGLIAO
Xi Liao He
Shuangliao
Hexigten Qi
Horqin Zuoyi Houqi
Ongniud Qi
Naiman Qi
Daqinggou
Hure Qi
Kangping
Faku
Hongshan
Zhangwu
Aohan Qi
CHIFENG
Baoguolao
FUXIN
Xinmin
Bei Ling
SHENYANG
Harqin Qi
Jianping
BEIPIAO
Yiwulushan
Beizhen
Liaozhong
Ningcheng
CHAOYANG
Wanfotang Shiku
Yi Xian
Goubangzi
Liao Zhongjingcheng Yizhi
Lingyuan
JINZHOU
PANJIN
LIAOYANG
ANSHAN
Qianshan
DAWA
HAICHENG
Pingquan
CHENGDE
Song Ling
Jianchang
JINXI
Shuangtaizi Hekou Z.B.
YINGKOU
Yingkou (Dashiqiao)
Xipaotai
Wulingshan Z.B.
Kuancheng
Xingcheng
Juhua Dao
FENGCHENG
Xinglong
Qinglong
Liaodong Wan
Gai Xian
Xiuyan
Dong Ling
Suizhong
Xiongyuecheng
Buyun Shan
Huangyaguan
Zunhua
Shanhaiguan
Dagushan
QINHUANGDAO
Beidaihe Haibin
Fuzhouzhen
WAFANGDIAN
Zhuanghe
Fengrun
Changli
Luan Xian
TANGSHAN
Xinjin
Liaodong Bandao
Ninghe
Laoting
Changshan Qundao
Jingtang Gang
Jinzhou
Tanggu
Laotieshan Shedao Z.B.
DALIAN
Korea Bay
Lüshun
Nampo
Bo Hai
Bohai Haixia
Bohai Wan
100 km
Changdao
Penglai Ge
Penglai
Wuhao Zhuang
Huanghe Kou
Zhanhua
Bajiao Qu

167

A
B
C
Wudalianchi
Morin Dawa
Nehe
Arun Qi
BEI'AN
ZHALANTUN
Zhalan Tun
Gannan
Yi'an
Fuyu
Baiquan
Hailun
QIQIHAR
Ang'ang Xi
Mingshui
Lindian
Suileng
Qing'an
Jalaid Qi
Dorbod
Qinggang
SUIHUA
DAQING
ANDA
Tailai
Heilong
ULANHOT
LANXI
Bayan
Hulan
Mulan
ZHAODONG
Taiyang Dao
Songhua
Zhenlai
Bin Xian
HARBIN
Erlongshan
BAICHENG
Da'an
ACHENG
Zhaoyuan
Shuangcheng
TAONAN
Xiabande
Lalin
Pingshan
Youyi
FUYU
Cagan Nur
Qian'an
Songhua Jiang
Shengli
Wuchang
Tongyu
Yushu
Shanhetun
Taipingchuan
Dehui
Changling
Nong'an
Jishu
Shulan
Horqin Zuoyi Zhongqi
Xebert
Jiutai
CHANGCHUN
JILIN
Xi Liao He
Beishan
Longtanshan
TONGLIAO
GONGZHULING
Shuangyang
Jiaohe
Shuangliao
Songhua Hu Z.B.
DUNHUA
Yitong
SIPING
Horqin Zuoyi Houqi
LIAOYUAN
Panshi
Huadian
Kangping
Dongfeng
Baishan
Dapu
Faku
Changtu
Huinan
Zhangwu
Tiefa
Kaiyuan
MEIHEKOU
Songjiang
Jingyu
Baihe
TIELING
Liuhe
Fusong
Qingyuan
Xinmin
Changbaishan Z.B.
Paekdu San
SHENYANG
FUSHUN
HUNJIANG
Linjiang
Chunggang
Yongling
Liaozhong
Xinbin
TONGHUA
Huajianzi
Huchang
Changbai
Chasong
Huanren
Kimjongsuk-up
LIAOYANG
BENXI
Ji'an
Manpo
ANSHAN
Benxi Shuidong
Baishilazi Z.B.
Kapsan
HAICHENG
Qianshan
Caohekou
Rangnim
KANGGYE
Kuandian
Chosan
Chonchon
Sansu-ri
Yingkou (Dashiqiao)
Puksubaek
FENGCHENG
Changdianhekou
Changjin Ho
Gai Xian
Fenghuangshan
Changsong
Hoban
Xiuyan
Huichon
Changjin
DANDONG
Uiju
Unsan
Muchyang San
Sinhung
SINUIJU
HAMHUNG
Dagushan
Kusong
Hongwon
+8h Gr.Time
Donggou
Pidando
Tokchon
HUNGNAM
Chongpyong
Zhuanghe
Sonchon
Kaechon
Maengsan
+9h Gr.Time
Sinmido
Anju
Kumya
Yalu Jiang
Rangnim Sanmaek
Longgang Shan
Changbai Shan
Zhang Guangcai Ling
Jilin Hada Ling
Qian Shan

D
E
F
1
2
3
4
5
6
HABAROVSK
Birofel'd
Novotroickoe
Golovino
Fuyuan
Perejaslavka
Evrejskaja avtonomnaja oblast'
Amur
Heilong Jiang
Transsib
+9h Gr. Time
+8h Gr. Time
Leninskoe
Puzino
Radde
Jiayin
Wuyiling
YICHUN
HEGANG
Luobei
Tongjiang
Qianjin
Vjazemskij
Suibin
Fujin
Xiaojiahe
M60
Lončakovo
Vasil'evka
Bikin
Radhe
Lučegorsk
Nancha
Tang-yuan
JIAMUSI
Jixian
SHUANYASHAN
Baoqing
Dongfang-hong
Yanwodao
Wanda Shan
Yilan
Huanan
Hutou
Dal'nerečensk
Novopokrovka
Bol'saja Ussurka
A179
Rakitnoe
QITAIHE
Boli
Mishan
Hulin
Lesozavodsk
Ariadnoe
Linkou
JIXI
Novokačalinsk
Xingkai Hu
ozero Hanka
Kirovskij
ROSSIJA
Muling
gora Kedrovaja
Barabaš-Levada
Kamen'-Rybolov
Čkalovskoe
Spassk-Dal'nij
MUDANJIANG
Hailin
Suifenhe
Pograničnyj
A182
Horol'
gora Ostraja
A180
Ubovka
Kavalerovo
Ning'an
Suiyang
A184
Sibircevo
Barfolomeevsk
Arsen'ev
Novočuguevka
hrebet Vostočnyj Sinij
Dongning
Razdol'naja
Anučino
A181
Mihajlovka
Nikolo-L'vovskoe
USSURIJSK
gora Oblačnaja
Gorno-vodnoe
Gory Prževal'skogo
Razdol'noe
Artem
Lazo
Milogradovo
Wanqing
Barabaš
M60
A189
VLADIVOSTOK
Smoljaninovo
Sergeevka
Partizansk
gora Černaja
Bolšoj Kamen'
A188
NAHODKA
Zapovednyj
Tumen
YANJI
Hunchun
Slavjanka
Kraskino
Longjing
zaliv Petra Velikogo
Petropavlovsk-Kamčatskij Magadan
Helong
Hoeryong
Hasan
mys Gamova
Musan
Sonbong
Rajin
Puryong
+10h Greenwich Time
+9h Greenwich Time
CHONGJIN
Kwanmo Bong
Mean pack ice limit in winter
Odaejin
Kilju
Musu Dan
Kimchaek
Tanchon
Japonskoe More
Tong Hae
Nippon Kai
Sea of Japan
Shanghai
CHOSON M.I.K.
(NORTH KOREA)
100 km

158

A
B
C
1
2
3
4
5
6
100 km
Zekog
Hezuozhen
Luqu
Jonê
Longxi
Zhangjiachuan
Qin'an
Wushan
TIANSHUI
Wei He
Maijishan Shiku
Min Xian
Maqu
Langmusi
Têwo
Dangchang
Li Xian
Feng Xian
Jiangluo
Zoigê
Zhuggu
Lianghekou
Cheng Xian
Min Shan
Jigzhi
Golog Shan
5369
Wangziguan
Wudu
Lüeyang
Nanping
Jiuzhaigou
Aba
Hongyuan
Wen Xian
Baishuijiang Z.B.
Bikou
Huanglong Si
Xuebao Ding
5588
Songpan
Tangjiahe Z.B.
Qingchuan
Qianfo Yan
GUANGYUAN
Pingwu
Min Jiang
Wangcang
Jianmen G.
Shuajingsi
Douchuishan
Cuiyun Lang
Jiange
Barkam
Beichuan
JIANGYOU
Gigushan Damiao
Cangxi
Mao Xian
An Xian
Zitong
Langzhong
Jinchuan
Guoquanyan
5035
Qionglai Shan
Wenchuan
MIANYANG
Li Xian
Wolong Daxiongmao Reserves
Mianzhu
Nanbu
Dawu
Xiaojin
Guangji
Yanting
Santai
DUJIANGYAN
DEYANG
Danba
Dujiang Yan
Guanghan
Zhongjiang
Shehong
Pengxi
NANCHONG
Xichong
Pi Xian
Chongqing
CHENGDU
Renmei
Dayi
Guihua
Fengtongzhai Giant-panda Reserves
Dadu He
Qionglai
Xinjin
SUINING
Liemianzheng
Baoxing
Jianyang
Labahe Niuling Reserves
Xinduqiao
Kangding
Pujiang
Pengshan
Lezhi
Wanlong
Zheduo Shankou
Meishan
Ziyang
Anyue
Tongnan
Erlang Sh.
Ya'an
Renshou
Luding
Hongya
Baodingshan Temple
Tongliang
Jiajiang
Dazu
Yingjing
LESHAN
Jingyan
Zizhong
Jinyunshan
Hailuogou
Gongga Sh.
7556
Detuo
Emeishan
Wannian Temple
3090
Rong Xian
NEIJIANG
Bishan
Dafo Temple
Weiyuan
Dafo Temple
Rongchang
Hanyuan
Wutongqiao
ZIGONG
Shimian
Long-chang
Yongchuan
Jiangjin
Ebian
Qianwei
Dengyuan
Yalong Jiang
Lishi
Muchuan
Daguan
LUZHOU
Ganluo
Dafengding Natural Ecosystem Reserves
Hejiang
Mian-ning
Duzigu Gang
4035
Yan-feng
Daliang Shan
YIBIN
Chang-ning
Huguo
Chishui
Xide
Suijiang
Shunanzhuhai
Lugu
Meigu
Gao Xian
Gong Xian
Xishui
Xingwen
Zhaojue
Junlian
Xuyong
XICHANG
Yanjin
Boren Xuanguan
Shihaidongxiang
Luojishan
Wulian Feng
Changyang
Weixin
Butuo
Daguan
Yuhe
Chishuihe
Jinsha Jiang
Yiliang
Dechang
Puge
Wuyi
Zhaotong
Kuiyang
Yanzikou
Zhengxiong
Bijie
Luhan Shan
Ludian
Hezhang
Dafang
Bailidujuan
Jichang
Magu
Qianxi
Ningan
Qiaojia
Weining
Miyi
Wu Shan
Huili
Huidong
Daqiao
Zhenai
Zhijin
Zhijin D.
PANZHIHUA
Huize
Zhejue
LIUPANSHUI
Qingzhen
Dongchuan
Douqing
Pingba
Yongren
Caiyuan
Xuanwei
Fa'er
Liuzhi
ANSHUN
Sichuan
Guizhou
213
317
318
108
212
319
321
326
290
401
372
325
322
386
306
303
285
186
179
349
610
886
784
158
164
170

170

159
171
D
E
F
1
2
3
4
5
Long Xian
Bin Xian
Yao Xian
Pucheng
Dali
Ruicheng
LUOYANG
Yima
Fengxiang
Fufeng
Qian Xian
Sanyuan
WEINAN
Fuping
Tong'guan
Lingbao
XIANYANG
Wugong
Lintong
XI'AN
Lantian
Mei Xian
Taibai
Zhouzhi
Luonan
Lushi
Luanchuan
Song Xian
Heyu
Shangzhou
Danfeng
Wulichuan
Liuba
Foping
Shagoujie
Linchang
Zhen'an
Ningshan
Shanyang
Shangnan
Xiping
Xixia
Nanzhao
Chenggu
Xixiang
Shiquan
Xiaohe
Xichuan
Neixiang
Zhenping
Hanyin
Xunyang
Baihe
Yun Xian
SHIYAN
DANJIANGKOU
ANKANG
Ziyang
Zhenba
Pingli
Zhuxi
Zhushan
LAOHEKOU
Gucheng
Fang Xian
Wanyuan
Tongjiang
Zhenping
Baokang
Nanzhang
Yicheng
Pingchang
Xuanhan
DA XIAN
Kai Xian
Wuxi
Fengjie
Wushan
Xingshan
Zigui
Badong
JINGMEN
Dangyang
WAN XIAN
Renshi
Dazhu
Liangping
Jianshi
YICHANG
Zhijiang
Zhicheng
JIANGLING
Lichuan
Enshi
Wufeng
Songzi
Changshou
Fengdu
Shizhu
Xuan'en
Hefeng
FULING
CHONGQING
Xianfeng
Laifeng
Qianjiang
Longshan
Sangzhi
Jinshi
Linli
Cili
Dayong
Pengshui
Wulong
Daozhen
Youyang
Yongshun
Zhoushi
CHANGDE
Taoyuan
Baojing
Huayuan
Jishou
Luxi
Yuanling
Zheng'an
Wuchuan
Yanhe
Dejian
Xiushan
Anhua
Suiyang
Tonggang
Yinjiang
Sinan
Fenghuang
Mayang
Chenxi
Xupu
LENGSHUIJIANG
LIANYUAN
Meitan
Tongren
HUAIHUA
Jiangkou
Zhijiang
Shiqian
Xinhuang
Qianyang
SHAOYANG
Yuqing
Weng'an
Zhenyuan
Yuping
Hongjiang
Dongkou
Longhui
Shaoyang
Sansui
Tianzhu
Huitong
Huangping
GUIYANG
KAILI
Jinping
Jingzhou
Wugang
Xinning
Dong'an
Qiyang
Guiding
Duyun
Liping
Tongdao
Chengbu
Lengshuitan
Yongzhou

160
172
TAIYUAN
Gujiao
Qingxu
YUCI
Taigu
Wenshui
Fenyang
Pingyao
Jiexiu
Lingshi
Qin Xian
Huoshou
Hongdong
LINFEN
Xiangfen
Houma
Yicheng
Yangcheng
JINCHENG
Gaoping
CHANGZHI
Lucheng
Licheng
Zuoquan
Yushe
Xiyang
YANGQUAN
Shouyang
Dingxiang
Yu Xian
Pingshan
Jingxing
SHIJIAZHUANG
Xinji
Zhao Xian
Gaoyi
Longyao
Nangong
XINGTAI
Shahe
HANDAN
She Xian
Lin Xian
ANYANG
HEBI
Xun Xian
Hua Xian
Weihui
XINXIANG
JIAOZUO
Qinyang
Wuzhi
Jiyuan
Heng Xian
LUOYANG
Yima
Mianchi
Yichuan
Luoning
Song Xian
Ruyang
Ruzhou
Gong Xian
Song Shan
Dengfeng
Xinzheng
Yuzhou
XUCHANG
KAIFENG
ZHENGZHOU
Weishi
Yangling
Fugou
Taikang
Xiangcheng
PINGDINGSHAN
Baofeng
Lushan
Ye Xian
Wuyang
LUOHE
Xiping
Shangcai
Runan
ZHUMADIAN
Biyang
Zhengyang
Xincai
Pingyu
Xihua
ZHOUKOU
Huaiyang
Xiangcheng
Shangqiu
SHANGQIU
Zhecheng
Sui Xian
Minquan
Lankao
Fengqiu
Changyuan
PUYANG
Nanle
Fan Xian
Liangshan
Juancheng
Yuncheng
HEZE
Dongming
Dingtao
Cao Xian
Shan Xian
Dangshan
Feng Xian
Pei Xian
Xiao Xian
JINING
Juye
Jinxiang
Chengwu
Wen Shang
TAI'AN
Pingyin
LIAOCHENG
Shen Xian
Guantao
Linqing
Gaotang
Qinghe
Wei Xian
Hengshui
DEZHOU
Fucheng
Botou
Hejian
Anguo
Wuji
Shen Xian
Dachenzhuang
Ningjin
Linyi
Yongcheng
Bozhou
Xiayi
Luyi
Dancheng
Guoyang
SUZHOU
Mengcheng
Lixin
Taihe
Jieshou
Linquan
FUYANG
Funan
Huaibin
Yingshang
Huoqiu
Shou Xian
Huaiyuan
Xinyang
XINYANG
Luoshan
Huangchuan
Gushi
Shangcheng
Xixian
Minggang
Tongbai
NANYANG
Zhenping
Neixiang
Xixia
Nanzhao
Fangcheng
Tanghe
Dengzhou
Xinye
LAOHEKOU
XIANGFAN
Zaoyang
Yicheng
SUIZHOU
Guangshui
Dawu
Hong'an
Macheng
Luotian
Yingshan
Xishui
JINGMEN
Zhongxiang
Jingshan
Anlu
Yunmeng
XIAOGAN
Yingcheng
TIANMEN
Hanchuan
WUHAN
Huangpi
EZHOU
Huanggang
HUANGSHI
Qichun
Wuxue
Susong
Wangjiang
ANQING
Taihu
Qianshan
Yuexi
Tongcheng
Huoshan
Shucheng
LU'AN
Jinzhai
Yejiji
Dangyang
Zhijiang
QIANJIANG
SHASHI
Jiangling
XIANTAO
Honghu
Jianli
Shishou
PUQI
Chongyang
XIANNING
Jiayu
Yangxin
Ruichang
JIUJIANG
Hukou
Pengze
Tongshan
Dabie Shan
Tongbai Shan
Taihang Shan
166

D
E
F
1
2
3
4
5
6
161
167
173
100 km
Bohai Wan
Wuhao Zhuang
Huanghe Kou
Zhanhua
Kenli
Dongying Qu
DONGYING
BINZHOU
Laizhou Wan
Miaodao Qundao
Changdao
Penglai
Penglai Ge
Bajiao Qu
Longkou
YANTAI
Weihai
Chengshan Jiao
Jiurongcheng
Qixia
Mouping
Taibao D.
Wendeng
Taocun
Rongcheng
Laizhou
Laiyang
Shidao
Guangrao
Shahe
Zouping
Laixi
Haiyang
Rushan
ZIBO
WEIFANG
Pingdu
Qingzhou
Shandong Bandao
Linqu
Anqiu
Gaomi
Jimo
Laoshan
Lushan
Yiyuan
Jiaozhou
QINGDAO
XINTAI
Zhucheng
Jiaonan
Mengyin
Yishui
Wulian
Lingshan Dao
Yinan
Ju Xian
Liangcheng
RIZHAO
Huang Hai
Hwang Hae
Yellow Sea
Fei Xian
LINYI
Junan
Oushutou
ZHUANG
Cangshan
Linshu
Haizhou Wan
Ganyu
Lianyungang
Yuntaishan
Tancheng
Gaofengtao
LIANYUNGANG
Chenjiagang
Donghai
Xinyi
Guanyun
Pi Xian
Shuyang
Xiangshui
Luoma Hu
Suqian
Binhai
Gaogou
Lianshui
Funing
Sheyang
Siyang
Suining
Zhongxingqiao
Lingbi
HUAIYIN
HUAI'AN
Sihong
Jianhu
YANCHENG
Si Xian
Jiangsu
Hongze Hu
Hongze
Baoying
Dafeng
Liuzhuang
Wuhe
ENGBU
Xuyi
XINGHUA
DONGTAI
Gaoyou Hu
Gaoyou
Zhongxin Gang
Jiashan
Tianchang
Hai'an
Xinchuan Gang
Dingyuan
Lai'an
TAIZHOU
Libao
YANGZHOU
Tai Xian
Luhe
Rugao
Rudong
CHUZHOU
Yaowang Gang
ZHENJIANG
YIZHENG
Taixing
Nantong
NANJING
Pingchao
NANTONG
Jingjiang
JIANGYIN
Feidong
He Xian
Jurong
DANYANG
Haimen
Qidong
Jintan
Zhangjiagang
CHANGSHU
MA'ANSHAN
CHANGZHOU
Chongming
Changjiang Kou
AOHU
Lishu
Caoqiao
WUXI
Kunshan
Baoshan
Vladivostok
Dangtu
WUHU
Liyang
YIXING
Jiading
SHANGHAI
Wuwei
Gaochun
Langxi
Tai Hu
SUZHOU
Nanhui
Hong Kong
Qingpu
Fanchang
Niutoushan
Pingwang
Songjiang
XUANZHOU
Shanghai Shi
Nanling
Changxing
Fengxian
Guangde
HUZHOU
JIAXING
Jinshan Qu
Shengsi Liedao
Muzhen
Moganshan
Pinghu
Jing Xian
Ningguo
Tongxiang
Guichi
Qingyang
Anji
HAINING
Wangpan Yang
Haiyan
Jiuhuashan
Shiqiao
Tianmu Shan
Dai Shan
Zhoushan Qundao
Tianmushan Z.B.
HANGZHOU
Zhoushan Dao
Chencun
Lin'an
Hangzhou Wan
CIXI
ZHOUSHAN
Huangshan
Hongmen
Jingde
Yuqian
Shangyu
YUYAO
Putuoshan
Jixi
XIAOSHAN
NINGBO
Beilun Qu
Shenjiamen
Sanyang
Xindeng
SHAOXING
Zhongzhai
Xiuning
She Xian
Yaolin D.
Tonglu
Wenzhou
Qimen
Huangshan
Chong Xian
Xikou
Qiyunshan
Chun'an
Fenghua
Xin'anjiang Sk.
Xinchang
Xiangshan
Xiangshan Gang

Bayizhen
Nyingchi
Namjagbarwa F.
Mêdok
Mêdok Z.B.
Mainling
100 km
Rawu
Zogang
Markam
Bruinio
+8h Gr. Time
+6h Gr. Time
Dayul Gompa
Yanjing
Zhowagoin
Zayü
Ramsing
Gragê
Shimong
Angolin
Yapul
Dihang or Siang
Dibang or Sikang
Pangin
Pareng
Arunachal Pradesh
Dapolinê
Walung
Hkakabo Razi
Dong
Tazungdan
Mêili Xue Shan
Saikhoa Ghat
Kundil Bazar
Brahmakund
Lohit
INDIA
Lathan
Heng
Gongshan
Pemir
Ziro
Sisi Bargaon
Hkyenhpa
Hapoilo
DIBRUGARH
Dum Duma
Digboi
Changphu
Kpungan Pass
Bordoloni
Jaipur
Ledo
Kathang
Sarang
Putao
Langtao
North Lakhimpur
Sepon
Subansiri
Sibsagar
Simaluguri
Patkai Bum
Nmai Hka
Mali Hka
Gaoligong Shan
Shatah-kung
Jorhat
Mon
Numaligarh
Mariani
Golaghat
Shingbwiyang
Tabong
Magaw
Kumon Taungdan
Shanngaw Taungdan
Welatam
Sela Nok
Maing Kwan
Nritu Ga
Kadung Ga
Garampani
Mokokchung
Nagaland
Lawngngaw
Kawala
Angpawing Bum
Dimapur
Tseminyu
Shirang
Hpawngtut
Layawung Ga
Mahkyetkawng
Htingu
Lauhkaung
Lushui
Nu Jiang
Kohima
Saramati
Lauri
Hpakant
Jiangaosh.
Myitkyina
Washowng
Gaoligong Sh.
Somra
Nampagan
Yebawmi
Sezin
Chindwin Myit
Mogaung
Gudong
Manipur
Ukhrul
Tengchong
Kawlang
Namtha
Hopin
IMPHAL
Kamjong
Simbo
Nalong
Lianghe
Mansi
Mawhun
Longling
Kakching
Pinkha
Banmauk
Luxi
Thaungalut
Thanyit
Naungmo
Katha
Bhamo
Ruins of Sampanago
Wanding
+6h Gr. Time
Tamu
+6h 30 Gr. Time
Wayongon
Piniebu
Ruili
Mong Yu
Pantha
Wuntho
Khampat
Lawtha
Yeshin
Kawlin
Tawma
Mawlaik
Si-u
Lol Song
Taungbon
Tagaung
Mabein
Ho-pang
Kalewa
Man Na
Molo
Hsenwi
Kalemyo
Pyingaing
Kanbalu
Twingge
Nabu
Mong Mit
Namtu
Ywathit
Zigon
Mogok
Lashio
Thabeikkyin
Letkhokpin
Kwanhlo
Nawngleng
Ye-u
Shwebo
Hsipaw
Hpangpai
Kani
Wettlet
Kyaukme
Tanyan
Zayat
Wingon
Budalin
Nawnghkio
Mong Yai
Gangaw
Madaya
Namlan
Chinbyit
Monywa
MANDALAY
Ondaw
Man Kat
SUGAING
Maymyo
Ngazun
AMARAPURA
Pangkychtu
Mong Hsu
Ponna
Lindagadaw
Myotha
Ava
Kyawkku
Myaing
Sabedaw
Kyaukse
Myitnge
Wan Kongmong
Yebya
MYINGYAN
Indaw
Mong Kung
Pauk
PAKOKKU
Taungtha
Myittha
Saw
Nyaung U
Shwedaung
Gyobinchan
Lawksawk
Lai-hka
Kunhing
Nawngawn
Pagan
Samon
MYANMAR
Aingyi
Mahlaing
Seikpyu
Mong Hsan
Nampawng
Chauk
Kyaukpadaung
MEIKTILA
BURMA
Taunggyi
Zayetkon
Pyawbwe
Ho-pong

D
E
F
164
Emeishan
Hanyuan
Shimian
Ebian
Qianwei
Wutongqiao
ZIGONG
Rong Xian
Weiyu
Hailuogou
Gongga Sh.
7556
Luding
108
Ganluo
Dafengding Natural Ecosystem Reserves
Muchuan
YIBIN
Mian-ning
Yalong Jiang
Xide
Meigu
Suijiang
Daliang Shan
Gao Xian
Junlian
Lugu
Zhaojue
XICHANG
Lujishan
Butuo
Yanjin
Wulian Feng
Daguan
Yiliang
Zhongdian
Jinsha Jiang
214
Dechang
Puge
Wuyi
Zhaotong
Kuiyang
Zhenxiong
Luhan Shan
Ludian
Hezhang
Weining
Yulong Xue Shan
5596
Lijiang
Mianmian Shan
Guangmao Shan
Ningnan
Qiaojia
Miyi
Yongsheng
Huaping
Cheng Hai
Heqing
Huili
Huidong
Daqiao
Zhehai
Zhejue
PANZHIHUA
Huize
Xuanwei
292
Yongren
Caiyuan
Dongchuan
Wozhang Shan
Pudu He
Wumeng Shan
Erhai
Huidie Quan
Santa Si
Diancang Sh.
Dayao
Yuanmou
Xundian
Fuyuan
QUJING
Yingshang
DALI
Xiangyun
Wuding
Songming
Malong
213
Midu
284
KUNMING
Yanglin
Nanjian
Nanhua
Yipinglang
Lufeng
Anning
Stone Forest
Luliang
Luoping
Chuxiong
320
Xishan
Chenggong
Yiliang
324
Dian Chi
Lunan
Shizong
Xiazhai
Jinning
Chengjiang
Yunnan
Yunxian
Jingdong
Ailao Sh.
Maotou Sh.
Ailaoshan Z.B.
Yuxi
Mile
Xinshao
Luxi
Fuxian Hu
Huaning
Qilu Hu
Tonghai
Esan
Qiubei
Lincang
Zhenyuan
Kaiyuan
Pingyuanjie
Yanshan
Gengma
Shiping
Yuanjiang
Jianshui
Jijie
Shuangjiang
Jinggu
Tropic of Cancer
Mojiang
GEJIU
Mengzi
Wenshan
Lancang Jiang
Dongguan
Yuan Jiang
Wantang
Dougmuge
Mirong
Luchun
Pu'er
Simao
Jinping
+8h Gr. Time
+7h Gr. Time
Jiangcheng
Pac Ma
Phong Thô
Hekou
Lao Cai
Lancang
Wangjie
Fengpo
Leng Sú Sìn
Mu'o'ng Tè
Sìn Hô
VIETNAM
Menglian
Xishuanghanna
Muong Ou Thai
Lai Châu
Menghai
Jinghong
Menglun
Mengxing
Mu'o'ng Cha
Xishuangbanna Z.B.
Gantanba
Boun Nua
Phôngsali
Mg. Mu'o'n
Tuân Giáo
Nahia
Damenglong
Mongla
Ban Boun Tai
Thuân Châu
Diên Biên
Sám Nám
Bó Sinh
So'n La
Keng Tung
Müng Yawng
Muang Singu
Luang Namtha
Muang Khoua
Yên Hung
169
170
+6h30 Gr. Time
Mõng Hpayak
Ban Nambak
Na Vong
LAOS
Huong He
Sôp Hao
1
2
3
4
5
6

Huili
Huidong
Weining
LIUPANSHUI
Zhijin
Xiuwen
GUIYANG
Guiding
Qingzhen
Zhehai
Huize
Zhejue
Xuanwei
Douqing
Fa'er
ANSHUN
Pingba
Machang
Huishui
Caiyuan
Dongchuan
Liuzhi
Dashan
Guang-shun
Wozhang Shan
Tucheng
Pan Xian
Guanling
Changshun
Huangguoshu Pubu
Longgong
Huaxi
Wumeng Shan
Pu'an
Miaozu
Duansban
Xundian
Fuyuan
Nizhang
Wuding
QUJING
Yingshang
Songming
Malong
KUNMING
Yanglin
Xingren
Zhengfeng
Luodian
Anning
Dingxiao
Anlong
Wangmo
Dating
Stone Forest
Xishan
Luliang
Luoping
Xingyi
Ceheng
Bailang
Chenggong
Dian Chi
Yiliang
Jinning
Lunan
Shizong
Xiazhai
Bajie
Longlin
Leye
Chengjiang
Jinzhong Sh.
Douhongpo
Juizhou
Qinwanglao Shan
Fengshan
Yuxi
Luxi
Xilin
Lucheng
Fuxian Hu
Mile
Nanpan Jiang
Huaning
Xinshao
Ding'an
Tianlin
Esham
Qilu Hu
Tonghai
Qiubei
Bama
Shiping
Kaiyuan
Pingyuanjie
Liuzhao Shan
Babao
Bose
Tianyang
Jianshui
Yanshan
Funing
Jijie
Tiandong
GEJIU
Mengzi
Wenshan
Mugang
Napo
Debao
Xichou
Xinjie
Luchun
Dougmuge
Wantang
Thào Phi Tung
Xinxu
Jingxi
Maguan
Bao Lac
Shang-ying
+8h Gr. Time
+7h Gr. Time
Jinping
Hà Giang
Daxin
Pắc Ma
Phong Thổ
Hekou
Bắc Hà
Bắc Mê
Pắc Bó
Cao Bằng
Taiping
Mu'o'ng Tè
Lao Cai
Bắc Ngu'o'n
Việt Vinh
Leng Sù Sìn
Sìn Hồ
Bao Yen
Na Hang
Thất Khê
Longzhou
Lai Châu
Chợ Đồn
Pingxiang
Bắc Cạn
Hàm Yên
Mu'o'ng Cha
Than Uyên
Sông Hồng
Tuyên Quang
Bình Gia
Lạng Sơn
Mg. Mu'o'n
VIỆT NAM
Yên Bái
Yên Sơn
Văn Quan
THÁI NGUYÊN
Chi Lăng
Tuần Giáo
Nahia Lô
Thuận Châu
Ba Khe
Phú Thọ
Việt Trì
Đa Phúc
Điện Biên
Sám Nám
Bó Sinh
Sơn La
Bắc Giang
Sơn Động
Muang Khoua
Yên Hưng
Thạnh Sơn
Vĩnh Yên
Bắc Ninh
Đông Hưng
HỒNG GAI
Mu'o'ng Lói
Chieng Khu'o'ng
Yên Châu
Sông Đa
T.X. Sơn Tây
Hà Đông
HÀ NỘI
Triều Bi
Mộc Châu
Hải Du'o'ng
An Hải
HẢI PHÒNG
Ban Nambak
Na Vong
Huong He
Hòa Bình
Hu'ng Yên
Đồ Sơn
Pac Seng
Sốp Hao
Suối Rút
Van Mai
Hà Nam
Đông Hu'ng
Xam Hua
Quan Hóa
Hồn Tân
Bá Thứ'ớc
Nho Quan
Thái Bình
NAM ĐỊNH
Ninh Bình
Muang Hiam
Ko Hinh
Vinh Lộc
Nghĩa Hu'ng
Kim Sơn
LAOS
Lạch Trường
Nhu Xuân
THANH HÓA
Sầm Sơn
Muang Souy
Ban Ban
B. Xang
B. Ban
Phon Sa Yan
Kỳ Sơn
Mu'o'ng Lam
Xiangkhoang
Tu'o'ngDu'o'ng
L. Dinh
Thái Hòa
Tĩnh Gia
Quỳnh Lu'u
Mũi Rồng Quên
Con Cuông
Tân Kỳ
Yên Ly
Diễn Châu
Huoi Mo
Giải Tru'ờng Sơn
Đô Lu'o'ng
Muang Huang
Nghi Lộc
Nam Ngum Res.
VINH
Muang Pakxan
Đu'c Tho
Ban Tabok
Bung Kan
Paska Dinh
Hu'ng Sơn
Hà Tĩnh
Đồng Hới
Đà Nẵng
Say Tha Ni
Pak Kad
Ban Napé
VIANGCHAN (VIENTIANE)
Phoncharoen
Ban Dong Bang
Đại Lộc
Hu'o'ng Khê
Vo
Kỳ Anh
Nong Khai
Kham Ta Kla
Khe Ve
Mũi Độc
Hòa Bình

165

Sansui
Huangping
Taijiang
KAILI
320
Jianhe
Nanzhai
Leishan
Leigong Sh.
2179
Mengyan
Tanxi
Jitang Gulou
Liping
Jinping
Jingzhou
Suining
Chengbu
Tongdao
Wugang
Xinning
Dong'an
Huilong
Qiyang
Lengshuitan
Yougzhou
Changning
Zhenbao Ding
2123
303
207
Quyanghai Sk.
Pingjiang
Rongjiang
Maogong
1336
Shuikou
Yongji Qiao
Sanjiang
321
Tingdong
Congjiang
209
Longsheng
2142
Ziyuan
322
Shuangpai
Quanzhou
Xintian
CHENZHOU
Guiyang
Shuangpai Sk.
Wanhuayan
Xiang Jiang
Niangyuan
Jiahe
1510
Qitian
2009
Jiucai Ling
Xing'an
Dao Xian
Yizhang
Yuanbao Sh.
2081
Danzhou
Huaping Z.B.
Maolan Z.B.
Rong'an
Lingui
GUILIN
(167)
Jiangyong
Jianghua
Jiujishan
1959
Pingshi
Sirong
Rongshui
Huashan
Nandan
321
Nanxu
Lijiang
Yongfu
1246
Lijiang
Gongchen
Guishi Sk.
Lian Xian
323
Tunqiu
Maonanzu
Luocheng
Yangshuo
251
Pingle
1787
Zhongshan
Wanggao
Lianshan
Hechi
Yishan
Sancha
Luzhai
Lipu
He Xian
Liantang
373
LIUZHOU
Liujiang
(280)
Yufengshan
Datang
323
768
Mengshan
Zhaoping
Guangxi Zhuangzu Zizhiqu
Shentang Sh.
1979
Xiangzhou
Du'an
Heshan
Mashan
Laibin
207
Huaiji
202
Shanglin
360
210
Wuxuan
Taiping
Pingnan
WUZHOU
(640)
Guangning
Qingyuan
Xun Jiang
Guiping
Changwu
GUANGZHOU
Dinghushan Z.B.
Luoxu
Binyang
Litang
Guigang
Teng Xian
Yunan
Deqing
Xi Jiang
Sanshui
ZHAOQING
Wuming
Silong
Yilingyan
Qintang
209
324
Xindong
Cenxi
Yuntu
Foshan
NANNING
Liuxu
Shinan
Rong Xian
690
Luoding
Xinxing
JIANGMEN
Fusui
Wuxu
Shaping
Xijin Sk.
Heng Xian
YULIN
1274
Yunkai Dashan
Lingsiaoyan
Kaiping
Heshui
Chunwan
Guangxi Zhuangzu Zizhiqu
130
Nanxiao
Lingshan
Luchuan
Xinyi
Guangdong
Dongmen
Siyang
Xindong
Dadong
Pubei
Bobai
Liujing
Sanjia
Yangchun
Enping
Taishan
Naban Sk.
Shiwan Dashan
QINZHOU
Nali
Zhanghuang
Hejiang
Gaozhou
YANGJIANG
Zhenhaibu
Nahuo
Beidou
Fangcheng
184
Qinzhou Gang
Xichiang
204
Hepu
Shisitu
Qingping
Huazhou
MAOMING
Rudong
426
Beijin Gang
Dongxing
Fangcheng Gang
Xihiujiao
Qisha
Qinzhou Wan
Shankou
Lianjiang
Wuchuan
Dianbai
Xiachuan Dao
Hailing Dao
Hai Ninh
BEIHAI
Xingpan
Beitan
Suixi
Huguangyan
ZHANJIANG
Weizhou Dao
Kelu
Hounu
Jianghong
Leizhou Bandao
Haikang
Qishui
Leizhou Wan
163
Longmen
Beibu Wan
Wushi
204
Houhai
Xuwen
Vinh Bắc Bô
Hai'an
Qiongzhou Haixia
Gulf of Tonkin
Xiuying
HAIKOU
Qizhou Liedao
Dongxing
Xinxing
Xinying
Yangpu Gang
Dongzhaigang Z.B.
Wenchang
+8h Gr Time
HAINAN DAO
Chengmai
Ding'an
Penglai
Haitou
Yaxing
Dan Xian
Huangzhu
Tunchang
Hainan
Changcheng
Changjiang
Baisha
Baishiling
Qionghai
278
Dongfang
Datian Z.B.
Bawangling Z.B.
Qiongzhong
Tongshi
Wuzhishan
Wanning
Gancheng
435
1867
316
Dongshanling
SEZ
Ledong
Xinglong
Dazhou Dao
Lingtou
Daben
Wuzhi Shan
Yinggehai
Lingshui
Jiusuo
Tianyahaijao
Yacheng
Tuqu Gang
Luhuitou
Sanya
Macao
100 km
SEZ = Special Economic Zone

A
B
C
166
1
2
3
4
5
6
F
Gong'an
Nanping
HONGHU
Jiayu
HUANGSHI
Wuxue
Huangmei
Fuxing
Jinniu
SHISHOU
PUQI
XIANNING
Yangxin
Xiaochi
Hukou
Pemgze
Jinshi
Huarong
Tongshan
Ruichang
JIUJIANG
Longgong D.
Lushan
Nan Xian
Linxiang
Chongyang
Chibi Moya
Lushui
YUEYANG
De'an
Tianba
Tongcheng
Wuning
Qiujin
Poyanghu Z.B.
CHANGDE
Dongting Hu
Xikou
Mufu Shan
Xiushui
Xinzhelin Sk.
Poyang Hu
Yongxiu
Boyang
Hanshou
Hantai
Yuanjiang
Miluo
Anxi
Wanbu
Pingjiang
Daduan
Shangtu
NANCHANG
Wutan
YIYANG
Xiangyin
Taojiang
Anding
Tonggu
Fengxin
Daocheng
Gao'an
Jinxian
Ningxiang
Wangcheng
Mawangdui Hanmu
Yifeng
Wenzhen
Dongxiang
Shankou
Yuelushan
CHANGSHA
Liuyang
Shanggao
FENGCHENG
XIANGTAN
Yuelong
Wanzai
Zhangshu
Shaoshan
ZHUZHOU
Tongmu
YICHUN
LINCHUAN
Jinxi
LOUDI
Xiangxiang
LILING
PINGXIANG
XINYU
Xingan
Chongren
ANYUAN
Shuangfeng
Wugong Shan
Yihuang
Nancheng
Hengshan
Magushan
Shaodong
Hengshan
Anfu
Badu
Yongfeng
Nanfeng
Lianhua
Yongxin
JI'AN
Qingyuanshan
HENGYANG
You Xian
Chaling
Jiangxi
Guangchang
Quidong
Longfengyan
Jianning
Qiyang
Shuangpaishan
Taihe
Jinggangshan
Jinggangshan
Ningdu
Changning
LEIYANG
Ling Xian
Bailin
Suichuan
Xingguo
Shicheng
Yongxing
Quyanghai Sk.
Guidong
Ninghua
Anshao
Xintian
CHENZHOU
ZIXING
Dongjiang
Yudu
Ruijin
Changting
Guiyang
Suxianling
Chongyi
GANZHOU
Jiahe
Wanhuayan
Nankang
Rucheng
Dayu
Huichang
Pengkou
Qitian Ling
Yizhang
Jiuyishan
Pingshi
Xiaomei G.
Xinfeng
Jiulongshibatan
Nanxiong
Wuping
Lechang
Renhua
Anyuan
Shikengkong
Danxiashan
Shixing
Longnan
Xunwu
Shanghang
Lian Xian
Nanshui Sk.
Ruyuan
Dingnan
Yongding
SHAOGUAN
Qujiang
Yangshan
Pingyuan
Jiaoling
Lianshan
Lianping
Heping
MEIZHOU
Guangdong
Qingtang
Longchuan
Tonggu Zhang
Yingde
Xinfeng
Xingning
Huaiji
Fogang
Xinfengjiang Sk.
Wuhua
Fengliang
Fenghuang
Feilai Xia
Fengshun
Guangning
Qingyuan
Longshan
Longmen
Heyuan
Zhongba
Anliu
CHAOZHOU
Nankunshan
Pingling
Conghua
Zijin
Lianhua Shan
(KANTON)
GUANGZHOU
Sihui
Hua Xian
Yangcun
Feng'an
Jiexi
Jieyang
Zengcheng
Suqu
Puning
Luofushan
Dinghushan Z.B.
Sanshui
SHAOQING
FOSHAN
HUIZHOU
Haifeng
CHAOYANG
SHUNDE
DONGGUAN
Kuitang
Huidong
Jinghai
Xinxing
Heshan
Lufeng
Jieshi Wan
Jieshi
JIANGMEN
ZHONGSHAN
Xiangmihu
SEZ
Shanwei
Zhelang
Kaiping
SHENZHEN
Daya Wan
Sun Zhongshan Guju
Xiaoniao Tiantang
SEZ
ZHUHAI
Zhujiang Kou
HONG KONG
Taishan
Doumen
MACAO
(AOMEN)
Xianggang Dao / Hong Kong
Macao
Enping
Zhenhaibu
Guanghai
Wanshan Qundao
Beidou
Shangchuan Dao
Xiachuan Dao
Sanya
Saigon
Manila
South

167
Shaoxing
Fenghua
Xiangshan
Ninghai
Shipu
Huangshan
Jingdezhen
Jinhua
Lanxi
Quzhou
Linhai
Jiaojiang
Huangyan
Lishui
Shangrao
Zhejiang
Wenzhou
Rui'an
Pingyang
Longquan
Pucheng
Wuyishan
Jianyang
Dong Hai
Shanghai
Fuding
Zhouning
Jian'ou
Nanping
Ningde
Fuzhou
Matsu Liehtao
(Taiwan)
East China Sea
Putian
Quanzhou
Xiamen
Chinmen Tao
(Taiwan)
Zhangpu
Taiwan Strait
Haitan Dao
Meizhou Dao
Keelung
Taipei
Taoyuan
Hsinchu
Ilan
Suao
Taichung
Changhua
Hualien
Chiayi
Tainan
Kaohsiung
Pingtung
Fengshan
Taitung
Hengchun
Oluanpi
Lanyu
Lutao
Penghu Islands
(Pescadores)
Makung
Tropic of Cancer
Taiwan Banks
TAIWAN
(FORMOSA)
Chungyang Shanmo
100 km
SEZ = Special Economic Zone

Kanton
Guangzhou
1 km
A
B
C
1
2
3
Liu-Hua-Park
Königsgrab-Museum
Sun-Yatsen-Monument
Yuexiu Park
Sun-Yatsen-Gedächtnishalle
Ehem. Konfuzius Schrein
Dongfeng 2-Lu
Dongfeng 3-Lu
Xihua Lu
Guangxiao-Tempel
Liurong-Tempel
Tempel der Familie Chen
Volkspark
Kinderpark
Hongqi Theater
Zhongshan 8-Lu
Zhongshan 7-Lu
Zhongshan 6-Lu
Zhongshan 5-Lu
Zhongshan 4-Lu
Lu-Xun-Museum
Caigenxiang
Moschee zum Andenken an den Propheten
Nanfang Theater
Liwan-Park
Panxi Jiujia
Changshou Lu
Xinfeng Lu
Hua-Lin-Tempel
Renmin Zhonglu
Jiefang Zhonglu
Dade Lu
Guangzhou Hotel
Huaqiao Gästehaus
Busbahnhof
Kathedrale des Heiligen Herzens
Haizhu-Platz
Yanjiang 2-Lu
Shewang Man
Bank of China
Haizhu-Brücke
Jianglan Lu
Long Lu
Huangsha Dadao
Markt
Kulturpark
Renmin Nanlu
Yanjiang 1-Lu
Perlfluss (Zhujiang)
Südbahnhof
Liu'ersan Lu
White Swan Hotel
Victory Hotel
Shamian Hotel
Shamian-Insel
Renmin-Brücke
Binjiang
Nanhua
Hai-Chuang Park

Shanghai
1 km
4
5
6
Zhongshan Beilu
Shanghai Bahnhof
Baoshan Lu Bahnhof
Longmen Hotel
Tianmu Xilu
Tianmu Zhonglu
Jadebuddha-Tempel
Hanzhou Lu
Suzhou Creek
New Asia Hotel
Shanghai Mansions
Ocean Hotel
Seagull Hotel
Pier
Freundschaftsladen
Pujiang Hotel
Huangpu
Peace Hotel
Mingzhu Park
Xinzha Lu
Beijing Donglu
Park Hotel
Warenhaus Nr. 1
Henan Zhonglu
CITS
Grand Hyatt Hotel
Fernsehturm Oriental Pearl
Lujiazui
Renmin Park
Nanjing Donglu
Portman Shangri-La Hotel
Shimen Yilu
Stadtbibliothek
Volkspark
Hotel Sofitel
Dongfeng Hotel
Bund
Tempel der Ruhe u. des Friedens
Rathaus
Renmin Square
Kinderpalast
Jing'an Temple
Ausstellungszentrum
Shanghai Museum
Vergnügungspark Great World
PUDONG
Equatorial Hotel
Yan'an
Jingan Hotel
Garden Hotel
Jinjiang Tower
Huangpi Nanlu
Altstadt
Teehaus Huxinting, Garten Yuyuan
Hilton
Shanxi Nanlu
Wenmiao-Tempel
Pier Shiliupu
Changshu Lu
Huaihai Zhonglu
Gründungsstätte der KPCh
Wohnhaus von Dr. Sun Yatsen
Fuxing Park
Deutsches Konsulat
Rui Jin Hotel
Residenz von Zhou Enlai
Hengshan Hotel
Hengshan Lu
Zhaojiabang Lu
Zhongshan Nanlu
Nanpu Brücke
Longyan Lu
Zhongshan Nanyilu
Longhua Pagode
Zhongshan Nan'erlu

- Sehenswürdigkeit
- Museum
- Krankenhaus
- Hotel
- Bank
- Post
- Restaurant
- Kirche
- Tempel
- Moschee
- Touristen-Information
- Polizei
- U-Bahn
- Hochstraße
- Stadtmauer

MARCO POLO

Für Ihre nächste Reise gibt es folgende Titel:

Deutschland

Allgäu
Amrum/Föhr
Bayerischer Wald
Berlin
Bodensee
Chiemgau/
Berchtesgaden
Dresden
Düsseldorf
Eifel
Erzgebirge/Vogtl.
Franken
Frankfurt
Hamburg
Harz
Heidelberg
Köln
Leipzig
Lüneburger Heide
Mark Brandenburg
Mecklenburgische
Seenplatte
Mosel
München
Nordseeküste:
Schleswig-Holst.
Oberbayern
Ostfries. Inseln
Ostfriesland:
Nordseeküste
Niedersachsen
Ostseeküste:
Mecklenburg-
Vorpommern
Ostseeküste:
Schleswig-Holst.
Pfalz
Potsdam
Rügen
Schwarzwald
Spreewald/Lausitz
Stuttgart
Sylt
Thüringen
Usedom
Weimar
Die besten Weine
in Deutschland
Die tollsten
Musicals in
Deutschland

Frankreich

Bretagne
Burgund
Côte d'Azur
Disneyland Paris
Elsass
Frankreich
Frz. Atlantikküste
Korsika
Languedoc-
Roussillon
Loire-Tal
Normandie
Paris
Provence

Italien Malta

Capri
Dolomiten
Elba
Emilia-Romagna
Florenz
Gardasee
Golf von Neapel
Ischia
Italien
Italien Nord
Italien Süd
Ital. Adria
Ital. Riviera
Mailand/
Lombardei
Malta
Oberital. Seen
Piemont/Turin
Rom
Sardinien
Sizilien
Südtirol
Toskana
Umbrien
Venedig
Venetien/Friaul

Spanien Portugal

Algarve
Andalusien
Azoren
Barcelona
Costa Blanca
Costa Brava
Costa del Sol/
Granada
Fuerteventura
Gomera/Hierro
Gran Canaria
Ibiza/Formentera
Lanzarote
La Palma
Lissabon
Madeira
Madrid
Mallorca
Menorca
Portugal
Spanien
Teneriffa

Nordeuropa

Bornholm
Dänemark
Finnland
Island
Kopenhagen
Norwegen
Schweden

Osteuropa

Baltikum
Budapest
Königsberg/ Ost-
preußen Nord
Masurische Seen
Moskau
Plattensee
Polen
Prag
Riesengebirge
Rumänien
Russland
St. Petersburg
Slowakei
Tschechien
Ungarn

Österreich Schweiz

Berner Oberland/
Bern
Kärnten
Österreich
Salzburg/
Salzkammergut
Schweiz
Tessin
Tirol
Wien
Zürich

Westeuropa und Benelux

Amsterdam
Brüssel
England
Flandern
Irland
Kanalinseln
London
Luxemburg
Niederländ. Küste
Niederlande
Schottland
Südengland
Wales

Südosteuropa

Athen
Bulgarien
Chalkidiki
Griechenland
Festland
Griechische
Inseln/Ägäis
Ionische Inseln
Istrien/Kvarner
Istanbul
Korfu
Kos
Kreta
Kroatische Küste
Peloponnes
Rhodos
Samos
Türkei
Türkische
Mittelmeerküste
Zypern

Nordamerika

Alaska
Chicago und
die Großen Seen
Florida
Hawaii
Kalifornien
Kanada
Kanada Ost
Kanada West
Los Angeles
New York
Rocky Mountains
San Francisco
USA
USA Neuengland
USA Ost
USA Südstaaten
USA Südwest
USA West
Washington, D.C.

Mittel- und Südamerika Antarktis

Antarktis
Argentinien/
Buenos Aires
Bahamas
Barbados
Brasilien/
Rio de Janeiro
Chile
Costa Rica
Dominikanische
Republik
Ecuador/
Galapagos
Jamaika
Karibik I
Karibik II
Kuba
Mexiko
Peru/Bolivien
Südamerika
Venezuela
Yucatán

Afrika Vorderer Orient

Ägypten
Dubai/Emirate/
Oman
Israel
Jemen
Jerusalem
Jordanien
Kenia
Libanon
Marokko
Namibia
Südafrika
Syrien
Türkei
Türkische
Mittelmeerküste
Tunesien

Asien

Bali/Lombok
Bangkok
China
Hongkong
Indien
Japan
Ko Samui/
Ko Phangan
Malaysia
Nepal
Peking
Philippinen
Phuket
Singapur
Sri Lanka
Taiwan
Thailand
Tokio
Vietnam

Indischer Ozean Pazifik

Australien
Hawaii
Malediven
Mauritius
Neuseeland
Seychellen
Südsee

Sprachführer

Arabisch
Englisch
Französisch
Griechisch
Italienisch
Kroatisch
Niederländisch
Norwegisch
Polnisch
Portugiesisch
Russisch
Schwedisch
Spanisch
Tschechisch
Türkisch
Ungarisch

In diesem Register sind alle in diesem Führer erwähnten Orte und Ausflugsziele verzeichnet. Halbfette Seitenzahlen verweisen auf den Haupteintrag, kursive auf ein Foto.

Anqing 17
Badaling 36
Baoguang Si 100
Beijing s. Peking
Changbai Shan 56
Changsha 17, **87**
Chengde 7, **41,** *42, 44*
Chengdu 17, **97,** 134, 145
Chengyang 108
Chongqing 10, 11, **100,** *101*
Dali 35, **103**
Datong 17, 41, **44**
Dazu 7, **102**
Dengfeng 49, 50, 51
Dong-Trommeltürme 108
Doucun 61
Dujiangyan 100
Dule Si/Jixian 60
Dunhuang 7, **63,** 139
Emei Shan 17, **105**
Famen Si 69
Fengjie 103
Foguang Si 61
Foshan 122
Fufeng 69
Fuzhou 113
Große Mauer *4, 6,* 7, **36**
Große Wildganspagode/ Xi'an *62*
Guangzhou s. Kanton
Guanxingtai 49
Guilin 7, *115*
Guiyang 107
Guiyuan Si/Wuhan *86*
Gulang Yu 124, *125*
Guling 92
Gu Shan 113
Hängendes Kloster/ Hunyuan 46
Haikou 117
Hainan 7, 10, **117**
Hangzhou 29, 33, **73,** *74*
Harbin 35, **46,** *47*
Heng Shan (Nordberg) 17
Heng Shan (Südberg) 17
Hezuo 133
Hongkong 12, 25, 145
Huangguoshu-Wasserfall 108
Huanglong (Naturschutzgebiet) 133
Huang Shan 7, *88,* **89**
Huaqing Chi 69, *70*
Hua Shan 17, **70**
Hunyuan 46
Jadedrachenberge (Yulong Xueshan)/ Lijiang *96*
Jinan 17
Jin Ci **58,** 131
Jingdezhen 91
Jiuhua Shan 17, **90**
Jiujiang 91
Jiuzhaigou (Naturschutzgebiet) 134
Jixian 60
Kaifeng 41
Kanton 12, 29, **119,** *121, 122*
Kunming 108
Labrang-Kloster/Xiahe *131,* 133
Lanzhou 133
Lao Shan 53
Leshan *5,* 111
Lhasa *7, 126,* **127,** *128*
Lijiang 105
Li-Jiang-Flussfahrt 116
Liping 108
Lingyan Si 57
Liuyuan/Suzhou *72*
Lössbergland/Shanxi 41, 132
Longgong Dong 108
Longmen-Grotten/ Luoyang 7, *40,* **47**
Ludi Yan (Tropfsteinhöhle) 116
Luoyang 17, 41, 46
Lu Shan 91
Macau 12, 145
Ming-Gräber/Peking 38
Mogao-Grotten/ Dunhuang 64
Mohe 7
Montagsmarkt/ Shaping 105
Mutianyu 36
Nanchang 90
Nanchan Si 61
Nanjing **77,** 134
Ningbo 17
Östliche Qing-Gräber/ Jixian 60
Peking *5,* 7, 10, 11, 12, 25, **36,** 41, 137, 139, 141, 142, 145
Pingyao 131
Putuo Shan 17
Qingcheng Shan 100
Qingdao 51, *52*
Qing-Gräber/Jixian 60
Qiongzhu Si 110
Qixia Si 79
Quanzhou 122
Qufu 53
Sanya 118, *119*
Shamian 122
Shanghai 7, 10, 11, 16, 25, 29, 73, **79,** *80, 83,* 145
Shaolin 49, 50
Shaolin Si **49,** 137
Shaoshan 88
Shaoxing 77
Shaping 105
Shenyang 54
Shenzhen 25
Shibing 108
Shigatse 129
Shilin (Steinwald)/ Kunming 110
Sommerpalast Yihe Yuan/Peking 38
Songpan 133
Song Shan 17
Songyang-Akademie 50
Songyuesi Ta 50
Suzhou 7, 29, 73, **84,** *85,* 135